GÉNÉALOGIE DE LA MORALE

NIETZSCHE

GÉNÉALOGIE DE LA MORALE

Traduction inédite
par
Éric Blondel, Ole Hansen-Løve,
Théo Leydenbach et Pierre Pénisson

Introduction et notes
par
Philippe Choulet
avec la collaboration d'Éric Blondel
pour les notes

Traduit avec le concours
du Centre national du Livre

GF Flammarion

Édition revue, 2002
© Flammarion, Paris, 1996.
ISBN : 2-08-070754-X

INTRODUCTION

> « Là où il y a la généalogie, il y a le sang »
> (Platon, *Sophiste*, 268 c).

Questions d'atmosphère

Rien de moins aimable et avenant que la *Généalogie de la morale*, que Friedrich Nietzsche écrit en vingt jours, dans le courant juillet 1887, à Sils-Maria (Suisse, canton des Grisons), en haute Engadine, et qu'il publie *illico* en guise de complément de l'ouvrage précédent, *Par-delà bien et mal*. Y règne, malgré les efforts de son auteur pour y affirmer sa *Heiterkeit*, sa belle humeur, une atmosphère oppressante et lourde, conforme à l'air de ces *marécages* de l'âme humaine qui sont, au moins pour partie, l'objet de ce texte. La sérénité d'*Aurore* ou du *Gai Savoir*, le lyrisme du *Zarathoustra* sont loin, mais percent encore : tel portrait de l'âme noble (I, § 10), tel désir de l'homme de l'avenir (II, § 24), le bel éloge de l'aphorisme, du lire et de l'écrire (Avant-propos, § 8)... Pour le reste...

Question de couleur, d'abord. La couleur d'*Aurore*, souvent cité ici, est le rouge, le rouge de la raison ou celui de la honte et de la confusion des esprits — esprits libres compris — à la découverte du caractère illusoire de leurs *idéaux*. La couleur de la *Généalogie*, en revanche, est le gris : gris de l'uniformité (*tout* idéal est *falsification*), gris de l'archive (il faut bien ressortir les textes où se dévoilent les intentions, les dénis, les signes, les symptômes : celui de Tertullien, en I, § 15, par exemple, mais il y a encore ceux de Luther, de Schopenhauer, de Kant, de Spinoza...). Gris du désenchantement morose (qu'espérer ? que faire ? où tourner le regard ?), car ce savoir ne va pas sans tristesse, celle de la connaissance d'un « mal », d'une plante nauséeuse, plante vampire, celle du malaise ontologique de l'homme : la mauvaise conscience.

Pourquoi Nietzsche écrit-il (en vingt jours !) pareil brûlot ? Comment un philosophe peut-il venir à bout d'un texte *si* difficile (même si un texte est plus difficile pour son lecteur que pour son auteur) ? Quel est le *besoin* nietzschéen de la *Généalogie* ? Quelle en est l'urgence, en 1887 ? Et *nous*, en quoi en avons-nous (encore) besoin ?

Pour reprendre la distinction d'Eugen Fink, Nietzsche, dans ces années-là, est sorti de sa période *Aufklärung* (*Humain, trop humain, Aurore, Gai Savoir*); mieux, il y met un point *final*, en y revenant, comme par repentir d'écriture; un peu avant d'entreprendre la *Généalogie de la morale*, il rédige, au même moment (automne 1886, à Gênes), des textes qu'il faut lire en même temps : l'Avant-propos d'*Aurore*, celui du *Gai Savoir* et son livre V. À y regarder d'un peu plus près, ces textes nouveaux, qui viennent rectifier un premier tir, sont d'une autre tonalité que les précédents qu'ils sont chargés d'introduire ou de conclure. D'une gaieté plus sombre, plus sérieuse, de ce *grand sérieux* dont aime parler Nietzsche lorsqu'il entrevoit le tragique de ses conclusions; d'un enthousiasme plus comédien, plus acteur — au sens du *masque* —, comme si la comédie humaine commençait à le lasser, le fatiguer, lui inoculant une dose de nihilisme, celui du *dégoût* de l'homme — il dit : c'est mon plus grand danger... Les textes se font plus lourds, plus *démonstratifs*, plus insistants, le cynique ne lâche pas sa proie : artiste, philosophe, moraliste, prêtre, savant, le canon tonne pour ceux-là, les *exocets* pleuvent... comme dans *Généalogie de la morale* (III).

À partir de *Par-delà bien et mal*, écrit également à Sils-Maria entre l'automne 1885 et l'été 1886, et jusqu'à la fin, on s'aperçoit que Nietzsche *reprend* ses idées premières (celles d'*Humain, trop humain* en particulier) pour les revoir d'un tout autre point de vue, celui du généalogiste. La *Généalogie de la morale* se veut un complément à *Par-delà bien et mal*; elle est mieux que cela : un instrument d'optique, un verre grossissant, exhibant les détails des « faits » moraux. La philosophie à l'explosif commence dans ces moments, où il s'agit de trouver la *méthode* propice à faire sauter l'édifice moral inhibant la vie, la pensée, la raison, la joie, le corps. La guerre était jusqu'à présent une métaphore pour philosophes-poètes. Elle le devient de moins en moins : le philosophe est, au fur et à mesure de sa fréquentation du nihilisme comme pensée *du* néant (génitif objectif *et* subjectif), *embarqué*, pris à partie et partie prenante de ce destin. Une nécessité de fer, longue, lente, patiente comme la rumination qui l'exprime (*Généalogie de la morale*, Avant-propos, § 8 ; *Aurore*, Avant-propos, § 5), *commande* l'écriture de la *Généalogie de la morale* : le *fait* qu'elle vienne au monde, son acte de naissance, certes, mais aussi son *plan*, sa stratégie, sa composition. Il y va du destin de l'humanité, si Dionysos veut bien s'en mêler : « "En avant ! Notre ancienne morale relève aussi *de la comédie !*", nous avons découvert pour le drame dionysien du "destin de l'âme" une nouvelle péripétie et une nouvelle éventualité —; et il saura s'en servir, on peut le parier, lui qui fut de tout temps le grand auteur comique de notre existence » (fin du § 7 de l'Avant-propos).

Oui, sauf qu'il n'y a pas de quoi rire.

Oh, non qu'il faille jouer les « chevaliers à la triste figure », les grises mines, les mélancoliques, les hypocondriaques, les pessimistes, les désespérés... Au contraire : ces figures du nihilisme s'y entendent fort bien pour abandonner le gouvernement de leurs humeurs et de leurs pensées au néant comme *sujet*, pour galvauder, noircir, calomnier, railler, maudire.

Cervantès ridiculise Don Quichotte? Il trahit. Schopenhauer se prend les pieds dans le tapis doré de la
sensualité? On l'y prend, la main dans le sac! Luther
en pleine crise de misologie? Conséquence de sa
haine pour la Renaissance, etc. *Etc.*, c'est la liste inter-
minable, horizontale de l'énumération. Nietzsche ne
nous donne pas tant des exemples que des signes, des
symptômes : l'apparente bonhomie de celui-là, le
calme spectaculaire de cet autre, la naïveté sérieuse de
ce savant, tout cela fait *indice*. Et la *Généalogie de la
morale* en regorge, en fourmille, poubelle nauséabonde de l'histoire des idéaux moraux, et sans cou-
vercle encore : le généalogiste l'a confisqué. Vous
jugiez? Sentez, maintenant, inhalez bien, pour respirer l'odeur des *recoins* (l'odeur de la canaille).

Certes, le savoir de la *Généalogie de la morale* est un
triste savoir, mais c'est un *savoir* tout de même, là est
l'essentiel. Rien, en effet, n'est hasardeux. Si le texte
commence par l'ouverture *maxima* du problème de la
connaissance de soi : énigme, incertitude, mise en
abîme de la posture (contre les pseudo-évidences
socratiques et évangéliques); si la *Généalogie de la
morale* est un écrit polémique (le sous-titre dit pamphlet, écrit de combat), si elle fait effectivement la
guerre (en-tête du Troisième Traité), annonçant
d'autres écrits brûlants, comme le *Crépuscule des
idoles*, l'*Antéchrist* ou les pamphlets contre Wagner,
c'est bien une guerre de la connaissance.

Naît alors évidemment une joie mauvaise, fascinée
et effrayée, maligne et cruelle, comme celle prise aux
combats d'animaux dont parle Pascal : ce spectacle du
combat de l'idéal ascétique contre le corps, le plaisir,
la sensualité, la sexualité, la distance, la noblesse,
l'énigme du monde, est effrayant, fascinant, *terrible* au
sens que les Grecs donnaient à ce mot, la limite de
l'innommable. Mais il faut bien nommer pour *faire
être* l'adversaire comme tel, pour l'identifier dans ses
propres techniques de dénomination et de conception
du monde; il faut bien regarder, écouter, sentir (reni-
fler) ce spectacle total qu'est l'histoire de l'idéal moral,

polymorphe, hégémonique, cruel, pernicieux. Cette joie, un peu singulière, c'est vrai, monte peu à peu, au fur et à mesure que l'on comprend les enjeux du texte et ses modes d'exposition. Elle n'a rien de commun avec l'extase délirante de Tertullien en proie aux *scènes* de son imaginaire vengeur et apocalyptique (I, § 15), source incandescente d'un tableau de Bosch. Elle correspond au lent effet de la rumination : que s'est-il passé ? Que sommes-nous devenus ? Que faisons-nous là ? Comme si, dans le film de l'existence humaine (singulière ou générique), il y avait eu une période de rêve, de somnolence, d'hallucination, et qu'on s'en réveille, peu à peu, un texte (celui de Nietzsche) nous donnant les indices de la réalité, de *cette* réalité synthétique, par-delà bien et mal, par-delà en soi et pour soi (noumène et phénomène, intelligible et sensible, idée et simulacre, Être et Non-Être), de ce *pays* que nous n'aurions jamais dû quitter. Joie du retour sur terre, de l'entrée dans la convalescence (thème de l'Avant-propos du *Gai Savoir*, on ne dira jamais assez de bien du *désir* de convalescence aux malades humains), du commencement de la compréhension, du soulagement d'avoir désormais les moyens d'échapper à la *catastrophe* — c'est Nietzsche qui parle en ces termes dramatiques.

Alors, bien sûr, ce n'est pas un texte drôle, séduisant, roboratif. De plus, il est extraordinairement compliqué : enchevêtrement, réminiscences et retours en arrière, anticipations fulgurantes, allusions, clins d'œil, parodies... L'*hypotexte* de la *Généalogie de la morale* est immense, c'est un océan culturel, dont Nietzsche ne donne pas toujours les clés (la présente édition n'est pas venue à bout de toutes les allusions) : l'histoire des doctrines religieuses et morales (orientales et occidentales), l'histoire de la philosophie, les textes fondateurs des religions monothéistes, les épopées antiques, les petits faits modernes, les grandes idéologies dominantes... Le néophyte a du mal à s'y retrouver. On dira : il en est ainsi, toujours, des textes de Nietzsche. Oui, mais la *Généalogie de la morale* atteint un degré de sophistication élevé, suffisamment retors pour qu'on en avertisse le lecteur. Une chose frappe, cependant, qui est de nature à encourager le lecteur audacieux, encouragé en cela par Nietzsche lui-même, jamais dupe du lecteur qu'il mérite : le texte est polémique, mais c'est d'abord un écrit, donc un *composé*. Nous avons essayé, dans les limites de cette édition, d'indiquer les structures de réseaux qui font la forte cohérence du texte, son côté implacable, son « bloc ». Pour le reste, il faut *obéir* à l'injonction nietzschéenne : apprenez à bien me lire, lisez-moi lentement, ruminez. Vertus : patience, concentration, *écoute* de ce qui est lu.

Thématique et méthode

Qu'est-ce qu'une *généalogie de la morale*?

La question est vertigineuse; elle suppose d'abord l'idée d'une *morale* comme unité : unité *finale*, pas toujours visible d'emblée au-delà de la diversité des mœurs, de la *moralité des mœurs* — Nietzsche prend l'expression par antiphrase; une unité *profonde* de discours, de principe, de pratiques, de buts. Nietzsche a vu l'unité du projet moral et l'a nommé : amendement des hommes, *amélioration*. Toute morale veut *rendre meilleur*. Oh, la belle intention! Regardons les moyens, observons les *faits*, juste pour voir...

L'entreprise philosophique de la *Généalogie de la morale* consiste alors à *construire* cette cohérence invisible, en analysant les inventions rhétoriques (langage, noms, jugements, cris de ralliement, slogans) et en observant les mœurs dominantes; cela suppose un choix et une élaboration du matériau : si Nietzsche décide de monter en épingle tel *aspect*, telle *face* d'un phénomène culturel, il faut comprendre que la raison de sa décision est *toujours* en même temps arbitraire *et* motivée, partiale *et* raisonnée, injuste *et* juste. Luther n'a certes pas dit seulement de la raison qu'elle était une « rusée catin », mais il l'a dit (III, § 9), cela *suffit*. Kant reconnaît que l'infini biologique et l'infini astronomique l'écrasent quelque peu, dans ce mouvement d'inhibition propre au sublime (III, § 25). Nietzsche y lit un *aveu* permettant une récupération morale de la vérité scientifique (alors qu'on peut, tout aussi bien, y voir une déclaration de modestie ontologique assez adéquate à la conception nietzschéenne de la suspension du jugement de la partie sur le tout)... Le tout à l'avenant.

C'est cela qui rend la lecture difficile : on a constamment affaire à un travail de lecture, d'interprétation, y compris sur le plan du fait, et Nietzsche le rappelle sans cesse. S'il ne le rappelait pas, il verserait lui-même dans les ruses du prêtre ascétique, directement branché sur l'au-delà, en communication téléphonique avec l'absolu, que celui-ci soit être ou néant, à la manière du chrétien dogmatique (III, § 22) ou à celle de Schopenhauer (III, § 5). Il faut accepter ce présupposé, qui est *le* principe philosophique nietzschéen par excellence : pas de *faits* ou de *phénomènes moraux* donnés, mais des *interprétations* de phénomènes. Voilà le premier paradoxe nietzschéen de la *Généalogie de la morale* : on s'appuie sur des faits qui sont *suspendus* à un travail du sens.

C'est donc au centre interprétatif qu'il faut *remonter*. Ce chemin vers l'amont suppose que l'on peut *refaire* la genèse de la chose à partir de la question de son *sens*, au lieu de s'en remettre naïvement, façon fleur bleue, comme les empiristes anglais, à l'utile ou au nuisible (Avant-propos, § 7 ; I, § 1-3). *Son* sens ? Qu'est-ce à dire ? Une chose, une pratique, un discours, n'ont pas de sens naturel, en soi : leur sens dépend de la force qui s'empare d'eux, qui les assimile, les malaxe et les oriente selon ses fins. Le sens est injection violente, domination, assimilation, commandement, asservissement. Et encore n'a-t-on pas raison de parler d'*un* sens : la pluralité s'impose. Si les formes de vie sont diverses, divisées, concurrentes, les unes triomphantes, les autres défaites, les sens seront également multiples, dispersés au gré des victoires et des replis *défensifs*. L'histoire des conflits de formes de vie, chez Nietzsche, n'a rien de pro-

videntiel, de finalisé, d'harmonieux. La nécessité
règne toujours, mais c'est alors la nécessité de la détermination par la contingence, le hasard des rencontres,
par inscription fluide des sens, chevauchements multiples et imprévisibles, régressions et sauts qualitatifs,
conservations et dépassements sans buts préétablis.
L'histoire de la civilisation *de* l'homme est celle d'une
violence sourde et effective, et la tâche de la volonté
est de maîtriser cette violence dispersée. Rien d'hégélien, malgré l'apparence : il y a du négatif, il y a des
contradictions historiques (dont l'idéal ascétique est le
plus beau *spécimen*), il faut les surmonter, les dépasser
(III, § 27 : *Selbstaufhebung, Selbstüberwindung*), mais la
tentation analogique s'arrête là ; pas de raison immanente, pas d'idée de la liberté, pas de sujet-substance
comme maître de l'histoire, pas d'*héritage* — c'est la
limite des *Lumières* que d'y croire —, pas de *happy
end*, pas de réconciliation finale dans le savoir absolu.

L'objet de la *Généalogie* est donc fort complexe ;
plus exactement, il est organisé en couches qui se
révèlent peu à peu, sous la surface du discours, on le
dira *feuilleté* ; ce qu'on a sous les yeux change au fur et
à mesure de la *profondeur* du niveau de lecture,
mieux : au fur et à mesure de la rumination, du
« remâché ». On découvre alors un texte à géométrie
variable : on croit d'abord le saisir (n'est-ce pas un
texte *sur* la morale ?), on entrevoit peu à peu un véritable et moderne *traité des passions* (il est question de
haine, de pitié, d'humilité, de repentir, de remords, de
rancune, de vengeance, de ressentiment), puis un examen des formes primitives (supposées) des rapports
humains, rapports de force, de violence, de séduction,
de compromis, d'équilibre et de rupture d'équilibre, et
encore une série d'hypothèses sur les ruses et les stra-
tagèmes de la conscience conçue comme instrument
de puissance, sur la formation contrastée de l'esprit,
son ambivalence, la cruauté de la fabrication de sa
mémoire — « Laisse le souvenir ! », chante le postlude
de *Par-delà bien et mal*. Il y a du Rousseau, du Pascal,
du Spinoza, du Montaigne, du Hume, dans ce Nietz-

sche généalogiste de l'esprit, et ce, *malgré* ce que Nietzsche peut lui-même en dire.

Quid alors de ces *faits* moraux ? La morale nous met devant le fait accompli : son triomphe. Triomphe de la *maladie*, la négation de la vie, du refus défensif, de l'inhibition, de la mortification, du recoin... Comment s'en satisfaire ? N'y a-t-il pas une autre vie possible ? Mieux : n'y a-t-il *pas eu* une autre vie, plus puissante, plus affirmative, plus *initiale* ? Où est-elle maintenant, aujourd'hui ? Ces questions supposent que l'on doute de la *valeur* de la morale. Mais pas seulement, car, après tout, douter de la morale comme *fait* ou comme *idéal*, beaucoup d'autres l'ont fait : la vraie morale se moque de la morale... À ce compte, Nietzsche ne serait pas original.

La *Généalogie de la morale* recule le problème d'un cran, et c'est décisif : si la morale triomphe dans les faits, c'est parce qu'elle se dit *idéal*, donc valeur suprême, valeur des valeurs, juge, critère, étalon, canon des estimations portant sur choses, hommes, actes, monde, vie. Interrogeons alors la *valeur de cette valeur*, testons sa *teneur*, écoutons le son qu'elle rend (cloche fêlée ou intacte ?), évaluons à notre tour ses effets pour la vie. La genèse de la chose ne suffit pas, il faut poser la question de sa généalogie : genèse de la valeur de la valeur, de la valeur « bien » comme « valeur suprême », de la valeur « mal » comme repoussoir, de la valeur « vérité » comme « idéal théorique ». Il faut bien aller de l'autre côté du miroir, contre le mensonge moral de la belle apparence : « l'intelligence de l'origine d'une œuvre importe aux physiologistes et vivisecteurs de l'esprit : au grand jamais aux esthètes, aux artistes ! » (III, § 4). La *Généalogie de la morale* ne plaît guère, parce qu'elle brise le grand miroir : une vivisection en dévoile une autre, opérée auparavant, secrète, mauvaise, méchante, qui a laissé les plaies s'infecter — que de sang, de souffrance, de perversion, dans tout ce qu'on dit être « les bonnes choses », voilà la découverte de Nietzsche. Le généalogiste montre le *prix* des qualités et vertus humaines *acquises*, chèrement acquises; il est l'*autre* du prêtre comme poison et remède; il annonce l'avenir (le « surhomme ») en dénonçant le malaise présent.

Second paradoxe de la *Généalogie de la morale*, Nietzsche pose une question de droit (analogue à la question kantienne à propos de la légitimité de la connaissance rationnelle, par exemple) : avec quelle légitimité la morale s'est-elle imposée ainsi, jusqu'à devenir la maladie de l'humanité, jusqu'à faire de l'homme un animal malade, malade de sa propre vie? L'homme, cet animal en devenir, par-delà la perfection de l'instinct animal, est jusqu'à présent l'animal indéterminé, indécis, instable, inachevé, dont l'essence n'est pas encore fixée. Et puis, la morale, par le biais des ruses et des croyances inventées par le prêtre ascétique, fait entrer peu à peu cet animal en enfer; elle s'empare des valeurs posées en premier par les vivants barbares (la vie commence toujours par une première affirmation), elle se saisit des techniques de rectification des conduites (le « châtiment », au multiple sens, dans l'humanité primitive), elle modifie la conscience des actes, leur interprétation, avec des notions inouïes (faute, péché, libre arbitre), en inventant des passions inconnues, dont la généalogie doit reprendre l'histoire : ressentiment, mauvaise conscience, et puis humilité, pitié, haine, vengeance, mépris, *sous leurs formes morales*. L'histoire de l'humain est celle de ses maladies, de *sa maladie* : être devenu un homme *moralisé*.

Or, pour répondre à ces *faits* de victoire de la morale, Nietzsche ne propose pas d'idéal, de principe rationnel valant en soi, absolu, éternel. Un idéalisme moral qui répond à l'idéalisme pragmatique dominant, c'est toujours de l'idéalisme. Non, il répond par le fait, en le démontant, en mettant au jour le mode de constitution progressive de l'invention ascétique : l'idéal moral a belle apparence? Qu'importe, le généalogiste est iconoclaste, il enlève la belle peau mensongère pour découvrir un monstre. La statue de *Glaucos*, mais à l'envers; on n'enlève pas les coquillages, les algues, les indurations, on les découvre. La généalogie consiste à *reconnaître* la réalité effective de ce qui est caché sous le pieux mensonge de l'idéal moral, et cette reconnaissance se fait avec les éléments épars, contingents, partiels dont on dispose, *et non* avec les concepts parfaits, purs, « vrais », de l'idéal. La mise en abîme nietzschéenne atteint là son point de non-retour : la critique des valeurs morales comme grandeurs installées sur le déni de leur origine ne peut s'appuyer sur aucun principe, aucune valeur stable, qui lui fournirait une légitimité définitive. Nietzsche n'est ni Platon, ni Kant, il défend un mélange d'empirisme, d'anthropologie, de philosophie de l'histoire, de psychologie (comme doctrine et morphologie de la volonté de puissance); un transcendantalisme de la valeur (quelle légitimité les valeurs morales, les jugements moraux ont-ils? Que valent-ils? — *Généalogie de la morale*, I, § 17), sans l'*a priori* qui lui permettrait d'espérer l'ataraxie, la paix après la tempête, la sécurité sur l'autre rive, celle où la bataille ne fait pas (encore) rage. Seule porte de sortie : quels critères pour la vraie vie, puissante, innocente, créatrice, s'affirmant elle-même?

La réponse de Nietzsche n'apporte aucun repos, aucun répit, aucune assurance. Nietzsche soupçonne d'ailleurs la volonté de paix de camoufler une lassitude. De ce côté-là, pas d'inquiétude, nous sommes servis : non seulement rien n'échappe au *soulèvement*, à cette *émeute de questions* — les choses les plus sacrées (l'art, la science, la religion, la philosophie, Dieu) sont réduites à la face cachée de leur genèse —, mais les effets sont, au sens cosmique du mot, *révolutionnaires*; en un mot, le nihilisme, c'est-à-dire : Dieu est mort, rien ne vaut, donc tout est permis (III, § 26). Les bons esprits tiendront Nietzsche pour *responsable* (pardon : *coupable*) de cet état des choses. C'est lui faire beaucoup d'honneur. Mais il n'a fait qu'allumer la mèche installée par le prêtre ascétique; il n'a fait que mettre le feu à quelque chose de *très inflammable* qui, en réalité, ne demandait qu'à prendre, qui continuera à prendre (notre histoire récente le prouve chaque jour). Le nihilisme est l'idéal du néant, les hommes désirent le néant (par exemple pour mettre fin à la torture de l'existence, version Schopenhauer), mais c'est le néant qui désire en eux, ou plus exactement la fiction, la chimère de l'idole morale. Nietzsche ne fait qu'*accélérer* les processus d'effondrement et d'incendie. Il travaille savamment et hardiment sur les contradictions secondaires, vu que la contradiction principale — l'idéal ascétique ; le prêtre ascétique étant une contradiction *vivante* — terrorise encore les croyances : interdit de penser.

Les analyses de la *Généalogie de la morale* sont, en ce sens, cruciales ; l'humanité est à la croisée des chemins, c'est-à-dire : reconduction sempiternelle des mêmes pratiques, des mêmes passions, rengaine du jugement moral, qui s'achèvera dans le « tout est égal », dans un monde sans aspérité ontologique, sans exception éthique, bref, la *tabula rasa* du nihilisme (le *politically correct* démocratique). Dans une certaine mesure, conformément à une prédiction nietzschéenne, nous y sommes. Ou bien les hommes se saisissent de cette folie de la *croix* de l'existence (comme si elle était *à (sup)porter* !) et trouvent les moyens d'en finir avec cette crucifixion des fictions culpabilisatrices, des tours de magie noire, œuvres du prêtre.

Nietzsche ne nous laisse en effet pas sans espoir : l'effondrement (l'« *effon*de-*ment* », même, puisque la morale est désormais sans fond, sans *raison d'être*) des absolus moraux, la démystification des basses œuvres du prêtre ascétique ne nous laisse pas tout à fait orphelins de la question de la valeur. Nietzsche répond à l'avance aux petits malins qui s'engouffrent dans le vide nihiliste avec leur calculette (le profit), leur débauche (la perversion de l'athée démocratique : caddy, télé, porno et humanité réduite à la logique des cercles concentriques), leur sentiment océanique (le socialisme : le salut est dans la masse) ou leur individualisme de pacotille (l'anarchisme : moi, et tout, tout de suite). Le nihilisme est récurrent, il se reproduit, même dans l'absurde, puisque, justement, c'est l'absurde qu'il ne supporte pas : « l'homme préfère encore vouloir le *néant* plutôt que de *ne pas* vouloir du tout » (III, § 28). Dans son *horror vacui*, la volonté habille le néant des apparences de l'être : il n'y a pas de pulsion passive, mais des pulsions à but passif, dira Freud ; et les croyances de se maintenir, vaille que vaille, comme les illusions, mais dans le château fort de leur *défense*. Et c'est reculer pour mieux *sauter*. Dès lors, qu'espérer ?

La disparition *factuelle* de l'emprise des valeurs morales (bien, mal ; Dieu, vrai ; mais, dit Nietzsche, cette dernière résiste mieux que les autres, dans sa version scientifique — III, § 23-26) ne signifie pas l'annulation de la question des valeurs ; *par-delà bien et mal*, cela ne veut pas dire *par-delà bon et mauvais* (I, § 17). Nietzsche retrouve le problème éthique de Spinoza : il y a une *moralité* possible *en deçà* de l'absolu des valeurs, et cette moralité est à chercher dans une théorie de la valeur de la vie, dans une doctrine des valeurs *pour* la vie (une fois celle-ci définie comme accroissement, dépassement, surpassement, création). L'homme qui entre dans cet atelier éthique est déjà hors de lui-même : il porte la plus haute promesse (I, § 10 ; II, § 24), celle du guerrier de la connaissance engendrant le surhomme. Il faut bien récolter ce qui fut semé, reprendre l'esprit dans l'état où on l'a trouvé, pour le soigner, le guérir de sa « maladie de peau ». Nietzsche nomme cela « *autodépassement de la morale* » (*Aurore*, Avant-propos, § 4).

Bien sûr, certains s'étonneront de la « brutalité » de certaines propositions nietzschéennes : que la masse serve les hommes nobles, aider les faibles à être moins forts, jusqu'à disparaître. Passant outre à l'humour noir, à la provocation, le côté boutefeu et comédien de l'écrivain Nietzsche qui nous autoriseraient à en rester là, nous voudrions souligner une chose : l'attaque est dirigée contre un *type* d'homme, le débile moral, la hyène rancunière ; contre la *plèbe*, la *foule*, le *troupeau*, pas contre un peuple ; contre le prêtre ascétique, pas contre les juifs ; contre les idéologues vengeurs (Dühring, Wagner, Treitschke), qui font du christianisme une réalité *sui generis*, justifiant par là même l'antisémitisme. Nietzsche montre au contraire la *continuité entre christianisme et judaïsme*, en ce qui concerne la mise en place des idéaux de la prêtrise. Comme chez Spinoza, le problème éthique achoppe sur celui du théologico-politique : l'ennemi, c'est le prêtre. En deçà de cette position perce le *respect* pour le peuple juif, peuple spirituel, international, supranational, l'éloge de l'Ancien Testament, et le grand mépris pour celui qui hait l'étranger. Deux posthumes, pour en finir :

— « Celui qui hait le sang étranger, ou qui le méprise, n'est pas encore un individu, mais une sorte de protoplasme humain » (11 (296), Colli-Montinari, été automne 1881, traduction personnelle).

— « Il n'est plus utile d'en appeler aux mœurs et à l'innocence des premiers Germains : il n'y a plus de Germains, il n'y a plus de forêts non plus » (26 (363), Colli-Montinari, été-automne 1884, traduction personnelle).

Philippe CHOULET.

NOTE SUR CETTE ÉDITION

Le texte sur lequel nous nous sommes appuyés pour la traduction est celui des éditions faite par Nietzsche lui-même chez Naumann en 1887, reproduit, avec quelques retouches peu significatives concernant essentiellement la ponctuation, dans les éditions classiques (Kröner, ou la *Kritische Gesamtausgabe der Werke* de Colli et Montinari — Berlin-New York, 1967 sq., sigle *KGW*). Nous avons décidé d'alléger la ponctuation : Nietzsche ponctue *à l'allemande*, avec tirets fréquents, points-virgules de *respiration*, exclamations dans la phrase, points dans les parenthèses, toutes choses inhabituelles pour un lecteur français. Le respect de la ponctuation initiale aurait rendu la chose quasi illisible : la traduction se devait de considérer le problème et de *légiférer* en la matière.

Les termes suivis de * sont en français dans le texte original.

Nous avons opté pour une introduction « courte », afin de glisser les éclaircissements et commentaires dans les notes. La *Généalogie de la morale* est un texte inépuisable, une source infinie de travail et de problèmes ; l'exhaustivité est un mauvais idéal, nous nous en sommes tenus là — il faut bien s'arrêter quelque part, dit Aristote.

Nous conseillons d'accompagner la lecture de la *Généalogie de la morale* d'abord des textes que Nietzsche a écrits à la même période. Le lecteur constatera par lui-même les structures de parenté que ce texte entretient avec *Par-delà bien et mal*, les Avant-propos d'*Aurore* et du *Gai Savoir*, le livre V du *Gai Savoir*... Les notes comportent également des propositions de lecture. Nous avons, pour chacun des thèmes abordés par Nietzsche dans la *Généalogie de la morale* — et parfois avec quelle vitesse —, indiqué d'autres sources, celles des autres œuvres, permettant de comprendre l'extrême *cohérence* et *invariabilité* que cette pensée a pu conquérir une fois qu'elle s'est découverte à elle-même dans sa maturité (à partir d'*Humain, trop humain*).

Mes remerciements et mon admiration aux Quatre Mousquetaires — dont je faillis être le... Richelieu —, Éric Blondel, Ole Hansen-Løve, Théo Leydenbach, Pierre Pénisson, pour leur traduction sagace, leurs conseils avertis, leur enthousiasme réglé, leur compagnie.

Abréviations des ouvrages cités

NT : *La Naissance de la tragédie* (1871).
Cons. In. : *Considérations intempestives* (*inactuelles*) (1873-1876).
HTH : *Humain, trop humain* (1876-1880), en trois moments, les deux derniers portant un titre : *Opinions et sentences mêlées* et *Le Voyageur et son ombre*.
A : *Aurore* (1880).
GS : *Gai Savoir* (1882). L'Avant-propos, le livre V sont de 1887.
APZ : *Ainsi parlait Zarathoustra* (1883-1884).
PBM : *Par-delà bien et mal* (1884-1885).
GM : *Généalogie de la morale* (1887).
CW : *Le Cas Wagner* (1888).
CI : *Le Crépuscule des idoles* (1888).
EH : *Ecce Homo* (1888, publié en 1908).
NcW : *Nietzsche contre Wagner* (1888).
Ant. : *Antéchrist* (1888, publié en 1895).

POUR UNE GÉNÉALOGIE
DE LA MORALE

Pamphlet

Pour compléter et éclaircir le dernier écrit :
Par-delà bien et mal

1

Nous ne nous connaissons pas nous-mêmes, nous les hommes de la connaissance, et nous sommes nous-mêmes inconnus à nous-mêmes. À cela il y a une bonne raison : nous ne nous sommes jamais cherchés, — pourquoi faudrait-il qu'un jour nous nous *trouvions*[1] ? C'est à juste titre qu'on a dit : « là où est votre trésor, là aussi est votre cœur[2] » ; notre trésor *à nous* est là où se tiennent les ruches de notre connaissance. Nous sommes sans cesse à sa poursuite, nous animaux ailés et butineurs nés de l'esprit, notre cœur ne se soucie véritablement que d'une chose[3] — « rapporter » quelque chose[4]. En ce qui concerne la vie, par ailleurs, ce qu'on appelle les « expériences vécues », — qui a pour celles-ci déjà assez de sérieux ? Ou assez de temps ? Dans de telles affaires, je le crains, nous n'avons jamais été vraiment « à notre affaire » : nous n'y prêtons justement pas le cœur — ni même l'oreille ! Pareils plutôt à un homme divinement ravi et plongé en lui-même, à qui la cloche vient de faire résonner à toute force aux oreilles les douze coups de midi[5], et qui s'éveille en sursaut et se demande : « quelle heure a donc sonné ? », nous nous frottons parfois nous aussi les oreilles *après coup* et nous nous demandons, ébahis et gênés, « qu'avons-nous donc vécu en réalité ? Bien plus : qui *sommes*-nous en réa-

lité ? ». Et nous recomptons, après coup, je le répète,
chacun des douze coups vibrants de notre expérience,
de notre vie, de notre *être* — sans compter juste,
hélas !... Nous demeurons nécessairement étrangers à
nous-mêmes, nous ne nous comprenons pas, nous ne
pouvons pas éviter le quiproquo sur nous-mêmes,
pour nous vaut de toute éternité cette phrase : « chacun est pour soi-même le plus lointain[6] », — nous ne
sommes pas pour nous des « hommes de la connaissance »...

2

— Mes réflexions sur la *provenance* de nos préjugés
moraux — car c'est de cela qu'il s'agit dans ce pamphlet — ont reçu leur première expression, parcimo-
nieuse et provisoire, dans le recueil d'aphorismes qui
s'intitule *Humain, trop humain. Un livre pour esprits
libres*[7], et dont la rédaction débuta à Sorrente au cours
d'un hiver qui me permit, comme le fait un voyageur,
de faire halte pour contempler le vaste et dangereux
pays qu'avait jusque-là traversé mon esprit[8]. Cela se
passait pendant l'hiver 1876-1877 ; mais les réflexions
elles-mêmes sont plus anciennes. C'étaient pour
l'essentiel déjà les mêmes réflexions que je reprends
dans les présents traités : — espérons que ce long
intervalle leur a été bénéfique, qu'elles sont devenues
plus mûres, plus lumineuses, plus vigoureuses, plus
parfaites ! Mais le *fait* qu'aujourd'hui encore je m'y
tiens, qu'elles se sont tenues entre-temps toujours plus
solidement entre elles, et même qu'elles s'enche-
vêtrent et s'interpénètrent, cela fortifie en moi la
joyeuse assurance que depuis le début elles pourraient
être nées en moi, non pas isolément, arbitrairement,
sporadiquement, mais d'une racine commune, d'une
volonté foncière de la connaissance, s'imposant en profondeur, parlant d'une manière de plus en plus déterminée, exigeant des choses de plus en plus déterminées. Car c'est cela seul qui sied à un philosophe[9].
Nous n'avons pas le droit d'être en quelque matière

isolés, nous n'avons pas le droit de nous tromper et d'atteindre la volonté d'une manière isolée. Bien plus, c'est avec la nécessité par laquelle un arbre porte ses fruits que poussent en nous nos pensées, nos valeurs, nos « oui » et nos « non », nos « si » et nos « que » — tous apparentés et reliés entre eux, et témoins *d'une* volonté, *d'une* santé, *d'une* terre, *d'un* soleil.— Sont-ils à *votre* goût, nos fruits ? Mais qu'importe cela aux arbres [10] ! Que *nous* importe, à nous philosophes !...

3

Par un scrupule qui m'est propre et que je répugne à avouer — il concerne en effet la *morale*, tout ce qui a été jusqu'à présent sur terre célébré sous ce nom, — scrupule apparu dans ma vie si tôt, si inopinément, si irrésistiblement, tellement en contradiction avec mon entourage, mon âge, mes modèles, mes origines, que j'aurais presque le droit de l'appeler mon « *a priori* », ma curiosité autant que ma suspicion devait parfois s'arrêter à la question de savoir *quelle est* véritablement *l'origine* de notre bien et de notre mal. Et en effet dès l'âge de treize ans [11] le problème de l'origine du mal me poursuivait : à l'âge où « le cœur se partage entre les jeux d'enfance et Dieu [12] », j'y ai consacré mon premier jeu d'enfance littéraire, mon premier exercice d'écriture philosophique — et pour ce qui touche ma « solution » d'alors au problème, j'ai conféré, cela va de soi, à Dieu l'honneur d'être le *père* du Mal. Mon « *a priori* » le voulait-il justement *ainsi* ? Ce nouvel « *a priori* » non moral, du moins immoraliste [13], ainsi que l'« impératif catégorique » si antikantien, si énigmatique, qui, hélas, en découlait et auquel depuis lors je n'ai jamais cessé de prêter l'oreille et plus que l'oreille [14] ?... Heureusement j'ai appris en son temps à faire la distinction entre le préjugé théologique et le préjugé moral, et j'ai cessé de chercher l'origine du mal *au-delà* du monde [15]. Un tant soit peu d'instruction historique [16] et philologique [17], à quoi s'ajoute un sens électif inné pour les questions psychologiques [18] en généra[l]. ont rapidement transformé mon problème en cet autre : dans quelles conditions l'homme s'est-il inventé ces jugements de valeur de bien et de mal ? *Et quelle valeur ces jugements ont-ils eux-mêmes*[19] ? Ont-ils inhibé ou favorisé jusqu'à présent le développement de l'homme ? Sont-ils un signe de détresse, d'appauvrissement, de dégénérescence de la vie ? Ou au contraire sont-ce la plénitude, la force, la volonté de la vie, son courage, son assurance, son avenir, qui se montrent en eux[20] ? — J'ai trouvé en moi-même et osé maintes réponses à cela, j'ai distingué les époques, les peuples, les degrés de hiérarchie des individus, j'ai spécifié mon problème, les réponses sont devenues de nouvelles questions, des recherches, des conjectures, des vraisemblances : jusqu'à avoir enfin mon propre pays, mon propre sol, tout un monde inouï, croissant et florissant, mes jardins secrets pour ainsi dire, dont personne ne devait rien savoir... Oh ! comme nous sommes *heureux*, nous les hommes de la connaissance, pour peu que nous sachions au moins nous taire assez longtemps[21] !...

4

Ce qui m'a d'abord incité à faire part de quelques-unes de mes hypothèses sur l'origine de la morale a été un opuscule clair, propret et sagace, voire d'une sagacité de blanc-bec, dans lequel se présenta à moi pour la première fois distinctement une espèce contraire et perverse d'hypothèses généalogiques, l'espèce proprement *anglaise,* opuscule qui m'a attiré — avec la force d'attraction que possède tout ce qui est à l'opposé, tout ce qui est aux antipodes. Cet opuscule s'intitulait *L'Origine des sentiments moraux*[22], son auteur était le Dr Paul Rée, l'année de parution 1877. Rien n'a peut-être jamais autant suscité mon refus, proposition par proposition, conclusion après conclusion, que ce livre, toutefois sans mécontentement ni impatience. Dans le livre précédemment mentionné auquel je travaillais alors, je me référais à propos et hors de propos aux thèses de ce livre, non point en les réfutant — je n'ai que faire de réfutations[23]! — mais comme il convient à un esprit positif, en substituant le plus vraisemblable à l'invraisemblable, et parfois une erreur à une autre. Je mettais alors pour la première fois au jour, comme je viens de le dire, ces hypothèses sur l'origine, hypothèses auxquelles sont consacrés ces traités, avec gaucherie, ce que je ne voudrais nullement me dissimuler, sans liberté encore, dépourvu encore d'une langue personnelle pour ces choses personnelles, et avec bien des rechutes et des flottements. Pour le détail on se reportera à ce que je dis à la page 51 de *Humain, trop humain*[24] sur la double préhistoire de bien et mal (en partant de la sphère des nobles et de celle des esclaves); de même, page 119 et suivantes sur la valeur et l'origine de la morale ascétique; de même, pages 78 à 82, volume II, page 35[25], à propos de la « moralité des mœurs », cette espèce beaucoup plus ancienne et plus originelle qui diffère du tout au tout du mode altruiste d'évaluation (dans laquelle le Dr Rée, à l'instar de tous les généalogistes anglais de la morale, voit le mode d'évaluation morale *en soi*); de même page 74. *Le Voyageur*, page 29[26], *Aurore*, page 99[27], sur l'origine de la justice comme compromis entre individus de puissance à peu près égale (l'équilibre comme condition de tous les contrats, et par conséquent de tout droit); de même sur l'origine du châtiment, *Le Voyageur*, pages 25-34[28], auquel la dissuasion par la terreur n'est ni essentielle ni originelle (comme le prétend le Dr Rée : — elle lui est bien plutôt surajoutée, dans des conditions déterminées et toujours comme un à-côté et un supplément).

5

Au fond, ce qui me tenait à cœur à l'époque était justement quelque chose de bien plus important qu'un corps d'hypothèses personnelles ou étrangères sur l'origine de la morale (ou plus exactement : ces dernières avec une seule fin pour laquelle elles ne sont qu'un moyen parmi d'autres). Il s'agissait pour moi de la *valeur* de la morale, — et à ce sujet j'avais presque exclusivement à m'expliquer avec mon grand maître Schopenhauer[29] auquel ce livre, avec sa passion et sa contradiction secrètes, s'adresse comme à un contemporain (— car ce livre était lui aussi un « pamphlet »). Il s'agissait en particulier de la valeur du « non-égoïste », des instincts de pitié, de déni de soi, de sacrifice de soi, instincts que Schopenhauer avait si longtemps auréolés, divinisés et projetés dans l'au-delà, jusqu'à demeurer finalement à ses yeux comme « valeurs en soi », sur lesquelles il se fondait pour *dire non* à la vie ainsi qu'à lui-même[30]. Mais c'est justement contre *ces* instincts-*là* que parlait en moi une méfiance toujours plus radicale, un scepticisme sapant toujours plus profond! C'est justement là que je voyais le *grand* danger pour l'humanité, ce qui la charme et l'égare de la façon la plus sublime — vers quoi? Vers le néant? — c'est là justement que je voyais le commencement de la fin, l'enlisement, la lassitude nostalgique, la volonté se tournant *contre* la vie, la maladie finale s'annonçant dans la délicatesse et la mélancolie : je comprenais la morale de la pitié[31], qui se répand de plus en plus, qui saisissait et rendait malade jusqu'aux philosophes, comme le symptôme le plus inquiétant de notre culture européenne devenue inquiétante, comme son détour vers un nouveau bouddhisme[32]? Vers un bouddhisme européen? Vers le — *nihilisme*[33]?... Cette prédilection moderne des philosophes, cette surestimation de la pitié est en effet une nouveauté : c'est justement sur la *non-valeur* de la pitié que les philosophes s'étaient jusqu'ici accordés. Il me suffit de nommer Platon[34], Spinoza[35], La Rochefoucauld[36] et Kant[37], quatre esprits aussi différents les uns des autres que possible, mais unanimes sur un point : le mépris de la pitié. —

6

Ce problème de la *valeur* de la pitié et de la morale de la pitié (— je suis un adversaire du dommageable amollissement moderne des sentiments[38] —) paraît d'abord n'être qu'un point particulier, un point d'interrogation à lui seul; mais celui qui s'y attarde, qui *apprend* à questionner, passera par où je suis passé : — une perspective immense et nouvelle s'ouvre devant lui, une possibilité le saisit tel un vertige, toutes sortes de soupçons, de craintes surgissent, la foi en la morale, en toute morale, vacille, — et finalement se fait jour une nouvelle exigence[39]. Exprimons-la, cette *nouvelle exigence* : nous avons besoin d'une *critique* des valeurs morales, c'est *la valeur de ces valeurs qu'il faut commencer par mettre en question* — et pour cela il faut une connaissance des conditions et des circonstances qui les ont produites, dans lesquelles elles se sont modifiées (la morale comme conséquence, comme symptôme[40], comme masque[41], comme tartuferie, comme maladie[42], comme malentendu[43]; mais aussi la morale comme cause, comme remède[44], comme stimulant[45], comme entrave, comme poison[46]), une connaissance telle qu'il n'en a jamais existé et telle qu'on n'en a même jamais désiré de pareille jusqu'ici. On prenait la *valeur* de ces « valeurs » pour donnée, pour réelle, au-delà de toute question[47]; jusqu'ici on a placé la valeur « du bon » plus haut que celle « du méchant », sans l'ombre d'un doute ni d'une hésitation, plus haut au sens de promotion, d'utilité, de croissance pour l'homme *en général* (y compris l'avenir de l'homme). Eh quoi ? Et si le contraire était vrai ? Eh quoi ? Si dans le « bon » se nichaient aussi un symptôme de recul ainsi qu'un danger, un égarement, un poison, un narcotique grâce auquel le présent vivrait *aux dépens de l'avenir*[48] ? Peut-être d'une manière plus confortable, moins dangereuse, mais dans un style plus mesquin, plus vil?... De sorte que ce serait bien la faute de la morale si le type humain ne pouvait jamais atteindre à

la plus haute magnificence et splendeur qui lui est possible[49]? De sorte que la morale serait justement le
danger des dangers?...

7

J'ajouterai seulement que depuis que cette perspective s'est ouverte à moi, je n'ai pas manqué de raisons
pour chercher autour de moi des compagnons érudits,
audacieux et travailleurs[50] (je le fais aujourd'hui
encore). Il s'agit de parcourir l'immense et lointaine
terre inconnue de la morale — celle qui a véritablement existé, et qui a véritablement été vécue — avec
beaucoup de questions nouvelles et pour ainsi dire des
yeux neufs : et cela ne revient-il pas quasiment à
découvrir cette terre[51]? Si j'ai alors pensé entre autres
au susdit Dr Rée, c'est que je n'ai nullement douté
qu'il ne serait poussé par la nature de ses questions à
une méthode[52] plus juste pour trouver les réponses.
Me suis-je en cela trompé? Je souhaitais en tout cas
donner à un regard aussi aigu et impartial une meilleure orientation, celle qui conduit à la véritable *histoire de la morale* et à le mettre en garde à temps contre
un tel corps d'hypothèses anglaises perdues *dans
l'azur*. Il va de soi que la couleur cent fois plus importante que le bleu du ciel doit, pour un généalogiste de
la morale, être tout autre : *le gris*[53], à savoir les pièces
authentiques, les données vérifiables, ce qui a vraiment eu lieu, bref tout le long texte hiéroglyphique[54],
difficile à déchiffrer, du passé moral de l'humanité ! —
Voilà ce qu'ignorait le Dr Rée. En revanche, il avait lu
Darwin[55] — : et ainsi dans ses hypothèses la bête darwinienne et le modeste tendron moral tout moderne
« qui ne mord plus » se tendent gentiment la main
d'une manière qui est au moins distrayante, le second
arborant sur son visage l'expression d'une certaine
indolence gentille et délicate à laquelle se mêle même
un grain de pessimisme, de lassitude : comme si cela
ne valait vraiment pas la peine de prendre tant au
sérieux toutes ces affaires — les problèmes de la

morale [56] —. Or il me semble tout au contraire qu'il n'y a pas d'affaire qui ne *gagne* davantage à être prise au sérieux, on y gagnera par exemple d'obtenir peut-être un jour la permission de prendre la morale *avec belle humeur* [57]. Car la belle humeur, ou pour le dire dans mon langage, *le gai savoir* [58], est un gain : le gain que procure un certain sérieux durable, courageux, zélé, et souterrain, qui n'est certes le fait de n'importe qui. Mais le jour où nous voulons dire de tout cœur : « En avant ! Notre ancienne morale relève elle aussi *de la comédie* ! », nous avons découvert pour le drame dionysien du « destin de l'âme » une nouvelle péripétie et une nouvelle éventualité —; et il saura s'en servir, on peut le parier, lui qui fut de tout temps le grand auteur comique de notre existence [59] !...

8

— Que si cet écrit est incompréhensible et inaudible pour certains, la faute, ce me semble, ne m'en incombe pas nécessairement. Il est suffisamment clair, à supposer, et je le suppose, que l'on ait d'abord lu mes écrits précédents et que l'on n'y ait pas ménagé sa peine : de fait ils ne sont pas faciles d'accès. Pour ce qui concerne par exemple mon *Zarathoustra* [60], je ne laisse personne passer pour un bon juge qui n'ait été une fois ou l'autre profondément blessé et une fois ou l'autre profondément ravi par chacun de ses mots [61]. C'est en effet à cette seule condition qu'il peut jouir du privilège de participer, en toute révérence, à l'élément alcyonien [62] qui a donné naissance à cette œuvre, à sa luminosité solaire, à son lointain, son ampleur et sa certitude. En d'autres cas, la forme aphoristique [63] fait difficulté. Celle-ci tient à ce qu'aujourd'hui on ne prend *pas* cette forme *assez au sérieux*. Un aphorisme, frappé et fondu avec probité, n'est pas encore « déchiffré » sitôt lu ; au contraire, c'est alors seulement que doit commencer son *interprétation*, qui nécessite un art de l'interprétation. Dans le troisième traité de ce livre, j'ai présenté un échantillon de ce que j'appelle en l'espèce « une interprétation » : ce traité est précédé d'un aphorisme, il en est le commentaire[64]. Il est vrai que, pour pratiquer de la sorte la lecture comme un *art*, une chose est nécessaire que de nos jours on a parfaitement oubliée — c'est pourquoi il faudra du temps avant que mes écrits soient « lisibles »[65] —, une chose pour laquelle il faut être presque bovin et, en tout cas, *rien moins qu'*« homme moderne » : *la rumination*[66].

Sils-Maria, haute Engadine,
juillet 1887.

« *Bon et méchant* », « *Bon et mauvais* »[67]

1

Ces psychologues anglais auxquels jusqu'ici on doit au demeurant les seules tentatives pour aboutir à une genèse de la morale[68] nous offrent en leur personne une énigme de taille ; et, par là même, il nous faut l'avouer, ils ont, en tant qu'énigmes incarnées, un avantage essentiel sur leurs livres : *ils sont eux-mêmes intéressants !* Ces psychologues anglais, que veulent-ils en réalité ? On les voit toujours, volontairement ou involontairement, au même ouvrage, qui consiste à mettre en avant la *partie honteuse*★ de notre monde intérieur et à chercher ce qui est l'élément moteur, directeur et décisif pour l'évolution, là même où la fierté intellectuelle de l'homme *souhaiterait* le moins le trouver[69] (par exemple dans la *vis inertiae*[70] de l'habitude, ou dans l'oubli, dans un enchevêtrement et une mécanique aveugles et contingents des idées, ou dans quelque chose de purement passif, d'automatique, de réflexe, de moléculaire et de foncièrement stupide). Qu'est-ce donc qui pousse toujours ces psychologues dans *cette* direction ? Est-ce un instinct secret, hargneux, vulgaire, peut-être un instinct, inavouable à soi-même, de rabaissement de l'homme ? Ou bien encore une suspicion pessimiste, la méfiance des idéalistes déçus, moroses, devenus venimeux et verts de fiel ? Ou une petite hostilité et une *rancune*★ souter-

raines à l'égard du christianisme (et de Platon), qui
n'a peut-être même pas franchi le seuil de la
conscience? Ou un goût lubrique de l'insolite, du
paradoxe douloureux, de ce que l'existence a de douteux et d'insensé? Ou enfin un peu de tout cela, un
peu de vulgarité, un peu de morosité, un peu d'anti-
christianisme, une petite démangeaison, un petit
besoin d'épices?... Mais on me dit qu'il s'agit simplement de vieilles grenouilles froides et ennuyeuses qui
courent et sautent autour de l'homme et s'insinuent
jusqu'en lui, comme si elles se trouvaient là dans leur
véritable élément, à savoir un *bourbier*. J'ai répugnance
à l'entendre, mieux encore, je n'y crois pas; et si l'on
est en droit d'espérer, à défaut d'assurances, j'espère
de tout cœur qu'il en va autrement pour eux, que ces
chercheurs et microscopistes de l'âme sont au fond
des animaux courageux, généreux et fiers, qui savent
tenir en lisière leur cœur comme leur douleur, qui ont
appris à sacrifier toutes les petites envies à la vérité, à
chaque vérité, même si c'est une vérité toute simple,
âpre, laide, fâcheuse, non chrétienne, non morale...
Car de telles vérités existent.

2

Tous mes respects, donc, aux bons génies qui
veillent sans doute sur ces historiens de la morale!
Mais hélas! il est sûr que l'*esprit historique* lui-même
leur fait défaut, qu'ils ont été abandonnés précisément
par tous les bons génies de l'histoire! Tous pensent,
suivant l'antique usage des philosophes, d'une
manière *essentiellement* anhistorique[71]; point de doute
à cela. La sottise de leur généalogie de la morale se fait
jour d'emblée, quand il s'agit d'établir la provenance
de la notion et du jugement de « bon ». « À l'origine,
décrètent-ils, on a approuvé et déclaré bonnes les
actions non égoïstes du point de vue de ceux qui en
étaient les bénéficiaires, auxquels donc ces actions
étaient *utiles*; plus tard, on a *oublié* cette origine de
l'approbation et simplement ressenti comme bonnes

les actions non égoïstes parce que, du fait de *l'habitude*, elles étaient toujours approuvées comme bonnes, comme s'il s'agissait d'une chose bonne en soi. » On le voit tout de suite, cette première inférence contient déjà tous les traits typiques de l'idiosyncrasie des psychologues anglais : nous avons « l'utilité », « l'oubli », « l'habitude » et, pour finir, « l'erreur », tout cela étayant une évaluation, dont l'homme supérieur a été fier jusqu'à présent comme d'une espèce de privilège humain. Il s'agit bien d'humilier cette fierté, de dévaluer cette évaluation : y est-on parvenu ?... Or il est pour moi évident en premier lieu que cette théorie cherche et place le véritable foyer du concept « bon » au mauvais endroit : le jugement de « bon » ne provient *nullement* de ceux qui bénéficient de cette « bonté » [72] ! Ce sont plutôt les « bons » eux-mêmes, c'est-à-dire les nobles, les puissants, les supérieurs en position et en pensée qui ont éprouvé et posé leur façon de faire et eux-mêmes comme bons, c'est-à-dire excellents, par contraste avec tout ce qui est bas, bas d'esprit, vulgaire et populacier. À partir de ce *sentiment de la distance* [73], ils ont fini par s'arroger le droit de créer des valeurs et de forger des noms de valeurs : qu'avaient-ils à faire de l'utilité ? Le point de vue de l'utilité est aussi étrange et inapproprié que possible, rapporté justement à une source si bouillonnante de jugements de valeur suprêmes qui classent et distinguent les ordres hiérarchiques : ici le sentiment est parvenu aux antipodes de la basse température que présuppose toute intelligence comptable, tout calcul d'utilité — et ce, non pour une seule fois, pour une heure d'exception, mais pour longtemps. Le sentiment de la noblesse et de la distance, je le répète, le sentiment premier et global, durable et prédominant, d'un habitus supérieur et impérieux face à un habitus inférieur, à un « contrebas », — *voilà* l'origine de l'antithèse de « bon » et de « mauvais » [74]. (Le droit seigneurial de donner des noms s'étend si loin qu'on devrait s'autoriser à considérer l'origine même du langage comme une manifestation de la puissance des

seigneurs ; ils disent : « c'*est* ainsi et pas autrement », ils
scellent toute chose et tout événement par un son et
en prennent ainsi possession, en quelque sorte[75].)
Cette origine implique que le mot « bon » ne s'associe
absolument pas d'emblée et nécessairement à des
actions « non égoïstes », ainsi que le croit la superstition de ces généalogistes de la morale. Au contraire,
c'est seulement lorsqu'il y a *déclin* des jugements de
valeur aristocratiques que toute cette antithèse de
l'« égoïste » et du « non-égoïste » s'impose de plus en
plus à la conscience de l'homme, — c'est, pour me
servir de mon langage, *l'instinct de troupeau* qui finit
par s'imposer (et par se mettre à *parler*)[76]. Et là
encore, il faut beaucoup de temps pour que cet instinct soit maître au point que l'évaluation morale reste
accrochée et fixée à cette antithèse (comme c'est par
exemple le cas dans l'Europe contemporaine :
aujourd'hui règne le préjugé qui tient pour équivalentes des notions comme « moral », « non égoïste »,
« *désintéressé*⋆ », avec toute la violence d'une « idée
fixe » et d'une maladie mentale)[77].

3

Deuxièmement : abstraction faite du caractère historiquement intenable de cette hypothèse sur la provenance du jugement de valeur « bon », celle-ci est
affectée d'une absurdité psychologique foncière.
L'utilité de l'action non égoïste serait l'origine de
l'éloge qu'on en fait, et cette origine aurait été *oubliée* ?
et comment cet oubli est-il *possible* ? Serait-ce que
l'utilité de telles actions aurait un jour pris fin ? Tout
au contraire : cette utilité a toujours été l'expérience
quotidienne et donc quelque chose qu'on n'a jamais
cessé de mettre en relief ; donc, loin de s'effacer de la
conscience, au lieu de risquer l'oubli, elle aurait dû
s'imprimer dans la conscience avec une netteté sans
cesse croissante. Combien plus raisonnable est cette
théorie opposée (elle n'en est pas plus vraie pour
autant), qui est représentée par Herbert Spencer[78]

notamment, lequel assimile par nature la notion de « bon » à celle d'« utile », d'« approprié », de telle sorte que l'humanité dans les jugements de « bon » et de « mauvais » aurait totalisé et approuvé justement ces expériences *inoubliées* et *inoubliables* concernant ce qui est utile-approprié, ce qui est nuisible-inapproprié. En vertu de cette théorie, est bon ce qui a prouvé depuis toujours son utilité, et peut dès lors prétendre valoir comme « pourvu de la plus haute valeur », de « valeur en soi ». Je l'ai dit, ce mode d'explication est faux lui aussi, mais au moins l'explication est en elle-même raisonnable et psychologiquement tenable.

4

— L'indication de la méthode *appropriée*[79] m'a été fournie par la question : que peuvent bien signifier les expressions forgées par les différentes langues pour désigner le « bon » au sens étymologique ; j'ai alors trouvé qu'elles remontent toutes à la *même transformation de notion* : que partout « distingué », « noble » au sens social, est la notion fondamentale à partir de laquelle se développe, nécessairement, « bon » au sens de « distingué quant à l'âme », « noble » au sens de « doué d'une âme supérieure », « privilégié quant à l'âme » : développement parallèle à cet autre qui fait que, finalement, « vulgaire », « populacier », « vil » donnent la notion de « mauvais »[80]. L'exemple le plus éloquent de ce qui précède est le mot allemand « *schlecht* » [mauvais] lui-même, lequel est identique à « *schlicht* » [simple] — voire « *schlechtweg* » [tout bonnement], « *schlechterdings* » [purement et simplement] — et qui a désigné à l'origine l'homme simple, l'homme du vulgaire, sans y attacher encore de nuance péjorative, simplement opposé à l'homme distingué. Vers l'époque de la guerre de Trente Ans[81], assez tardivement donc, ce sens passe à celui d'aujourd'hui. Cela me paraît être une idée *essentielle* eu égard à la généalogie de la morale ; si elle a été découverte si tardivement, c'est à cause de l'influence inhibitrice que le préjugé démocratique exerce dans le monde moderne sur toutes les questions d'origine[82]. Et ce, jusque dans le domaine apparemment le plus objectif des sciences de la nature et de la physiologie, comme on ne fait ici que le suggérer. Mais le désordre que ce préjugé peut susciter notamment pour la morale et l'histoire, lorsqu'il est déchaîné jusqu'à la haine, voilà ce que montre le cas fameux de Buckle[83]; l'esprit *plébéien* moderne qui nous vient des Anglais fit à nouveau éclosion sur son sol natal, violent comme un volcan de boue, avec cette loquacité outrancière, criarde, vulgaire, qui a toujours caractérisé les volcans.

5

S'agissant de *notre* problème, qu'on peut appeler pour de bonnes raisons un problème *discret*, et qui ne s'adresse électivement qu'à un petit nombre d'oreilles, il n'est pas d'un mince intérêt de constater que, bien souvent encore, dans ces mots et racines qui désignent « bon », transparaît la nuance principale en vertu de laquelle les nobles se sentaient appartenir à une humanité d'un rang supérieur. Sans doute se dénomment-ils, dans les cas les plus courants, simplement d'après leur supériorité de puissance (comme « les puissants », « les maîtres », « ceux qui commandent »), ou d'après le signe le plus visible de cette supériorité, par exemple comme « les riches », « les possédants » (tel est le sens de *arya*, et de ses équivalents en perse et en slave[84]). Mais aussi d'après un *trait de caractère typique*, et c'est le cas qui nous occupe. Ils s'intitulent par exemple « les véridiques » : en premier lieu l'aristocratie grecque, dont le truchement est le poète mégarique Théognis[85]. Le mot *esthlos* forgé pour cette acception signifie étymologiquement celui qui *est*[86], qui a une réalité, qui est effectivement, qui est vrai; puis, par une flexion subjective, celui qui est vrai en tant qu'il est véridique : à cette phase de la transformation du concept, le terme devient le mot d'ordre et la devise de l'aristocratie et passe entièrement au sens de

« noble », pour se démarquer de l'homme vulgaire,
menteur, tel que Théognis l'entend et le dépeint, —
jusqu'à ce qu'enfin le mot, après le déclin de l'aristocratie, demeure pour désigner la *noblesse*⋆ de l'âme et
atteigne pour ainsi dire sa suave maturité. Le terme
kakos comme celui de *deilos* (le plébéien par opposition à l'*agathos*)[87] souligne la couardise : cela indique
peut-être dans quelle direction il convient de recher-
cher l'origine étymologique d'*agathos*, aux multiples
interprétations possibles. Le terme latin *malus* (que je
rattache à *melas*)[88] pourrait caractériser l'homme vulgaire comme l'homme de couleur, avant tout celui aux
cheveux noirs, avant tout (« *hic niger est*[89] »),
l'occupant préaryen du sol italique qui se distinguait le
plus nettement par la couleur de la race blonde devenue dominante, c'est-à-dire de la race des conquérants aryens ; du moins le gaélique m'a-t-il fourni le
cas exactement correspondant — *fin* (par exemple
dans le nom *Fin-Gal*)[90], terme qui désigne l'aristocratie, finalement l'homme bon, noble, pur, originellement la tête blonde, par opposition aux aborigènes
foncés, aux cheveux noirs. Les Celtes, soit dit en passant, étaient une race entièrement blonde ; on a tort de
rattacher, comme le fait encore Virchow[91], ces zones
de population essentiellement aux cheveux foncés,
qu'on observe sur les cartes ethnographiques très
détaillées d'Allemagne, à un quelconque métissage
d'origine celte : c'est au contraire la population *préaryenne* de l'Allemagne qui perce dans ces régions.
(La même chose vaut pour presque toute l'Europe ;
pour l'essentiel la race assujettie y a finalement repris
le dessus pour ce qui est de la couleur, de l'étroitesse
du crâne, peut-être même pour ce qui est des instincts
intellectuels et sociaux : qui nous garantit que la
démocratie moderne, l'anarchisme plus moderne
encore, et notamment cette propension à la « *Commune*⋆ »[92], à la forme sociale la plus primitive, partagée désormais par tous les socialistes d'Europe, ne
doit pas signifier au fond une monstrueuse *résurgence*
— et que *la race* des conquérants et *des maîtres*, celle

des Aryens, n'a pas également le dessous du point de vue physiologique ?...) Je crois pouvoir interpréter le latin *bonus* comme « le guerrier », si j'ai raison de ramener *bonus* à un *duonus* plus ancien (comparer *bellum = duellum = duen-lum*, qui me paraît conserver ce *duonus*)[93]. Et de ramener de même *bonus* à l'homme de la discorde, de la séparation (*duo*), à l'homme de guerre : on voit ce qui dans la Rome antique faisait la « bonté » d'un homme. Quant à notre « *Gut* » [bon] allemand lui-même, ne signifierait-il pas « le divin », l'homme de « race divine » ? Et n'est-il pas identique au nom qui sert à désigner le peuple (à l'origine la noblesse) des Goths[94] ? Les raisons de cette conjecture n'ont pas leur place ici. —

6

La règle qui veut que la notion de prééminence politique cède la place à la notion de prééminence de l'âme est encore pleinement appliquée (bien qu'il y ait matière à exceptions), quand la caste supérieure est en même temps la caste des *prêtres* et qu'elle privilégie par conséquent pour se désigner dans son ensemble un prédicat qui rappelle sa fonction sacerdotale[95]. C'est alors que « pur » et « impur », par exemple, s'opposent pour la première fois en tant que distinctions sociales ; de même que là aussi se développent plus tard un « bon » et un « mauvais » en un sens qui n'est plus social. Au demeurant, qu'on se garde de prendre d'emblée ces notions de « pur » et d'« impur » en un sens trop appuyé, trop ample, ou même symbolique : toutes les notions de l'humanité ancienne commencent au contraire par être comprises d'une manière grossière, lourde, superficielle, bornée, véritablement et tout particulièrement *non symbolique*[96], à un degré à peine imaginable pour nous. Dès le départ, le « pur » est simplement un individu qui se lave, qui s'interdit certains aliments entraînant des maladies de peau, qui ne couche pas avec les femmes malpropres du bas peuple, qui répugne au sang, rien de plus ou

presque! Par ailleurs, toutes les manières d'une aristocratie essentiellement sacerdotale expliquent bien
pourquoi c'est ici justement que les antithèses de
valeurs ont pu très tôt s'intérioriser et s'exacerber dangereusement; et de fait, elles ont finalement ouvert
des abîmes entre les individus, par-dessus lesquels
même un Achille de la liberté de pensée ne saurait
sauter sans effroi. Ces aristocraties sacerdotales, et les
habitudes qui y règnent, détournées de l'action et
oscillant entre la rumination et l'explosion des affects,
recèlent d'emblée quelque chose de *malsain*, et cela
donne cette morbidité intestinale et cette neurasthénie
qui affligent presque inévitablement les prêtres de
tous les temps; quant à ce qu'ils ont eux-mêmes imaginé en guise de remède contre la morbidité qui leur
est propre, — ne faut-il pas reconnaître qu'il s'est
avéré en définitive cent fois plus dangereux dans ses
effets secondaires que la maladie dont il devait les sauver? L'humanité même est encore malade des
séquelles de ces niaiseries thérapeutiques inventées
par les prêtres! Songeons par exemple à certaines
formes de régime (s'abstenir de viande), au jeûne, à
l'abstinence sexuelle, à la fuite « dans le désert » (isolement à la Weir Mitchell[97], certes sans le gavage ni la
suralimentation qui s'ensuivent, isolement qui constitue l'antidote le plus efficace contre toute hystérie de
l'idéal ascétique) : ajoutez toute la métaphysique des
prêtres, hostile aux sens, qui rend paresseux et raffiné,
leur auto-hypnose à la manière du fakir et du brahmane — brahmane utilisé comme boule de cristal et
idée fixe — et pour finir sa saturation générale, ô
combien compréhensible, et son traitement radical, le
néant (ou bien Dieu : le désir d'une *unio mystica*[98]
avec Dieu est le désir du bouddhiste[99] d'entrer dans le
néant, le nirvâna, rien de plus!). Chez les prêtres, *tout*
devient plus dangereux, non seulement les remèdes et
la science thérapeutique, mais encore l'arrogance, la
vengeance, la perspicacité, la débauche, l'amour,
l'ambition, la vertu, la maladie; — on serait même
tenté d'ajouter non sans raison que c'est seulement sur

le terrain de cette forme d'existence humaine *essentiellement dangereuse*, l'existence sacerdotale, que l'homme a pu devenir *un animal intéressant*, qu'alors seulement l'âme humaine a, en un sens plus élevé, acquis de la *profondeur* et est devenue *méchante*[100]; et telles sont bien les deux formes fondamentales de la supériorité de l'homme sur les autres bêtes jusqu'à présent!...

7

On aura déjà deviné avec quelle facilité le mode sacerdotal d'évaluation peut se détacher de celui de l'aristocratie des chevaliers, jusqu'à tourner à son contraire; l'occasion en est en particulier donnée chaque fois que la caste des prêtres et celle des guerriers s'opposent jalousement sans vouloir s'entendre entre elles sur le prix. Les valeurs aristocratiques des chevaliers ont pour condition une puissante vitalité, une santé florissante, abondante, voire débordante, avec ce qui en permet la conservation, la guerre, l'aventure, la chasse, la danse, les tournois, bref tout ce qui demande une action vigoureuse, libre et allègre. Le mode noble d'évaluation des prêtres comporte — nous l'avons vu — d'autres conditions : et tant pis pour lui s'il s'agit de la guerre[101]! Les prêtres sont, comme chacun sait, les *ennemis les plus méchants* — et pourquoi? Parce que ce sont les ennemis les plus impuissants. L'impuissance chez eux pousse la haine jusqu'au monstrueux et au sinistre, au plus cérébral et au plus venimeux. Dans l'histoire, les grands parangons de la haine, et les plus intelligents, ont toujours été des prêtres : face à l'esprit de la vengeance du prêtre nul esprit ne tient. L'histoire humaine serait une chose par trop stupide sans l'esprit que les impuissants y ont mis : prenons tout de suite l'exemple le plus flagrant. Tout ce qui s'est fait sur terre contre « les nobles », « les grands », « les seigneurs », « les puissants » est pure vétille en comparaison de ce que *les Juifs* leur ont fait : les Juifs, ce peuple de prêtres [102] qui finalement n'a su avoir raison de ses ennemis et de ses dominateurs que par un renversement radical de leurs valeurs, donc un acte de *vengeance suprêmement cérébrale* [103]. Il n'en pouvait aller ainsi que pour un peuple de prêtres, ce peuple à la rancune sacerdotale la plus rentrée. Ce sont les Juifs qui, contre l'équation aristocratique des valeurs (bon = noble = puissant = beau = heureux = aimé de Dieu), ont osé le retournement avec une logique terrifiante et l'ont maintenu avec la hargne de la haine abyssale (la haine de l'impuissance), à savoir : « seuls les misérables sont les bons, seuls les pauvres, les impuissants, les humbles sont les bons, les souffrants, les déshérités, les malades, les disgracieux sont également les seuls pieux, les seuls dévots, à eux seuls la béatitude [104], — alors que vous, les nobles et les grands, vous êtes de toute éternité les mauvais, les cruels, les lubriques, les insatiables, les mécréants, vous resterez éternellement les réprouvés, les maudits et les damnés ! »... On sait *qui* a hérité de ce renversement juif des valeurs... Touchant l'initiative monstrueuse et démesurément fatale que les Juifs ont eue avec cette déclaration de guerre radicale entre toutes, je rappelle cette thèse à laquelle je suis parvenu en une autre occasion (*Par-delà bien et mal*, p. 118) [105], — à savoir que c'est avec les Juifs que commence *l'insurrection des esclaves dans la morale* : insurrection qui a derrière elle une histoire bimillénaire et que nous avons maintenant cessé d'apercevoir pour cela seul qu'elle a — triomphé...

8

Mais vous ne comprenez pas ? Vous n'avez point d'yeux pour quelque chose qui a demandé deux millénaires pour triompher ?... Rien d'étonnant à cela : les choses *qui durent* sont toutes difficiles à voir, à cerner. Or l'événement, *le voici* : du tronc de cet arbre [106] de la vengeance et de la haine, de la haine juive, de la haine la plus profonde et la plus sublime, celle qui crée des idéaux et qui retourne les valeurs, qui n'a jamais eu son pareil sur terre, a jailli quelque chose de tout aussi incomparable, un *amour nouveau*, la plus profonde et la plus sublime de toutes les sortes d'amour[107] : et de quel autre tronc aurait-il pu jaillir?... Mais qu'on n'aille pas croire qu'il aurait poussé comme la véritable négation de cette soif de vengeance, comme l'antithèse de la haine juive! Non, c'est le contraire qui est vrai! Cet amour est sorti de cette haine, comme sa couronne, couronne triomphante qui se déployait de plus en plus largement dans la clarté et la plénitude solaire la plus pure, qui poursuivait les buts de cette haine — la victoire, la rapine et la séduction — au royaume de la lumière et de l'élévation, en quelque sorte, avec cet acharnement que les racines de cette haine mettaient à pénétrer toujours plus profondément et toujours plus avidement dans tout ce qui a de la profondeur et de la méchanceté. Ce Jésus de Nazareth, évangile incarné de l'amour, ce « sauveur » qui apporte la béatitude et la victoire aux pauvres, aux malades et aux pécheurs[108] — n'était-il pas justement la corruption sous sa forme la plus inquiétante et la plus irrésistible, la corruption et le biais précisément vers ces *valeurs juives* et ces renouvellements de l'idéal? Israël n'a-t-il pas, par le biais de ce « Sauveur », de cet opposant, de ce liquidateur apparent d'Israël, atteint le but ultime de sa rancune sublime? N'est-il pas conforme à la magie noire et secrète d'une politique véritablement *grande* de la vengeance, vengeance perspicace, souterraine, à l'action lente et calculée, qu'Israël lui-même ait dû renier comme son ennemi mortel le véritable instrument de sa vengeance devant le monde entier et l'ait cloué à la croix, afin que le « monde entier », c'est-à-dire tous les adversaires d'Israël, mordissent innocemment à cet appât-là? Et saurait-on, d'un autre côté, par les moyens les plus raffinés de l'esprit, seulement imaginer un appât plus *dangereux*? Quelque chose qui égalerait la force séductrice, enivrante, abrutissante, corruptrice de ce symbole de la « sainte croix », ce paradoxe effroyable d'un « Dieu en croix », ce mystère d'une insondable, ultime et extrême cruauté de l'autocrucifixion de Dieu pour le *salut des hommes*[109] ?... Ce qui est sûr, c'est que *sub hoc signo*[110] Israël n'a cessé jusqu'ici de triompher avec sa vengeance et son renversement de toutes les valeurs sur tous les autres idéaux, sur tous les idéaux *plus nobles*. —

9

— « Mais que parlez-vous encore d'idéaux *plus nobles*! Soumettons-nous aux faits : le peuple a vaincu, ou "les esclaves", "la populace", "le troupeau", comme il vous plaira de l'appeler, et si on le doit aux Juifs, alors soit! Jamais un peuple n'aura eu mission plus universelle. "Les maîtres" sont défaits; la morale de l'homme vulgaire a triomphé. On peut considérer cette victoire en même temps comme un empoisonnement du sang (elle a mélangé les races), je n'y contredis point; mais indéniablement cette intoxication[111] a *réussi*. Le "salut" du genre humain (à savoir celui qui débarrasse des "maîtres") est en très bonne voie; tout s'enjuive, s'enchristianise ou s'encanaille à vue d'œil (qu'importent les termes!). La progression de cet empoisonnement qui parcourt le corps entier de l'humanité paraît irrésistible, son tempo et sa marche peuvent même désormais être de plus en plus lents, subtils, inaudibles, réfléchis — on a tout le temps... Dans ce but, l'Église a-t-elle encore une tâche *nécessaire*, voire un droit à l'existence? Pourrait-on s'en dispenser? *Quaeritur*[112]. Il semble qu'elle entrave ou qu'elle retient ce progrès au lieu de l'accélérer? Eh bien, cela pourrait justement être son utilité... Sans doute est-elle à la fin quelque chose de grossier et de rustaud, qui répugne à une intelligence plus délicate, à un goût vraiment moderne. Ne devrait-elle pas à tout le moins se raffiner quelque peu?... Elle éloigne aujourd'hui plus qu'elle ne séduit... Qui de nous donc serait libre penseur[113] s'il n'y avait l'Église? L'Église nous répugne et *non pas* son poison... L'Église mise à

part, nous aimons nous aussi le poison... » — Tel est
l'épilogue fait à mon discours par un « libre penseur »,
un animal honnête, comme il l'a largement montré, et
qui plus est, un démocrate[114]; jusqu'ici, il m'avait
écouté et ne supporta plus d'entendre mon silence.
C'est qu'arrivé à ce point il y a pour moi bien des
choses à passer sous silence.

10

— L'insurrection des esclaves dans la morale
commence lorsque le *ressentiment**[115] lui-même
devient créateur et engendre des valeurs : le ressentiment d'êtres tels que la véritable réaction, celle de
l'acte, leur est interdite, qui ne s'en sortent indemnes
que par une vengeance imaginaire. Alors que toute
morale noble procède d'un dire-oui triomphant à soi-
même, la morale des esclaves dit non d'emblée à un
« extérieur », à un « autrement », à un « non-soi »; et
c'est *ce* non-*là* qui est son acte créateur. Ce retournement du regard évaluateur, cette *nécessité* pour lui de
se diriger vers l'extérieur au lieu de revenir sur soi
appartient en propre au ressentiment : pour naître, la
morale des esclaves a toujours besoin d'un monde
extérieur, d'un contre-monde, elle a besoin, en termes
physiologiques, de stimuli extérieurs pour agir; son
action est fondamentalement réaction. C'est l'inverse
qui se passe dans le mode d'évaluation noble : il agit et
croît spontanément, il ne cherche son antithèse que
pour se dire un oui à lui-même, encore plus
reconnaissant, encore plus jubilatoire. Sa notion négative du « vil », du « vulgaire », du « mauvais », n'est
qu'un pâle repoussoir, venant après coup, de sa
notion positive de départ, tout imprégnée de vie et de
passion : « nous les nobles, nous les bons, nous les
beaux, nous les heureux! ». Si le mode d'évaluation
noble se fourvoie et fait tort à la réalité, cela advient
relativement à la sphère qui ne lui est *pas* suffisamment connue, et même contre la connaissance réelle
de laquelle il se défend avec raideur : il lui arrive de

méconnaître la sphère qu'il méprise, celle de l'homme vulgaire, du bas peuple ; par ailleurs, qu'on songe que l'affect du mépris, du regard dédaigneux, du regard supérieur, s'il est vrai qu'il *fausse* l'image du méprisé, reste en tout cas loin derrière la falsification qu'opère la haine rentrée, la vengeance de l'impuissant lorsqu'elle s'en prend à son adversaire — naturellement en effigie. En fait le mépris est mêlé de trop de négligence, de légèreté, d'indifférence et d'impatience, voire d'un excès de jubilation personnelle, pour pouvoir métamorphoser son objet en caricature monstrueuse. Il ne faut pourtant pas négliger les *nuances*★ presque bienveillantes que, par exemple, la noblesse grecque met dans tous les termes par lesquels elle écarte d'elle le bas peuple ; ni comment une sorte de regret, d'égard, d'indulgence s'y mêle pour les atténuer, au point que presque tous les mots qui concernent l'homme du vulgaire sont finalement restés comme synonymes de « malheureux », « navrant » (voir *deilos, deilaios, ponèros, mochthèros*[116], les deux derniers désignant l'homme vulgaire comme esclave et bête de somme) — tandis que « mauvais », « vil », « malheureux » n'ont jamais cessé de résonner univoquement à l'oreille grecque dans une tonalité où prédomine « malheureux » : et cela représente le legs de l'ancien mode d'évaluation aristocratique plus noble qui ne se renie pas non plus dans son mépris (je rappelle aux philologues en quel sens on utilise *oizuros, anolbos, tlèmon, dustuchein, sumphora*)[117]. Les « bien-nés » *s'éprouvaient* justement comme les « heureux » ; ils n'avaient pas besoin d'abord de se figurer artificiellement leur bonheur par référence à leurs ennemis, voire de s'en persuader au besoin par un *mensonge* (comme ont coutume de le faire tous les hommes du *ressentiment*★) ; et ils ignoraient également, en tant qu'hommes faits, pleins de force, donc *nécessairement* actifs, la séparation entre action et bonheur ; pour eux, l'activité était nécessairement partie intégrante du bonheur (c'est de là que provient *eu prattein*[118]) — tout cela étant très opposé au « bonheur » selon l'échelle des impuissants, des soumis, purulents de sentiments empoisonnés et hostiles, chez lesquels le bonheur apparaît essentiellement comme narcose, hébétude, calme, paix, « sabbat », détente de l'esprit et décontraction du corps, bref comme *passivité*. Tandis que l'individu noble vit face à lui-même avec confiance et franchise (*gennaios*, « de noble extraction », souligne la *nuance* « sincère » et sans doute aussi « naïf »), l'homme du ressentiment, lui, n'est ni sincère, ni naïf, ni droit et honnête avec lui-même; son âme *louche*; son esprit aime les recoins [119], les esquives et les portes dérobées, il se plaît à tout ce qui est caché comme à *son* monde, *sa* sécurité, *son* réconfort; il est à son affaire quand il faut se taire, ne pas oublier, attendre, se faire momentanément tout petit, se rabaisser. Une telle race d'hommes du ressentiment finira nécessairement par devenir *plus intelligente* que n'importe quelle race noble, et elle honorera l'intelligence dans une tout autre proportion : comme une condition d'existence de première importance, tandis que, chez les hommes nobles, l'intelligence comporte plutôt une délicate saveur de luxe et de raffinement; elle est justement loin d'être aussi essentielle pour eux que la parfaite sûreté fonctionnelle des instincts régulateurs *inconscients* ou même qu'un certain manque d'intelligence, par exemple le courage qui fonce, que ce soit au-devant du danger, sur l'ennemi, ou cette soudaineté exaltée de la colère, de l'amour, du respect, de la gratitude et de la vengeance, à laquelle les âmes nobles se sont de tout temps reconnues [120]. Car le ressentiment de l'homme noble lui-même, lorsqu'il se manifeste en lui, s'accomplit et s'épuise dans une réaction immédiate, et c'est pourquoi il n'*empoisonne* pas : du reste, il n'apparaît aucunement dans d'innombrables situations où les faibles et les impuissants n'y échappent pas. Ne pas pouvoir prendre longtemps au sérieux ses ennemis, ses accidents, ses *forfaits*, c'est le signe des natures fortes et entières, chez lesquelles il y a un excès de force plastique, réparatrice et reconstituante, qui force également à l'oubli (un bon exemple dans le monde moderne en est fourni par Mirabeau[121], qui n'avait aucune mémoire des insultes et des vilenies dont il était l'objet et qui ne pardonnait pas, simplement parce qu'il... oubliait). Un tel homme secoue tout d'un coup toute la vermine qui, chez d'autres, s'incrusterait ; là seul est possible, à supposer que ce le soit sur terre, le véritable « *amour de ses ennemis* ». Quel respect pour ses ennemis ne trouve-t-on pas chez l'homme noble ! — et un tel respect annonce déjà l'amour... Car il exige son ennemi comme ce qui le distingue, il ne supporte aucun autre ennemi que celui chez qui il n'y a rien à mépriser et *beaucoup* à honorer ! Qu'on s'imagine au contraire « l'ennemi » tel que le conçoit l'homme du ressentiment — et voici justement son fait, son invention[122] : il a conçu « le méchant ennemi », « *le méchant* », comme notion fondamentale, à partir de laquelle il invente pour finir, et sous forme d'image inversée, de négatif, un « bon », à savoir — lui-même !...

11

Tout à l'inverse donc de ce qui se passe chez le noble, qui conçoit la notion fondamentale de « bon » d'emblée et spontanément, c'est-à-dire à partir de soi et, de là, se crée une représentation du « mauvais » ! Ce « mauvais » d'origine noble et ce « méchant » tiré du chaudron de la haine inassouvie — le premier est une création après coup, un à-côté, une couleur complémentaire, tandis que le second est l'original, le commencement, l'*acte* véritable dans la conception d'une morale d'esclave —, quel contraste entre les deux termes « mauvais » et « méchant » opposés en apparence à la même notion de « bon » ! Or ce n'est *pas* la même notion de « bon » : qu'on se demande plutôt *qui* est vraiment « méchant » selon la morale du *ressentiment*★. Réponse en toute rigueur : *justement* le « bon » de l'autre morale, justement le noble, le puissant, le dominateur, ici simplement travesti, réinterprété et déformé par le regard venimeux du *ressenti-*

ment*. Il est une chose que nous ne saurions nier : celui
qui ne connaîtrait ces « bons » qu'en tant qu'ennemis
ne connaîtrait que des *ennemis méchants*, et ces individus qui sont si strictement tenus en lisière par les
mœurs, la vénération, la coutume, la reconnaissance, et
plus encore par la surveillance mutuelle, par la jalousie
inter pares[123], qui d'autre part se révèlent si inventifs
dans leurs rapports entre eux pour ce qui est des
égards, de la maîtrise de soi, de la délicatesse, de la
fidélité, de la fierté et de l'amitié, là où commence
l'étranger, le *monde* étranger, les voilà qui ne valent
guère mieux que des fauves déchaînés, une fois tournés vers le dehors. Les voilà libres de toute contrainte
sociale, l'état sauvage les préserve de la tension que
procure un long enfermement, une longue pacification
dans la paix de la communauté, ils *retournent* à l'innocence de la conscience du fauve, tels des monstres
exultants, qui s'en reviennent peut-être d'une succession atroce de meurtres, de feu, de sang, d'outrages et
de tortures, avec une exubérance et une égalité d'âme,
qui eussent convenu pour de simples frasques d'étu-
diants, convaincus qu'ils ont redonné pour longtemps
aux poètes matière à chanter et à célébrer. Au fond de
toutes ces races nobles, on ne peut méconnaître le
fauve, la superbe *bête blonde*[124] en quête de la volupté
du butin et de la victoire ; à ce fond caché, il faut de
temps à autre un exutoire, la bête doit ressortir, doit
retourner à l'état sauvage : noblesse romaine, arabe,
germanique, japonaise, héros homériques, Vikings
scandinaves, ils partagent tous le même besoin. Ce
sont les races nobles qui ont laissé la notion de « barbare » dans toutes les traces de leur passage ; même
dans les sommets de leur civilisation se manifeste
encore une conscience de cette barbarie, voire une
fierté (par exemple, lorsque Périclès dit à ses Athéniens, dans sa célèbre Oraison funèbre[125] : « Notre
audace s'est frayé un chemin sur toutes les terres et les
mers, s'érigeant partout des monuments impérissables
dans le meilleur comme dans le pire »). Cette
« audace » des races nobles, folle, absurde, soudaine,

lorsqu'elle se manifeste, l'imprévisible, l'invraisemblable même de leurs entreprises — Périclès souligne et exalte la *rathumia*[126] des Athéniens —, leur indifférence et leur mépris pour la sécurité, le corps, la vie, le bien-être, leur épouvantable belle humeur et la profondeur de leur plaisir dans toutes les destructions, dans toutes les voluptés de la victoire et de la cruauté, tout cela, pour leurs victimes, se résumait dans l'image du « barbare », de « l'ennemi méchant », par exemple le « Goth » ou le « Vandale ». La profonde méfiance glacée que l'Allemand suscite dès qu'il accède au pouvoir, comme il le fait encore maintenant[127], est encore à présent une retombée de cette inextinguible frayeur avec laquelle l'Europe a assisté pendant des siècles aux ravages de la bête blonde germanique (bien qu'entre les anciens Germains et nous autres Allemands il subsiste à peine une parenté d'idées et encore moins de sang). J'ai un jour fait remarquer l'embarras d'Hésiode[128] quand il conçut la suite des âges de la civilisation et chercha à l'exprimer par l'or, l'argent et l'airain : il n'a su se sortir de la contradiction que lui offrait le monde homérique, si magnifique mais en même temps si effroyable et si violent, qu'en faisant deux âges à partir d'un seul, qu'il mit à la suite. D'abord l'âge des héros et des demi-dieux de Troie et de Thèbes, tel que ce monde était demeuré dans la mémoire des lignées nobles qui y avaient leurs propres aïeux ; puis l'âge d'airain, tel que ce même monde apparaissait aux descendants des humiliés, spoliés, maltraités, arrachés à leur terre et vendus : âge d'airain, donc dur, froid, cruel, dépourvu de sentiment et de conscience, broyant et ensanglantant tout sur son passage. À supposer que fût vrai, ce qui en tout cas passe pour une « vérité » de nos jours : que ce soit précisément le *sens de toute civilisation* de dresser le fauve humain pour en faire un animal apprivoisé et policé, un *animal domestique*[129], il faudrait indéniablement considérer tous les instincts de réaction et de *ressentiment** avec lesquels les lignées nobles ont été endommagées et violentées en même temps que leurs idéaux

comme les véritables instruments de la civilisation, ce qui
au demeurant ne signifie pas encore que leurs *porteurs*
soient eux-mêmes les représentants de la civilisation.
Bien plus, le contraire est non seulement vraisemblable
— que dis-je! il est aujourd'hui *patent*! Les porteurs de
ces instincts oppressifs et avides de représailles, les descendants de toute la population esclave d'Europe et,
d'ailleurs, toute la population préaryenne en particulier
— ils représentent la *régression* de l'humanité! Ces
« instruments de la civilisation » sont la honte de
l'homme, et ils font plutôt naître un soupçon et un
argument contre la « civilisation » elle-même! On peut
avoir parfaitement raison de continuer de redouter la
bête blonde qui est au fond de toutes les races nobles et
d'être sur ses gardes : mais qui ne préférerait cent fois
craindre, s'il peut en même temps admirer, plutôt que
ne pas craindre et ne pouvoir se détacher du spectacle
répugnant de tout ce qui est raté, amoindri, rabougri,
empoisonné? Et n'est-ce pas *notre* funeste sort?
Qu'est-ce qui fait aujourd'hui *notre* dégoût de
« l'homme [130] »? Car nous *souffrons* de l'homme, c'est
indubitable. *Non pas* de la peur; mais plutôt de ce que
nous n'avons plus rien à craindre dans l'homme; que
la vermine « homme » est au premier plan et grouille;
que l'« homme apprivoisé », incurablement débile et
navrant a déjà appris à se prendre pour le but, le som-
met et le sens de l'histoire, pour l'« homme supérieur [131] »; et même qu'il a un certain droit à se prendre
pour tel, pour autant qu'il se sent à distance de la plé-
thore des ratés, des malades, des épuisés, des viveurs
au bout du rouleau, qui commencent à empuantir
l'Europe d'aujourd'hui, et donc qu'il se trouve du
moins relativement réussi, du moins encore viable, du
moins encore capable de dire oui à la vie...

12

Je ne puis ici réprimer un soupir et un dernier
espoir. Qu'est-ce donc qui m'insupporte tant? Dont
je ne puis seul venir à bout, qui m'étouffe et

m'accable? Miasmes! Puanteur! Promiscuité de
l'insane; relent des entrailles d'une âme insane!... Que
ne supporte-t-on déjà comme misère, privation, mauvais temps, fange, fardeau, isolement? Dans le fond,
on s'accommode de tout le reste, né comme on l'est
pour une existence souterraine et de combat; toujours, l'on revient à la lumière, revivre l'heure glo-
rieuse de sa victoire; et nous voilà, tels que nous
sommes nés, irréductibles, tendus, prêts à la nouveauté, à la pire difficulté, au plus grand lointain, tel
l'arc que toute misère ne laisse pas de tendre plus
fort[132]. Mais accordez-moi quelquefois un regard, à
supposer qu'il y ait au ciel des bienfaitrices qui me
l'accordent par-delà bien et mal — *un* seul regard sur
un accomplissement, un achèvement, un bonheur,
une puissance, un triomphe, qui puissent encore inspirer quelque crainte! Sur un homme qui justifie
l'Homme, un cas heureux qui accomplisse et sauve
l'homme, au nom duquel on puisse maintenir la *foi en
l'homme*!... Car c'est ainsi : le rapetissement et l'égalisation de l'homme européen recèlent *notre* plus grand
danger, car cette vision épuise[133]... Nous ne voyons
rien aujourd'hui qui aspire à plus de grandeur, nous
pressentons que la pente est descendante, toujours
descendante, vers toujours plus d'étroitesse, de miè-
vrerie, de malice, de confort, de médiocrité, d'indifférence, de chinoiserie, de sentiment chrétien —
l'homme sans aucun doute devient toujours « meilleur »... Telle est bien la fatalité de l'Europe — cessant
de craindre l'homme, nous avons aussi perdu notre
amour pour lui, notre vénération pour lui, l'espoir en
lui et même la volonté qu'il advienne. La vision de
l'homme n'est plus que fatigue — qu'est aujourd'hui
le nihilisme, sinon *cela*?... Nous sommes fatigués *de
l'homme*...

13

— Mais reprenons : le problème de l'*autre* origine
du « bon », de l'homme bon, tel que l'homme du *ressentiment**** l'a concocté, exige d'être réglé. Les

agneaux gardent rancune aux grands rapaces, rien de
surprenant : mais ce n'est point là une raison pour en
vouloir aux grands rapaces d'attraper les petits
agneaux. Mais si ces agneaux se disent entre eux :
« Ces rapaces sont méchants ; et celui qui est aussi peu
rapace que possible, qui en est plutôt le contraire, un
agneau, celui-là ne serait-il pas bon ? », alors il n'y a
rien à redire à cette construction d'un idéal, même
si les rapaces doivent voir cela d'un œil un peu
moqueur et se dire peut-être : « *nous*, nous ne leur gardons nullement rancune, à ces bons agneaux, et
même nous les aimons : rien n'est plus goûteux qu'un
tendre agneau ». Exiger de la force qu'elle ne se manifeste *pas* comme force, qu'elle ne soit *pas* volonté de
domination, volonté de terrasser, volonté de maîtrise,
soif d'ennemis, de résistances et de triomphes, c'est
tout aussi absurde que d'exiger de la faiblesse qu'elle
se manifeste comme force[134]. Un quantum de force
est tout autant un quantum de pulsion, de volonté,
d'action, — bien mieux, il est tout entier cette pulsion,
ce vouloir, cette action mêmes, et seule la séduction
du langage (et les erreurs fondamentales de la raison
qui se sont sédimentées en lui), qui comprend et
mécomprend toute action comme étant conditionnée
par un agent, par un « sujet », fait apparaître les choses
différemment[135]. Car, tout comme le peuple sépare la
foudre de son éclat, et prend ce dernier pour *l'action*,
pour l'effet d'un sujet qui s'appelle la foudre, de
même la morale du peuple sépare la puissance des
manifestations de la puissance, comme s'il y avait derrière le puissant un substrat indifférent qui *serait libre*
de manifester la puissance ou de ne pas le faire. Mais
un tel substrat n'existe pas ; il n'existe aucun « être »
derrière l'agir, le faire, le devenir ; l'« agent » est un
ajout de l'imagination à l'agir, car l'agir est tout. Au
fond, le peuple dédouble l'agir lorsqu'il fait briller
l'éclair : c'est un faire-agir. Il pose le même événement
d'abord comme la cause puis derechef comme l'effet
de celle-ci. Les physiciens ne font pas mieux lorsqu'ils
disent : « la force meut, la force cause » et autres

choses semblables; toute notre science, en dépit de sa
froideur, de son absence d'affect, reste encore soumise à la séduction du langage et ne s'est point débar-
rassée des fausses monnaies qu'on lui a inventées, des
« sujets » (l'atome est par exemple une semblable
fausse monnaie, de même que la « chose en soi[136] »
kantienne) : quoi d'étonnant si les affects de vengeance et de haine, rentrés et couvant sous la braise,
exploitent cette croyance à leurs fins, et ne main-
tiennent aucune croyance avec plus de ferveur que
celle d'après laquelle *le fort est libre* d'être faible, et le
rapace d'être agneau — n'y gagne-t-elle pas le droit
d'*imputer* au rapace sa nature de rapace ? Quand les
opprimés, les humiliés, les maltraités, se disent du
fond de la ruse vengeresse de leur impuissance :
« Soyons différents des méchants, soyons bons ! Or est
bon qui ne maltraite pas, qui ne blesse personne, qui
n'attaque pas, qui ne se venge pas, et qui remet à Dieu
la vengeance, qui se tient comme nous en retrait, qui
s'écarte du méchant et demande peu à la vie, tout
comme nous, les patients, les humbles, les justes », —
à l'entendre froidement et sans prévention, cela ne
veut pas dire autre chose que : « Nous les faibles, oui,
faibles nous sommes ; il est bon que nous ne fassions
rien de *ce pour quoi nous ne sommes pas assez forts* » ;
mais ce rude état de fait, cette intelligence rudimentaire, que les insectes eux-mêmes possèdent (lesquels
font le mort pour ne pas « en faire trop » dans les cas
de danger grave), par ce faux monnayage et cette
mauvaise foi de l'impuissance, s'est drapée de la
pompe d'une vertu de renoncement, de patience
silencieuse, comme si la faiblesse même du faible,
c'est-à-dire son *essence*, ses actes, toute sa réalité, singulière, inévitable, indéfectible, était un exploit déli-
béré, quelque chose de voulu, de choisi, une *action*, un
mérite. Cette sorte d'homme a *besoin* de la foi dans un
« sujet » doué d'une liberté de choix et d'indifférence
par un instinct de conservation, d'affirmation de soi,
où chaque mensonge aime à se sanctifier. Le sujet
(ou, pour faire plus populaire, l'*âme*[137]) a peut-être été

jusqu'ici le meilleur acte de foi, parce qu'il permettait
au commun des mortels, aux faibles et opprimés de
toutes sortes ce sublime mensonge à soi-même qui
consiste à interpréter la faiblesse elle-même comme
liberté et les avatars de cette faiblesse comme *mérites*.

14

— Veut-on un moment sonder l'abîme et le tréfonds, pour savoir comment sur la terre *se fabriquent
les idéaux*[138] ? Qui en aura le courage ?... Eh bien! je
vous laisse explorer cette ténébreuse officine. Encore
un instant, Monsieur le fureteur et le casse-cou : votre
œil doit d'abord s'habituer à cette trompeuse lueur...
Bon! Arrêtez là! Dites! que se passe-t-il là-dessous ?
Dites ce que vous voyez, homme de la plus dangereuse curiosité ; c'est *moi*, à présent, qui écoute.
— « Je ne vois rien, mais je n'en entends que
mieux. C'est un marmonnement, une chuchoterie
pusillanime, sournoise, tout bas, qui sourd de tous les
coins et recoins. Il me semble que l'on ment ; une sua-
vité doucereuse poisse toutes les syllabes. Il faut trans-
muer la faiblesse en *mérite*, point de doute, il en est
comme vous l'avez dit... »
— Continuez!
— « ... et l'impuissance qui ne riposte pas, est
transmuée en "bonté"; la bassesse craintive, en
"humilité"; la sujétion envers ceux que l'on hait en
"obéissance[139]" (c'est-à-dire envers celui dont on prétend qu'il enjoint cette sujétion, "Dieu", disent-ils).
Ce que le faible a d'inoffensif, voire la poltronnerie
dont il déborde, sa façon de rester sur le seuil, son
irrépressible besoin d'attendre, se parent ici d'une
appellation noble, la "patience", on dit aussi *la* vertu
en soi ; ne pas pouvoir se venger devient ne pas vouloir se venger, peut-être même pardonner ("car *ils* ne
savent pas ce qu'ils font, et nous seuls savons ce qu'*ils*
font!")[140]. On parle aussi de l'"amour envers ses
ennemis[141]", et l'on transpire à grosses gouttes. »
— Continuez!

— « Ce sont des misérables, point de doute, ces
marmonneurs et ces faux-monnayeurs des recoins,
chaudement tapis les uns contre les autres, mais ils me
disent que leur misère est une élection et une distinction divines et que l'on fouette le chien que l'on aime
le mieux ; que peut-être cette misère est une préparation, une mise à l'épreuve, un dressage, voire peut-
être davantage encore, quelque chose qui serait un
jour réglé et payé avec des intérêts astronomiques en
or, que dis-je ? en bonheur. C'est ce qu'ils appellent
"la béatitude"[142]. »

— Continuez !

— « Maintenant ils me donnent à entendre qu'ils
sont non seulement meilleurs que les puissants, que
les seigneurs de la terre dont ils sont bien obligés de
lécher les crachats (*non pas*, absolument pas par
crainte ! mais parce que Dieu ordonne de respecter
toute autorité)[143], qu'ils sont non seulement meilleurs,
mais encore "qu'ils ont la meilleure part[144]", et en tout
cas l'auront un jour. Mais assez ! Suffit ! je ne le supporte plus. Air vicié ! Miasmes ! Cette officine qui
fabrique des idéaux, il me semble qu'elle pue le mensonge. »

— Non ! Encore un instant ! Vous n'avez encore
rien dit du chef-d'œuvre de ces alchimistes, qui trans-
muent tout le noir en blanc, en lait et en innocence[145] :
— n'avez-vous pas remarqué quel est le comble de
leur raffinement, leur prestidigitation la plus audacieuse, la plus subtile, la plus spirituelle, la plus mensongère ? Prenez garde ! Ces bêtes de sous-sol pleines
de vengeance et de haine, que font-elles donc de la
vengeance et de la haine ? Avez-vous jamais entendu
ces paroles ? Songeriez-vous, à n'entendre que leurs
paroles, que vous vous trouvez parmi les hommes du
ressentiment★ ?...

— « Je comprends, j'ouvre encore une fois les
oreilles (hélas ! hélas ! et le nez, lui, je le *bouche*). Je
commence seulement à entendre ce qu'ils ont déjà dit
tant de fois : "Nous les bons, *nous sommes les justes*."
Ce qu'ils exigent, ils ne le nomment pas représailles,

mais "triomphe de la *justice*"; ce qu'ils haïssent, ce n'est pas leur ennemi, oh non! ils haïssent l'"*injustice*", l'"*impiété*"; leur foi et leur espoir, ce n'est pas l'espérance de la vengeance, l'ivresse de la douceur de la vengeance ("plus douce que le miel", disait déjà Homère[146]), mais c'est la victoire de Dieu, du Dieu *juste* sur les impies; ce qu'il leur reste à aimer sur terre, ce n'est pas leurs frères dans la haine, mais leurs "frères dans l'amour"[147], comme ils disent, tous les bons et les justes de la terre. »

— Et comment nomment-ils ce qui leur sert de consolation contre toutes les souffrances de la vie, leur fantasmagorie d'une béatitude future garantie?

— « Comment? Est-ce que j'entends bien? Ils nomment cela "le Jugement dernier", l'avènement de *leur* règne, le "royaume de Dieu", mais *en attendant* ils vivent "dans la foi", "dans l'amour", et "dans l'espérance"[148]. »

— Assez! Assez!

15

Dans la foi en quoi? L'amour pour quoi? Et l'espérance de quoi? Ces faibles, *eux* aussi veulent être un jour les forts, point de doute, un jour doit venir aussi *leur* « règne[149] », « le royaume de Dieu », comme ils l'appellent tout de go, car enfin : on est humble en toutes choses! Rien que pour vivre *cela*, il faut vivre longtemps, par-delà la mort, et même, il faut la vie éternelle, pour qu'on puisse éternellement se maintenir dans le « royaume de Dieu » en restant indemne de cette vie terrestre vécue « dans la foi, l'amour, l'espérance ». Indemne de quoi? Indemne grâce à quoi?... Dante s'est grossièrement mépris, me semble-t-il, quand, avec une ingénuité terrifiante, il a mis cette inscription au-dessus de la porte de son enfer : « Moi aussi, l'amour éternel m'a créé[150] » : au-dessus de la porte du paradis chrétien et de sa « béatitude éternelle » pourrait à plus juste titre figurer l'inscription : « Moi aussi, la *haine* éternelle m'a créé », à supposer

qu'une vérité puisse figurer au-dessus de la porte qui
ouvre sur le mensonge! Car *qu'est-ce donc* que la béatitude de ce paradis?... Sans doute, pourrions-nous le
deviner; mais il vaut mieux que nous l'atteste expressément une autorité incontestée en cette matière,
Thomas d'Aquin, le grand et saint maître. *« Beati in
regno coelesti »*, dit-il avec la douceur de l'agneau,
*« videbunt poenas damnatorum, ut beatitudo illis magis
complaceat*[151] *»*. Ou bien, si l'on veut l'entendre sur un
ton plus vigoureux, par exemple de la bouche d'un
Père de l'Église triomphante qui déconseillait à ses
ouailles les cruelles voluptés des spectacles publics. Et
pourquoi donc? « La foi nous offre certes bien davantage — dit-il dans le *De Spectaculis*, chapitre 29 sq. —,
quelque chose de *bien plus vigoureux*; grâce au Salut,
de tout autres joies nous sont données; au lieu des
athlètes, nous avons nos martyrs; et s'il nous faut du
sang, eh bien! nous avons le sang du Christ... Sans
parler de ce qui nous attend au jour de sa parousie, de
son triomphe! » — et il poursuit, ce visionnaire en
extase : « *At enim supersunt alia spectacula, ille ultimus
et perpetuus judicii dies, ille nationibus insperatus, ille
derisus, cum tanta saeculi vetustas et tot ejus nativitates
uno igne haurientur. Quae tunc spectaculi latitudo!* Quid
admirer! Quid rideam! Ubi gaudeam! Ubi exultem,
*spectans tot et tantos reges, qui in coelum recepti nuntia-
bantur, cum ipso Jove et ipsis suis testibus in imis tenebris
congemescentes! Item praesides »* (les gouverneurs de la
province) *« persecutores dominici nominis saevioribus
quam ipsi flammis saevierunt insultantibus contra Chris-
tianos liquescentes! Quos praeterea sapientes illos philo-
sophos coram discipulis suis una conflagrantibus erubes-
centes, quibus nihil ad deum pertinere suadebant, quibus
animas aut nullas aut non in pristina corpora redituras
affirmabant! Etiam poetas non ad Rhadamanti nec ad
Minois, sed ad inopinati Christi tribunal palpitantes!
Tunc magis tragoedi audiendi, magis scilicet vocales »*
(encore plus tonitruants, encore plus braillards) *« in
sua propria calamitate; tunc histriones cognoscendi, solu-
tiores multo per ignem; tunc spectandus auriga in flam-*

mea rota totus rubens, tunc xystici contemplandi non in gymnasiis sed in igni jaculati, nisi quod ne tunc quidem illos velim vivos, ut qui malim ad eos potius conspectum insatiabilem *conferre, qui in dominum desaevierunt, Hic est ille, dicam, fabri aut quaestuariae filius* » (comme le montre ce qui suit, et en particulier la désignation bien connue de la mère de Jésus tirée du Talmud, Tertullien vise dès lors les Juifs), « *sabbati destructor, Samarites et daemonium habens. Hic est, quem a Juda redimistis, hic est ille arundine et colaphis diverberatus, sputamentis dedecoratus, felle et aceto potatus. Hic est, quem clam discentes subripuerunt, ut resurrexisse dicatur vel hortulanus detraxit, ne lactucae suae frequentia commeantium laederentur. Ut talia spectes,* ut talibus exultes, *quis tibi praetor aut consul aut quaestor aut sacerdos de sua liberalitate praestabit? Et tamen haec jam habemus quodammodo* per fidem *spiritu imaginante repraesentata? Ceterum qualia illa sunt, quae nec oculus vidit nec auris audivit nec in cor hominis ascenderunt?* » (I, Cor. 2, 9.) « *Credo circo et utraque cavea* » (de premier ou de quatrième ordre, ou, selon d'autres, scène comique et tragique) « *et omni stadio gratiora.* » — Per fidem [152] : voilà ce qui est écrit.

16

Venons-en à la conclusion. Les deux valeurs *opposées* « bon et mauvais » et « bien et mal » se sont livré sur terre un combat terrible, millénaire [153] ; et si certain qu'il soit que la seconde valeur l'emporte depuis longtemps, il ne manque cependant pas, aujourd'hui encore, de situations où le combat se poursuit, douteux. On pourrait même dire qu'entre-temps il n'a cessé d'être porté plus haut, et par là même toujours plus profondément, plus spirituellement : de telle sorte qu'aujourd'hui il n'y a peut-être aucun signe plus distinctif de la « *nature supérieure* », de la nature plus spirituelle que d'être divisé dans ce sens-là et de constituer encore véritablement un champ de bataille pour ces antithèses. Le symbole de ce combat rapporté dans une écriture qui jusqu'ici a régi toute l'histoire humaine s'appelle : « Rome contre la Judée, la Judée contre Rome ». Il n'y a eu jusqu'ici aucun événement plus grand que *ce* combat-*là*, *cette* question, *cette* opposition mortelle. Rome ressentait dans le Juif quelque chose comme la contre-nature en personne, en quelque sorte son antipode monstrueux ; à Rome, le Juif passait pour « *convaincu* de haine contre tout le genre humain » [154] : à bon droit, tant qu'on a un droit de lier le salut et l'avenir du genre humain à la domination absolue des valeurs aristocratiques, des valeurs romaines. Quel a été en revanche le sentiment des Juifs à l'égard de Rome ? On le devine à de multiples signes ; mais qu'il suffise de se remettre à l'esprit l'Apocalypse de Jean, l'explosion la plus dévastatrice de tous les écrits que la vengeance a sur la conscience. (Qu'on ne sous-estime d'ailleurs pas la profonde logique de l'instinct chrétien, quand il a justement attribué à ce livre de la haine le nom du disciple de l'amour, de celui à qui il a donné en propre cet évangile de l'amour exalté : ceci renferme une parcelle de vérité, quelle qu'ait pu être la falsification littéraire nécessaire à cette fin.) Les Romains étaient bien les forts et les nobles, tels qu'il n'y en a jamais eu jusqu'ici sur terre, et tels même qu'on n'en peut imaginer de plus forts et de plus nobles ; chacun de leurs vestiges, chacune de leurs inscriptions nous ravit, pourvu que l'on devine *ce qui* écrit ici [155]. À l'inverse, les Juifs étaient ce peuple sacerdotal du ressentiment *par excellence**, habité par une génialité morale et traditionnelle sans égale : qu'on les compare seulement avec les peuples doués d'aptitudes apparentées, par exemple les Chinois ou les Allemands, pour démêler ce qui est de premier ordre et ce qui est de cinquième ordre. Lequel des deux l'a *emporté* pour l'instant, de Rome ou de la Judée ? Mais cela ne fait aucun doute : que l'on songe donc devant qui à Rome même on s'incline comme devant l'essence de toutes les valeurs suprêmes, et pas seulement à Rome, mais presque sur toute la moitié de la terre, partout où l'homme a été

domestiqué ou est en passe de le devenir, devant *trois
Juifs,* comme on sait, et *une Juive* (devant Jésus de
Nazareth, devant Pierre le pêcheur, devant Paul le
fabricant de tapis, et la mère de celui qu'on a appelé
au début Jésus, répondant au nom de Marie). Voici
qui est tout à fait remarquable : Rome est sans aucun
doute battue. Au demeurant, il y eut à la Renaissance[156] un renouveau, brillant et extraordinaire, de
l'idéal classique et du mode noble d'évaluation de
toutes choses : Rome elle-même remuait comme un
mort apparent revenu à la vie, sous la pression de la
Rome nouvelle, judaïsée, construite sur elle, qui
offrait l'aspect d'une synagogue œcuménique et qui
s'intitulait « Église » : mais tout aussitôt la Judée triom-
pha derechef grâce à ce mouvement de ressentiment
fondamentalement populacier (allemand et anglais)
qu'on appelle la Réforme, en y ajoutant ce qui devait
en résulter, la restauration de l'Église, ainsi que la restauration de l'antique paix tombale de la Rome classique. Avec la Révolution française[157], la Judée
l'emporta encore une fois sur l'idéal classique dans un
sens encore plus tranchant et plus profond qu'alors :
la seule noblesse politique qui subsistât en Europe,
celle des XVIIᵉ et XVIIIᵉ siècles *français,* s'effondra sous
les instincts de ressentiment populaire; jamais sur
terre on n'entendit plus intense jubilation et plus fra-
cassant enthousiasme! Certes, au milieu de tout cela,
arriva l'événement le plus extraordinaire, le plus inattendu : l'idéal antique lui-même *s'incarna* avec une
splendeur inouïe devant les regards et la conscience de
l'humanité, et une fois encore, plus fortement, plus
simplement, d'une manière plus saisissante que
jamais, face à l'antique mot d'ordre menteur du ressentiment touchant le *privilège du plus grand nombre,*
face à la volonté d'abaissement, de ravalement, de
nivellement, de déchéance et de déclin de l'homme,
retentit le mot d'ordre contraire, effroyable et exaltant
du *privilège du petit nombre!* Napoléon apparut tel un
dernier signe vers l'*autre* voie, cet homme si singulier
et tard venu, s'il en fut, et en lui le problème

incarné de l'*idéal noble en soi*. Qu'on songe de quel
problème il s'agit là : Napoléon, cette synthèse de
l'*inhumain* et du *surhumain*[158]...

17

— En était-ce fini ? Cette antithèse d'idéaux,
grande entre toutes, était-elle de la sorte classée à
jamais ? Ou seulement ajournée, ajournée *sine die* ?...
Et si, un jour quelconque, le vieil incendie devait se
rallumer dans un embrasement plus terrible, couvant
depuis plus longtemps encore ? Mieux : *n'est-ce pas là*
justement ce qu'il faut souhaiter de toutes ses forces et
même vouloir ? et même encourager ?[159]... Quiconque
à cet endroit, tels mes lecteurs, se met à réfléchir, à
méditer, n'en aura pas de sitôt fini, cela m'est une raison suffisante pour en finir moi-même, à condition
que soit suffisamment et depuis longtemps clair ce
que je *veux*, ce que je veux précisément avec le dangereux mot d'ordre qui marque mon dernier livre :
« *Par-delà bien et mal...* » Cela ne veut dire *rien moins
que* « Par-delà bon et mauvais »[160]. — —

Remarque. — Je saisis l'occasion que me donne ce
traité pour exprimer publiquement et formellement
un souhait que je n'ai jusqu'à présent énoncé que
dans des entretiens occasionnels avec des savants, à
savoir qu'une quelconque faculté de philosophie
puisse s'honorer de promouvoir les études d'*histoire de
la morale* par une série de concours académiques :
peut-être ce livre servira-t-il à donner justement une
puissante impulsion dans cette direction. Eu égard à
une éventualité de cette nature, j'aimerais proposer la
question suivante : elle mérite aussi bien l'attention
des philologues et des historiens que celle des véritables savants philosophes de métier.
— « *Quelles indications fournit la science du langage,
en particulier l'étymologie, pour l'histoire de l'évolution
des notions morales*[161] ? »

— D'autre part, il est certes tout aussi nécessaire de
s'assurer la collaboration des physiologistes et des
médecins [162] pour résoudre ces problèmes (touchant la
valeur des évaluations en vigueur jusqu'ici) : en cette
occurrence on laissera aux philosophes de métier le
soin d'être aussi des porte-parole et des intermédiaires, lors même que dans l'ensemble ils ont réussi à
transformer la relation, à l'origine si difficile, si
méfiante entre la philosophie, la physiologie et la
médecine, en un échange des plus amicaux et des plus
fructueux. En fait, toutes les tables des valeurs, tous
les « tu dois » que recense l'histoire ou la recherche
ethnologique, nécessitent d'abord un éclairage et une
interprétation *physiologiques* plus encore que psychologiques ; tout cela est en attente d'une critique de la
part de la science médicale. La question : que *vaut*
telle ou telle table des valeurs, telle ou telle « morale » ?
doit être soumise aux perspectives les plus diverses ;
on ne saurait notamment disséquer assez subtilement
le « *en vue de quoi* cela vaut-il ? ». Quelque chose qui,
par exemple, aurait évidemment de la valeur eu égard
à la pérennité maximale d'une race (ou à l'accroissement de ses facultés d'adaptation à un climat déterminé ou à la conservation du plus grand nombre)
n'aurait absolument pas la même valeur s'il s'agissait
par exemple de former un type plus vigoureux. Le
bien de la masse et celui des élites sont des points de
vue d'évaluation antithétiques : nous abandonnerons à
la naïveté des biologistes anglais l'idée de tenir
d'emblée le premier point de vue pour le point de vue
supérieur [163]... *Toutes* les sciences doivent désormais
préparer la tâche à venir du philosophe : tâche en ce
sens que le philosophe doit résoudre le *problème de la
valeur*, déterminer la *hiérarchie des valeurs*. —

« La faute », « la mauvaise conscience » et ce qui s'y apparente[164]

1

Dresser un animal qui *puisse promettre*[165] : n'est-ce pas précisément la tâche paradoxale que la nature s'est assignée à l'égard de l'homme ? N'est-ce pas le véritable problème *de* l'homme[166] ?... Que ce problème soit résolu à un degré élevé doit apparaître d'autant plus étonnant à qui sait pleinement apprécier la force antagoniste, celle de l'*oubli*. L'oubli n'est pas simplement une *vis inertiae*[167], comme le croient les esprits superficiels, mais plutôt une faculté de rétention active, positive au sens le plus rigoureux à laquelle il faut attribuer le fait que tout ce que nous vivons, éprouvons, ce que nous absorbons, accède aussi peu à la conscience dans l'état de digestion (on pourrait l'appeler « absorption spirituelle ») que tout le processus infiniment complexe, selon lequel se déroule notre alimentation physique, ce qu'on appelle l'« assimilation ». Fermer de temps à autre les portes et les fenêtres de la conscience ; rester indemne du bruit et du conflit auxquels se livre, dans leur jeu réciproque, le monde souterrain des organes à notre service ; faire un peu silence, ménager une *tabula rasa*[168] de la conscience, de façon à redonner de la place au nouveau, surtout aux fonctions et fonctionnaires les plus nobles, au gouvernement, à la prévoyance, à la prédiction (car notre organisme est organisé d'une manière oligarchique[169]), voilà l'utilité de ce que j'ai appelé l'oubli actif, qui, pour ainsi dire, garde l'entrée, maintient l'ordre psychique, la paix, l'étiquette : ce qui permet incontinent d'apercevoir dans quelle mesure, sans oubli, il ne saurait y avoir de bonheur, de belle humeur, d'espérance, de fierté, de *présent*. L'homme chez qui cet appareil de rétention est endommagé et se bloque est comparable à un dyspeptique (et ce n'est pas qu'une comparaison) — il n'en a jamais « fini »[170]... C'est précisément cet animal oublieux par nécessité, chez qui l'oubli représente une force, une forme de santé *vigoureuse*, qui s'est aménagé du coup une faculté contraire, une mémoire qui permet dans certains cas de suspendre l'oubli, les cas où il faut promettre : il ne s'agit donc pas simplement d'une incapacité passive à se défaire de l'impression une fois incrustée, ni simplement d'une indigestion causée par une parole engagée, avec laquelle on n'en aurait jamais fini, mais de la *volonté* active de ne pas s'en débarrasser, qui reconduit indéfiniment ce qui a été déjà voulu, une véritable *mémoire de la volonté* ; de telle sorte qu'entre le « je le veux », « je le ferai » originels et la véritable décharge de la volonté, son *acte,* on peut très bien interpoler un monde de choses, de circonstances et même de volitions nouvelles et étrangères, sans pour autant faire sauter un maillon de cette longue chaîne du vouloir. Mais alors que de présuppositions ! Pour disposer ainsi par avance de l'avenir, combien de choses l'homme ne doit-il pas d'abord avoir apprises, savoir discriminer les événements nécessaires des événements fortuits, savoir penser en termes de causes, voir et anticiper le lointain comme présent, savoir déterminer ce qui est fin, ce qui en est le moyen, bref compter et prévoir, pour cela, ne faut-il pas d'abord que l'homme soit lui-même devenu *prévisible, régulier, nécessaire,* y compris pour l'idée qu'il se fait de lui-même, afin que, comme celui qui promet, il puisse ainsi se porter garant de lui-même *comme avenir* ?

2

Voilà justement la longue histoire de l'origine de la *responsabilité*. La tâche de dresser un animal qui ose promettre inclut, on l'a déjà compris, à titre de condition et de préparation, le travail préliminaire qui consiste à *faire* un homme qui soit pour commencer jusqu'à un certain point nécessaire, uniforme, conforme à ses semblables, régulier, et par suite prévisible. L'énorme travail de ce que j'ai appelé la « moralité des mœurs » (cf. *Aurore*, § 9, § 14, § 16), le véritable travail de l'homme sur lui-même durant la plus longue période du genre humain, tout son travail *préhistorique* trouve là son sens, sa grande justification, quelles que soient la dureté, la tyrannie, la stupidité et l'idiotie qu'il contient : c'est au moyen de la moralité des mœurs et de la camisole de force sociale que l'homme a été réellement *fait* prévisible. Transportons-nous au contraire à la fin de cet énorme processus, là où l'arbre donne enfin ses fruits, où la société et sa moralité des mœurs fait advenir *ce dont* elle n'était que le moyen, nous trouvons alors le fruit le plus mûr de l'arbre, l'*individu souverain*, l'individu qui ne ressemble qu'à lui-même, à nouveau détaché de la moralité des mœurs, l'individu autonome supramoral (car « autonome » et « moral » s'excluent), bref, l'homme du vouloir indépendant, personnel et persévérant, qui *ose promettre*, et chez celui-là une conscience qui palpite dans toutes ses fibres, fière de *ce qui* a été enfin obtenu et qui a pris corps en lui, une véritable conscience de la liberté et de la puissance, un sentiment d'accomplissement parfait de l'homme. Cet homme affranchi, qui *ose* réellement promettre, ce maître de la volonté *libre*, ce souverain, comment ne saurait-il pas quelle est en cela sa supériorité sur tout ce qui n'ose promettre, ni se porter garant de lui-même, quelle confiance, quelle crainte, quel respect il inspire — ces trois choses, il les « *mérite* » — et comment, avec cette maîtrise de lui-même lui est également confiée la maîtrise des circonstances, de la

nature et de toutes les créatures inconsistantes et de
volonté plus courte ? L'homme « libre », détenteur
d'une volonté indéfectible et persévérante, trouve
dans ce fonds son *étalon de mesure* : considérant autrui
à partir de lui-même il honore ou méprise ; et tout
aussi nécessairement, il honore ses égaux, les forts et
les hommes sur qui on peut compter (ceux qui ont le
droit de promettre), c'est-à-dire tout homme qui promet en souverain, difficilement, rarement, posément,
qui est avare de sa confiance, qui, quand il fait
confiance, *distingue*, qui donne sa parole comme une
chose à laquelle se fier, car il se sait assez fort pour la
tenir en dépit des accidents, voire « en dépit du destin » : de même, il réservera forcément des coups de
pied aux petits cabots qui promettent sans en avoir le
droit et la férule au menteur qui manque à sa parole
au moment même où il la donne. La fière connaissance de l'extraordinaire privilège de la *responsabilité*,
la conscience de cette rare liberté, de cette puissance
sur soi-même et sur la destinée s'est enracinée
jusqu'en son tréfonds et s'est faite instinct, instinct
dominant : comment l'appellera-t-il, cet instinct
dominant, à supposer qu'il lui faille un mot pour le
désigner ? Mais il n'y a aucun doute : cet homme souverain l'appelle sa *conscience*[171]...

3

Sa conscience ?... On devine d'emblée que la notion
de « conscience », que nous rencontrons ici sous sa
figure la plus haute, presque la plus intrigante, a déjà
derrière elle une longue histoire et une série de métamorphoses. Oser se porter garant de soi-même et
donc *oser* aussi *se dire oui* à soi-même avec fierté, c'est,
répétons-le, un fruit en sa maturité, et même un fruit
tardif[172] : combien de temps ce fruit a-t-il dû
attendre, vert et âcre, sur l'arbre ! Et pendant plus de
temps encore on n'a rien pu apercevoir de ce fruit,
personne n'aurait osé rien en promettre, quand même
tout dans l'arbre le préparait ou croissait précisément

pour lui! « Comment fait-on une mémoire à l'animal humain? Comment imprime-t-on à cet entendement momentané, en partie obtus, en partie filandreux, à cet oubli incarné, quelque chose qui puisse rester présent? »... Ce problème très ancien n'a pas été résolu, comme on peut le penser, par des réponses et des moyens délicats; peut-être même n'y a-t-il rien de plus effroyable et de plus inquiétant dans toute la pré-histoire de l'humanité que sa *mnémotechnique*[173]. « On marque du fer rouge ce qui doit rester en mémoire; seul ce qui ne cesse de *faire mal* reste dans la mémoire » — voilà un principe fondamental de la psychologie la plus antique (hélas! aussi la plus pérenne) qu'on puisse trouver sur terre. On irait presque jusqu'à dire que partout où il y a encore sur terre du solennel, du sérieux, du secret, des couleurs sombres dans la vie des hommes et des peuples, quelque chose *agit encore* de l'effroi dans lequel autrefois, sur toute la terre on a promis, gagé et loué : le passé, si long, si profond, si rude, nous retombe dessus et sourd en nous, lorsque nous devenons « sérieux ». Cela ne s'est jamais passé sans effusion de sang, sans martyres et sans sacrifices chaque fois que l'homme a cru néces-saire de se faire une mémoire; les sacrifices et les gages les plus terrifiants (parmi lesquels le sacrifice des premiers-nés), les mutilations les plus répu-gnantes (par exemple les castrations), les formes rituelles les plus cruelles de tous les cultes religieux (et toutes les religions sont foncièrement des systèmes de cruauté), tout cela tire son origine de cet instinct qui a découvert dans la douleur le plus puissant adjuvant de la mnémonique. En un certain sens, toute l'ascèse est du même ordre : il s'agit de rendre quelques idées indélébiles, omniprésentes, inoubliables, « fixes », afin d'hypnotiser tout le système nerveux et intellectuel par ces « idées fixes » — et les procédures et modes de vie ascétiques sont autant de moyens de soustraire ces idées à la concurrence de toutes les autres idées, de les rendre « inoubliables »[174]. Plus l'humanité a eu « mau-vaise mémoire », plus effrayant est chaque fois l'aspect de ses coutumes ; la dureté des châtiments fournit en particulier une mesure de la peine qu'elle a eue à l'emporter sur l'oubli et à conserver *présentes* certaines exigences primitives de la vie sociale chez ces esclaves de l'affect et du désir de l'instant. Nous autres Allemands ne nous considérons certes pas comme un peuple cruel et dur de cœur, et encore moins comme un peuple particulièrement versatile, vivant au jour le jour ; mais que l'on examine un peu l'ordre des châtiments et l'on découvrira la peine qu'il en coûte sur terre pour dresser un « peuple de penseurs » (entendez *le* peuple de l'Europe chez qui l'on peut trouver aujourd'hui encore le maximum de foi, de sérieux, d'absence de goût, le maximum d'objectivité, et qui, grâce à ces qualités, peut prétendre à dresser toute espèce de mandarins en Europe). Ces Allemands se sont fait une mémoire par des moyens effroyables, pour devenir maîtres de leurs instincts fonciers de plébéiens et de leur brutale lourdeur : songeons aux châtiments allemands anciens, par exemple la lapidation (déjà la légende fait tomber la meule sur la tête du coupable), le supplice de la roue (la découverte et la spécialité les plus caractéristiques du génie allemand dans le domaine du châtiment !), le supplice du pal, la dislocation et le piétinement par les chevaux (l'« écartèlement »), l'immersion du criminel dans l'huile ou dans le vin (aux XIVe et XVe siècles encore), la lacération très appréciée (« faire des lanières »), l'écorchement de la poitrine ; ou bien encore on enduisait le malfaiteur de miel et on l'abandonnait aux mouches sous un soleil brûlant[175]. Au moyen de semblables images et procédés, on finit par garder en mémoire cinq ou six « je ne veux pas », qui sont objets de la *promesse* faite en vue de profiter des avantages de la société, et effectivement ! au moyen de cette espèce de mémoire on venait enfin « à la raison » ! Ah ! la raison, le sérieux, la maîtrise des affects, toute cette sombre affaire qui s'appelle réfléchir, tous ces privilèges et ces fastes de l'homme : quel n'en a pas été le prix ! Combien de sang et d'horreur n'y a-t-il pas au fond de toutes les « bonnes choses »[176] !...

4

Or comment cette autre « sombre affaire », la conscience de la faute, toute la « mauvaise conscience » est-elle donc venue au monde? Et là nous revenons à nos généalogistes de la morale. Répétons-le — ou bien serait-ce que je n'en ai encore rien dit? — ils ne sont bons à rien. Une petite expérience, rien que « moderne », longue de cinq empans; aucune connaissance, aucune volonté de connaître le passé; encore moins d'instinct historique, de « seconde vue », en l'espèce indispensable[177]; et cependant, ils s'occupent d'histoire de la morale : bien entendu, cela ne peut se terminer qu'avec des résultats qui ont une relation plus que vague avec la vérité. A-t-il jamais tant soit peu effleuré jusqu'ici l'esprit de ces généalogistes de la morale que, par exemple, la notion morale fondamentale de « faute » a tiré son origine de la notion très matérielle de « dette »[178]? Ou encore que le châtiment comme *représailles* s'est développé entièrement à l'écart de toute présupposition touchant la liberté ou la non-liberté de la volonté[179]? Et cela à tel point qu'il y a toujours d'abord besoin d'un *haut* degré d'humanisation pour que l'animal « homme » commence à établir ces distinctions beaucoup plus rudimentaires, comme « intentionnel », « négligent », « fortuit », « responsable », ainsi que leurs contraires, et à les faire valoir lors de la détermination du châtiment. Cette idée maintenant si facile et apparemment si naturelle, si inévitable, qui a sans doute servi d'explication pour la manière dont s'est produit le sentiment de justice sur terre, « le criminel mérite châtiment, *parce qu'*il aurait pu agir autrement », est en fait une forme extrêmement tardive, voire raffinée, du jugement et de la logique humains; qui les reporte dans les commencements se méprend grossièrement sur la psychologie de l'humanité primitive. Durant la plus longue période de l'histoire humaine, le châtiment ne se pratiquait *absolument pas parce qu'*on rendait le malfaiteur responsable de son forfait, donc *absolument pas* en présupposant qu'on ne doit punir que le coupable : mais, au contraire, comme aujourd'hui encore les parents châtient leurs enfants par colère provoquée par un dommage subi, colère qui se décharge sur l'auteur du dommage, cette colère étant maintenue dans certaines limites et modifiée par l'idée que tout dommage trouve son *équivalent* quelque part et peut être effectivement payé quand bien même ce serait par une *souffrance* infligée à son auteur. D'où vient la puissance qu'a acquise cette idée extrêmement ancienne, profondément enracinée, voire désormais inextirpable, l'idée d'une équivalence du dommage et de la souffrance ? Je l'ai déjà révélé : de la relation contractuelle entre le *créancier* et le *débiteur*, qui existe depuis qu'il y a des « sujets de droits », et qui à son tour renvoie aux formes premières de l'achat, de la vente, du troc et du commerce.

5

L'évocation de ces relations contractuelles éveille au demeurant maintes suspicions et résistances à l'égard de l'humanité primitive qui les a créées ou permises, comme il faut s'y attendre d'emblée après les remarques qui précèdent. C'est bien ainsi que l'on *promet* ; c'est précisément ici qu'il s'agit de *faire* une mémoire à celui qui promet ; c'est précisément ici, il est permis de le soupçonner, que l'on trouvera une mine de choses rudes, cruelles, douloureuses. Le débiteur, pour inspirer confiance en sa promesse de remboursement, pour donner un gage du sérieux et de la sainteté de sa promesse, pour inculquer à sa conscience le devoir, l'obligation de rembourser, gage par contrat avec son créancier, pour le cas où il ne rembourserait pas, une chose qu'il « possède » encore par ailleurs, sur laquelle il a encore puissance, par exemple son corps, sa femme, ou sa liberté ou encore sa vie (ou bien, dans certaines conditions religieuses, sa béatitude même, le salut de son âme, jusques et y compris son repos dans la tombe : ainsi en Égypte, où le cadavre du débiteur, même dans la tombe, n'était pas à l'abri du créancier,— et chez les Égyptiens, au demeurant, ce repos justement était toute une affaire) [180]. Or le créancier pouvait en fait infliger au corps du débiteur toutes sortes d'outrages et de tortures, par exemple en découper ce qui paraissait approprié au montant de la dette [181] : et il y eut à cet égard très tôt et en tous lieux des estimations exactes entrant parfois d'une façon horrible dans le détail le plus minutieux, se rapportant suivant la *règle* aux membres et à chaque partie du corps. Je tiens déjà pour un progrès, pour la preuve d'une conception plus libre, en plus grand, *plus romaine*, le fait que les lois des Douze Tables de Rome décrétaient indifférent que les créanciers dans un tel cas prélèvent plus ou moins « *si plus minusve secuerunt, ne fraude esto* [182] ». Représentons-nous bien la logique de toutes ces formes de compensation : elle n'est que trop déroutante. L'équivalence est obtenue par le fait qu'au lieu d'un avantage survenant directement en compensation du dommage (donc au lieu d'une compensation en argent, en terre, en propriété de quelque espèce que ce soit), on accorde au créancier une espèce de *sentiment de bien-être* en contrepartie et comme compensation, le sentiment que procure la capacité d'assouvir sa puissance sur un être impuissant, la volupté « *de faire le mal pour le plaisir de le faire*⋆ » [183], le plaisir de faire violence : plaisir d'autant plus prisé que le créancier est plus bas et plus humble dans l'ordre social, et qu'il peut lui apparaître plus facilement comme un morceau de choix, voire l'avant-goût d'un rang plus élevé. Au moyen du « châtiment » infligé au débiteur, le créancier participe à un *droit des seigneurs* [184] : le voilà qui parvient enfin au sentiment exaltant de pouvoir mépriser et maltraiter un être comme son « inférieur », ou du moins, dans le cas où la véritable force punitive, l'exécution du châtiment passe à « l'autorité », de le *voir* méprisé et maltraité. La compensation consiste donc dans la charge et le droit d'exercer la cruauté. —

6

C'est dans *cette* sphère, celle du droit d'obligation, que le monde des notions morales comme « faute », « conscience », « devoir », « sainteté du devoir » trouve son foyer de naissance ; son commencement, comme celui de tout ce qui est grand sur terre, a longtemps et abondamment été arrosé de sang. Et ne pourrait-on ajouter qu'au fond ce monde ne s'est jamais entièrement défait d'un certain relent de sang et de torture (pas même chez le vieux Kant : l'impératif catégorique sent sa cruauté[185]...) ? C'est encore ici que cette intrication des idées de « faute et de peine », devenue peut-être inextricable, a été produite. Encore une fois : comment la souffrance peut-elle être la compensation de la « dette » ? Pour autant que *faire* souffrir faisait un bien extrême, pour autant que la victime du dommage obtenait de son côté un plaisir extraordinaire en contrepartie du préjudice, augmenté du déplaisir qu'il a causé : *faire* souffrir, véritable *fête*, chose qui, comme on l'a dit, avait d'autant plus de prix qu'elle était contraire au rang et à la position sociale du créancier. Cela à titre de conjecture, car il est difficile d'aller au fond de choses aussi souterraines, sans compter que c'est pénible ; quiconque introduit ici avec lourdeur la notion de « vengeance » se sera dissimulé et obscurci la compréhension, au lieu de se la faciliter (la vengeance justement repose le même problème : « comment faire souffrir peut-il constituer une satisfaction ? »). Il répugne, me semble-t-il, à la délicatesse et plus encore à la tartuferie des doux animaux domestiques (entendez : les hommes modernes, entendez : nous) de se représenter dans toute sa force l'extrême degré de *cruauté* qu'atteint la grande joie festive de l'humanité primitive, et qui entre comme ingrédient dans presque toutes ses joies ; de se représenter par ailleurs la naïveté et l'innocence de son besoin de cruauté, le caractère fondamental de cette « méchanceté désintéressée » (ou, pour parler comme Spinoza, la *sympathia malevolens*[186]) qui passe

pour une propriété *normale* de l'homme, c'est-à-dire
pour quelque chose à quoi la conscience *acquiesce* de
tout cœur! Pour un regard plus pénétrant, il y aurait
peut-être encore beaucoup de choses à percevoir de
cette antique et extrême joie festive de l'homme; dans
Par-delà bien et mal, page 117 sq. (et précédemment
dans *Aurore*, p. 17; p. 68; p. 102) [187], j'ai indiqué d'un
doigt prudent la spiritualisation et la « divinisation »
toujours croissante de la cruauté qui traverse toute
l'histoire de la civilisation supérieure (et qui même, en
un sens très important, la constitue). En tout cas, il
n'y a pas longtemps, on ne pouvait s'imaginer de
noces princières et de fêtes populaires qui se res-
pectent sans exécution, torture ou quelque autodafé,
ni même aucune maison distinguée sans un être sur
lequel exercer sans scrupule sa méchanceté et ses
taquineries cruelles (qu'on se rappelle par exemple
Don Quichotte à la cour de la duchesse [188] : nous
lisons aujourd'hui tout l'ouvrage avec un goût amer
sur la langue, presque une torture, et nous serions en
cela très incompréhensibles et étranges pour son
auteur ainsi que pour ses contemporains, qui le
lisaient en toute bonne conscience comme le plus gai
des livres, presque à en mourir de rire). Voir souffrir
fait du bien, faire souffrir, plus encore — voilà un
rude principe, mais c'est un principe ancien, puissant,
humain, trop humain, auquel peut-être souscriraient
au demeurant même les singes : car on rapporte que,
dans l'invention de cruautés bizarres, ils annoncent
déjà largement l'homme et en sont pour ainsi dire le
« prélude » [189]. Point de fête sans cruauté, tel est
l'enseignement de la plus ancienne et de la plus
longue histoire de l'homme; et même le châtiment
contient tant de *festivité* !

7

Par cette pensée, soit dit en passant, je n'ai nullement l'intention d'apporter de l'eau au moulin, dis-
cordant et grinçant, de nos pessimistes dégoûtés de la

vie; il s'agit au contraire d'attester expressément que,
lorsque l'humanité n'avait pas honte de sa cruauté, la
vie sur terre était plus gaie qu'à notre époque de pessimistes. L'assombrissement du ciel au-dessus de
l'homme l'a toujours emporté à proportion que croissait la honte de l'homme *devant l'homme*[190]. Le regard
pessimiste lassé, la méfiance face à l'énigme de la vie,
le « non » glacial du dégoût de la vie — ce ne sont pas
là les indices des époques les *plus méchantes* du genre
humain; au contraire, tout cela ne vient au jour,
comme ces plantes marécageuses, qu'avec le marécage[191] qui est leur terrain; j'entends par là la fragilisa-
tion et la moralisation maladives, au moyen desquelles
l'animal « homme » finit par apprendre à avoir honte
de tous ses instincts. Sur son chemin vers l'« ange »
(pour ne pas employer en l'occurrence un mot plus
dur), l'homme s'est constitué cet estomac gâté et cette
langue chargée, qui non seulement lui ont rendu répu-
gnantes la joie et l'innocence de l'animal, mais encore
lui ont rendu la vie même insipide : de sorte que, parfois, il se bouche le nez devant lui-même et dresse
avec le pape Innocent III[192] le catalogue désapproba-
teur de toutes ses disgrâces (« conception impure,
nutrition dégoûtante dans le sein maternel, mauvaise
étoffe dont procède l'homme, pestilence abjecte,
sécrétion de salive, d'urine et de crotte »).
Aujourd'hui, où la souffrance doit passer en toute
première ligne parmi les arguments *contre* l'existence[193], comme son pire point d'interrogation, il est
bon de se rappeler les époques où on jugeait en sens
contraire, parce qu'on ne voulait pas se passer de *faire
souffrir* et qu'on y voyait un charme de premier ordre,
un véritable appât de séduction *en faveur* de la vie. Il
se pourrait qu'autrefois — cela dit pour le réconfort
des âmes délicates — la douleur ne fît pas aussi mal
qu'aujourd'hui; c'est du moins ce que pourra
conclure un médecin ayant traité des Nègres (ici
considérés comme représentants de l'humanité préhistorique) pour de graves infections internes qui met-
traient au désespoir le mieux organisé des Européens;

ce qui n'est pas *du tout* le cas chez les Nègres. (La courbe de la capacité de souffrance humaine semble en effet s'infléchir extraordinairement et presque subitement, dès qu'on est sorti des dix mille ou dix millions qui constituent la civilisation supérieure ; et pour ma part je ne doute pas qu'en comparaison d'une *seule* nuit de douleur d'une femmelette hystérique de notre civilisation, les souffrances de tous les animaux réunis que l'on a soumis jusqu'ici à la question avec le scalpel aux fins d'enquête scientifique n'entrent pas en ligne de compte.) Peut-être est-il même permis d'admettre l'éventualité que ce plaisir de la cruauté n'avait pas nécessairement à disparaître : considérant que la souffrance fait davantage mal aujourd'hui, il lui suffirait d'un peu de sublimation et de subtilisation, il devrait expressément être traduit en termes imaginatifs et spirituels, et s'orner de noms incontestables tels qu'ils ne puissent pas faire naître le moindre soupçon dans la conscience la plus délicate et la plus hypocrite (la « pitié tragique [194] » est un nom de ce genre ; ou encore « *les nostalgies de la croix*★ » [195]). Ce qui excite en fait contre la souffrance, ce n'est pas la souffrance en soi, mais ce qu'elle a d'absurde : or ni pour le chrétien, qui a prêté à la souffrance toute une secrète machinerie du salut, ni pour l'individu naïf des époques plus anciennes, qui s'entendait à interpréter toute souffrance en rapport avec des spectateurs ou avec ceux qui font souffrir, il n'y avait pas de telle souffrance *absurde*. Pour que la souffrance cachée, clandestine, sans témoin, pût être bannie du monde et niée de bonne foi, on était alors presque obligé d'inventer des dieux et des êtres intermédiaires de tous ordres qui rôdent dans les recoins, qui voient dans l'obscurité et qui ne laissent pas échapper aisément un spectacle intéressant et douloureux. À l'aide de telles inventions, en effet, la vie s'entendait alors au tour de passe-passe auquel elle s'est toujours entendue, se justifier elle-même, justifier son « mal » ; aujourd'hui, elle aurait peut-être besoin d'autres inventions de secours (par exemple, la vie comme énigme, la vie comme problème de la connaissance) [196]. « Tout mal est justifié qu'un dieu se plaît à contempler » : ainsi s'exprimait l'antique logique du sentiment; et en réalité est-elle seulement antique? Les dieux conçus comme amateurs de spectacles *cruels* : jusqu'où cette image très ancienne n'est-elle pas présente dans notre humanisation européenne! il n'est que de consulter sur ce point Calvin et Luther [197]. Il est en tout cas certain que les *Grecs* ne pouvaient pas ajouter de plus agréable adjuvant au bonheur de leurs dieux que les joies de la cruauté. Quel œil croyez-vous que, selon Homère, les dieux laissaient tomber sur les destinées des hommes? Quel fut le sens en définitive de la guerre de Troie et de semblables horreurs tragiques? On ne saurait aucunement en douter : elles étaient conçues comme des *festivités* pour les Dieux, et, dans la mesure où le poète y est autrement « divin » que les autres hommes, sans doute aussi comme des festivités pour les poètes [198]... C'est de la même manière que plus tard les philosophes grecs de la morale se sont figuré que le regard de Dieu se posait encore sur l'effort moral, sur l'héroïsme et la torture de soi de l'homme vertueux : l'« Hercule du devoir » était sur une estrade et le savait; la vertu sans témoin était tout à fait impensable pour ce peuple acteur. L'invention philosophique si téméraire, si funeste qui a été imposée alors pour la première fois à l'Europe, l'invention de la « liberté du vouloir », de la spontanéité absolue de l'homme dans le bien et dans le mal [199], ne devait-elle pas être faite surtout pour se créer le droit de s'imaginer que l'intérêt porté par les dieux à l'homme et à la vertu humaine était *à jamais inépuisable*? Sur cette estrade qu'est la terre ne devait jamais manquer rien de vraiment nouveau, ni tensions, ni drames, ni catastrophes véritablement inouïs : un monde conçu d'une façon parfaitement déterministe aurait été pour les dieux facile à percer, et donc rapidement lassant — raison suffisante pour que ces *amis des dieux*, les philosophes, n'aillent pas prêter à leurs dieux un pareil monde déterministe! Toute l'humanité antique abonde en attentions délicates pour « le spectateur », monde essentiellement public, essentiellement offert au regard, incapable de s'imaginer le bonheur sans spectacles et sans fêtes. — Et, je l'ai déjà dit, le grand *châtiment* est une telle fête!...

8

Le sentiment de la faute, de l'obligation personnelle, pour reprendre le cours de notre étude, a, comme nous l'avons vu, trouvé son origine dans la relation personnelle la plus ancienne et la plus originelle qui soit, dans la relation entre l'acheteur et le vendeur, entre le créancier et le débiteur : ici, pour la première fois, une personne s'affronta à une personne, ici pour la première fois, une personne *se mesura* à une personne. On ne connaît point de degré de civilisation si rudimentaire qu'elle ne recèle quelque trace de cette relation. Établir des prix, estimer des valeurs, concevoir des équivalents, troquer — voilà qui a occupé les toutes premières pensées de l'homme à un point tel que dans un certain sens, il s'agit là de *la* pensée : c'est là que l'on a formé l'espèce la plus ancienne de perspicacité, on peut sans doute trouver que c'est là aussi l'ébauche de l'orgueil humain, son sentiment de prééminence vis-à-vis des autres animaux[200]. Peut-être notre mot « homme » (*manas*[201]) exprime-t-il encore quelque chose de *ce* sentiment de soi : l'homme se désignait comme l'être qui mesure les valeurs, qui évalue et mesure, comme l'« animal évaluateur en soi ». L'achat et la vente, avec leurs accessoires psychologiques, sont plus anciens que les commencements de quelques formes et liens d'organisation sociale que ce soit : c'est plutôt de la forme la plus rudimentaire du droit de la personne que le sentiment naissant de l'échange, du contrat, de la dette, du droit, de l'obligation, de la compensation, s'est *transposé* dans les ensembles sociaux les plus grossiers et les plus primitifs (dans leur rapport à des ensembles sociaux comparables), en même temps que l'habitude de comparer une puissance à une autre, de les mesurer ou de les compter. L'œil s'était désormais fait à cette perspective : avec cette logique lourdaude, propre à la pensée de l'humanité ancienne, laborieuse, mais qui poursuit inexorablement ensuite dans la même direction, on aboutissait immédiatement à cette vaste généralité : « toute chose a son prix ; on peut s'acquitter *de tout*[202] » — ce qui est le canon moral de la *justice* le plus ancien et le plus ingénu, le commencement de toute « bienveillance », de toute « équité », de toute « bonne volonté », de toute « objectivité » sur terre. À ce premier degré, la justice est la bonne volonté, entre puissances à peu près équivalentes, de s'arranger, de « s'entendre » à nouveau grâce à une compensation — et, s'agissant des moins puissants, de les y *contraindre* entre eux[203].

9

Pour en rester à l'aune des origines (lesquelles origines au demeurant sont en acte ou en puissance à toute époque) : ainsi la communauté se tient également à l'égard de ses propres membres dans la relation fondamentale et essentielle du créancier à l'égard de ses débiteurs. On demeure dans une communauté, on jouit des avantages d'une communauté (et quels avantages ! il nous arrive de les sous-estimer), on est protégé, épargné, dans la paix et la confiance, insouciant de certains dommages et animosités auxquels est exposé l'homme du *dehors*, l'« instable » — un Allemand comprendra ce que signifie originellement « *Elend* » [misère], « *êlend* » [étranger] —, à quel point justement on s'est créé des obligations et des gages, justement eu égard à ces dommages et ces animosités de la communauté. Qu'adviendra-t-il *dans l'autre cas* ? La communauté, le créancier trompé, se feront payer aussi bien qu'ils le pourront, on peut y compter. Il ne s'agit guère en l'occurrence du dommage immédiat que le débiteur a causé : abstraction faite de ce dommage, le criminel est avant tout un « infracteur », celui qui enfreint les contrats et les promesses *vis-à-vis de l'ensemble*, compte tenu des avantages et des agréments de la vie commune dont il a profité jusqu'à présent. Le criminel est un débiteur qui, non seulement ne rembourse pas les avantages et les avances qu'on lui a prodigués, mais qui va jusqu'à s'en prendre à son créancier : de ce fait, non seulement il perd dès ce moment, comme il se doit, la jouissance de tous ces biens et avantages, — mais on lui rappelle dorénavant *ce que ces biens impliquent*. La colère du créancier lésé de la communauté le renvoie à l'état sauvage et hors la loi dont il était jusqu'alors garanti : la communauté le rejette, — et dès lors toutes sortes d'animosités peuvent se décharger contre lui. À ce moment de l'évolution des mœurs, le « châtiment » est simplement l'image, la pantomime du comportement normal à l'égard de l'ennemi détesté, rendu inoffensif, terrassé, qui non seulement s'est exclu de tout droit et de toute protection, mais encore de toute miséricorde ; c'est donc le droit de la guerre et le triomphe du *vae victis* [204] ! dans toute son impitoyable cruauté : — ce qui manifeste que c'est la guerre elle-même (y compris le sacrifice guerrier) qui a fourni toutes les *formes* sous lesquelles le châtiment apparaît dans l'histoire [205].

10

Au fur et à mesure qu'une communauté s'accroît, elle accorde moins d'importance aux fautes de l'individu, parce que celles-ci ne peuvent plus lui apparaître subversives et dangereuses pour le maintien de l'ensemble dans la même mesure qu'auparavant : le malfaiteur n'est plus « privé de paix » et proscrit, la colère générale ne peut plus dorénavant se déchaîner contre lui avec autant d'acharnement, — au contraire le malfaiteur est maintenant scrupuleusement défendu par l'ensemble social et sous sa protection contre cette colère, en particulier contre celle de sa victime immédiate. Composer avec la colère de celui qui est

directement touché par le méfait, s'efforcer de cir-
conscrire le phénomène et de prévenir une participation et une agitation plus larges, voire générales,
essayer de trouver des équivalents et arrêter toute
l'affaire (la *compositio*[206]), surtout avoir la volonté de
plus en plus déterminée de considérer toute faute
comme pouvant être *soldée* en un sens quelconque, et
donc de *dissocier* le criminel de son acte, au moins
dans une certaine mesure — tels sont les traits qui
marquent toujours plus nettement l'évolution ultérieure du droit pénal. À mesure que croissent la puissance et la conscience de soi d'une communauté, le
droit pénal s'adoucit toujours également ; tout affaiblissement et toute menace plus grave contre elle en
font resurgir les formes les plus rudes. Le « créancier »
est toujours devenu plus humain à mesure qu'il s'enri-
chissait ; ce qui *mesure* sa richesse, c'est finalement
l'importance des entraves qu'il peut endurer sans en
souffrir. On peut imaginer un *sentiment de puissance* de
la société tel qu'elle pourrait s'offrir le luxe le plus
exquis qui soit pour elle, — laisser *impuni* celui qui la
lèse. « Que m'importent au fond mes parasites, pour-
rait-elle dire alors, puissent-ils vivre et prospérer, j'ai
bien assez de force ! »... La justice, qui a commencé
par poser : « tout peut se régler, tout doit se régler »,
finit par fermer les yeux et par laisser courir l'individu
insolvable, — elle finit comme toutes les bonnes
choses sur cette terre : *elle s'abolit*. Cette auto-abolition
de la justice : on sait de quel beau nom elle se désigne
— *la grâce* ; elle demeure, ce qui va de soi, le privilège
du plus puissant, mieux : son au-delà du droit[207].

11

— Un mot ici pour récuser des tentatives récentes
visant à chercher l'origine de la justice sur un tout
autre terrain, celui du *ressentiment**. Pour le glisser
d'avance à l'oreille des psychologues, à supposer
qu'ils aient envie d'étudier de près le *ressentiment** en
tant que tel : cette plante s'épanouit à présent dans

toute sa splendeur parmi les anarchistes et les antisémites[208], d'ailleurs comme elle a toujours fleuri, dans
les recoins, à l'instar de la violette, à la senteur près. Et
comme le même produit toujours nécessairement le
même, on ne sera pas surpris de voir que justement de
tels cercles produisent à nouveau des tentatives
comme il y en a eu déjà assez souvent — voir *supra*,
page 30[209] — pour sanctifier la *vengeance* sous le nom
de *justice* — comme si au fond la justice n'était qu'une
continuation du sentiment de l'injure subie — et pour
mettre en honneur après coup et dans leur ensemble
les affects *réactifs* avec la vengeance. C'est encore cela
qui me choquerait le moins : à considérer le problème
biologique dans son ensemble (relativement auquel la
valeur de ces affects a été jusqu'ici sous-estimée), tout
cela me paraîtrait plutôt un *mérite*. Seulement j'attire-
rai l'attention sur ceci : c'est l'esprit même du *ressentiment*★ qui fait naître cette nuance nouvelle de l'équité
scientifique (au profit de la haine, de l'envie, de la
jalousie, de la défiance, de la rancune, de la vengeance). Car cette « équité scientifique » s'interrompt
aussitôt pour laisser place à des accents d'hostilité et
de partis pris mortels, dès qu'il s'agit d'un autre
groupe d'affects, qui, ce me semble, ont une valeur
biologique encore plus grande que ces valeurs réactives, et par conséquent seraient les premiers à mériter
d'être *scientifiquement* jaugés et estimés, à savoir les
affects proprement *actifs*, tels que l'appétit de domination, de possession, etc. (E. Dühring[210], *La Valeur de
la vie, Cours de philosophie*; même *passim*). Voilà pour
cette tendance générale : mais pour ce qui touche la
proposition expresse de Dühring suivant laquelle il
faut chercher le foyer de la justice sur le terrain du
sentiment réactif, il faut, par amour de la vérité, lui
opposer cette riposte brutale sous la forme de cette
proposition : le *dernier* terrain conquis par l'esprit de
justice est celui du sentiment réactif[211] ! S'il arrive
effectivement que l'homme juste demeure juste même
à l'égard de ses offenseurs (et pas seulement froid,
mesuré, distant et indifférent : être juste est toujours

une conduite positive), si l'objectivité élevée et claire,
aussi profonde que bienveillante, de l'œil juste qui *juge*
ne se trouble pas de l'assaut de l'offense personnelle,
de la raillerie, de la suspicion, eh bien, c'est un échantillon de perfection et de maîtrise suprême sur terre,
— voire quelque chose à quoi on ne peut raisonnable-
ment s'attendre et à quoi en tout cas on ne doit pas
trop aisément accorder *créance*. Certes, il est courant
que même chez les personnes les plus probes, une
dose infime de perfidie, de méchanceté, d'insinuation
suffit à leur faire voir rouge et à leur faire *perdre* de
vue l'équité. L'homme actif, qui agresse et transgresse
est toujours cent fois plus près de la justice que
l'homme réactif; car il n'a nullement besoin d'évaluer
son objet faussement et par préjugé, comme le fait et
est contraint de le faire l'homme réactif. C'est pourquoi en réalité l'homme agressif a de tout temps eu
à son avantage le regard *plus dégagé, meilleure
conscience*, parce qu'il est le plus fort, le plus courageux, le plus noble : inversement, on devine déjà qui a
sur la conscience l'invention de la « mauvaise
conscience » — l'homme du *ressentiment**! Qu'on par-
coure donc enfin l'histoire : dans quelle sphère a
jusqu'à présent élu domicile toute la pratique du droit
ainsi que le véritable besoin de droit sur terre? Est-ce
dans la sphère de l'homme réactif? Absolument pas :
bien plutôt dans la sphère de l'homme actif, fort,
spontané, agressif. Considéré historiquement, le droit
représente sur terre — n'en déplaise à l'agitateur sus-
nommé (qui lui-même fait une fois cette confession
personnelle : « la doctrine de la vengeance a parcouru
tous mes travaux et tous mes efforts comme le fil
rouge de la justice ») — le combat précisément *contre*
les sentiments réactifs, la guerre contre ces derniers
menée par les puissances actives et agressives — qui
employèrent partiellement leur force à mettre des
freins et des normes au débordement du sentiment
réactif et à imposer un compromis. Partout où la justice est exercée, où la justice est maintenue, on voit
une force plus puissante face à de plus faibles qui lui

sont soumises (qu'il s'agisse de groupes ou d'individus) chercher des moyens de mettre fin à la fureur
insensée du *ressentiment*⋆ qui les tient, soit en arra-
chant l'objet du *ressentiment*⋆ des mains de la vengeance, soit en substituant à la vengeance qui les
anime le combat contre les ennemis de la paix et de
l'ordre, soit en inventant, en proposant et parfois en
imposant des compromis, soit en érigeant en norme
certains équivalents aux préjudices, équivalents auxquels le *ressentiment*⋆ désormais sera renvoyé une fois
pour toutes. Mais ce que l'autorité suprême fait et
impose de plus décisif contre la prédominance des
sentiments contraires et réactifs — elle le fait dès
qu'elle en trouve la ressource —, c'est l'institution de
la *loi*[212], la mise au clair impérieuse de tout ce qui à
ses yeux doit être tenu pour permis, juste, interdit,
injuste : en traitant, après l'institution de la loi, les
transgressions et les actes arbitraires d'individus ou de
groupes entiers comme des outrages à la loi, des rébel-
lions contre l'autorité suprême, celle-ci détourne le
sentiment de ses sujets du dommage immédiat causé
par un tel outrage et atteint ainsi à la longue l'inverse
de ce que veut toute vengeance, qui n'a en vue que la
victime et ne fait valoir que le point de vue de celle-
ci — : dès lors, le regard est exercé à une évaluation de
plus en plus *impersonnelle* de l'acte, y compris le
regard de la victime elle-même (quoique en dernier,
comme on l'a remarqué plus haut). — Conformément
à cela ce n'est qu'à partir de l'institution de la loi qu'il
y a du « juste » et de l'« injuste » (et *non pas*, comme le
veut Dühring, à partir de l'acte préjudiciable). Parler
en soi de juste et d'injuste est dépourvu de sens, *en soi*
un préjudice, une violence, une extorsion, une destruction ne peuvent naturellement être rien
d'« injuste »[213], pour autant que la vie *par essence*, à
savoir la vie dans ses fonctions fondamentales procède
par le préjudice, la violence, l'extorsion et la destruction, et qu'elle ne saurait être pensée sans ce caractère.
Il faut même se faire cet aveu encore plus regrettable :
c'est que, du point de vue biologique le plus élevé, les

états de droit ne peuvent jamais être que des *états d'exception*, en tant que restrictions partielles de la volonté vitale effective, qui ne vise que la puissance, et en tant qu'ils se soumettent, à titre de moyens particuliers, à sa fin générale : moyens de créer de *plus grandes* unités de puissance. Si nous concevons un ordre juridique souverain et général non pas comme moyen de la lutte des complexes de puissance, mais comme moyen *contre* toute lutte en général, un peu comme le cliché communiste de Dühring selon lequel chaque volonté devrait reconnaître chaque volonté comme son égale : nous aurions un principe *hostile à la vie*, une force de destruction et de dissolution de l'humanité, un attentat contre l'avenir de l'homme, un symptôme de lassitude, une esquive vers le néant. —

12

Un mot encore sur l'origine et le but du châtiment — deux problèmes qui sont distincts ou qui devraient l'être : alors que malheureusement on a coutume de les confondre. Comment procèdent donc dans ce cas les anciens généalogistes de la morale ? Naïvement, comme ils l'ont toujours fait : ils épinglent un quelconque « but » du châtiment, par exemple la vengeance ou la dissuasion[214], ils mettent ensuite en toute innocence ce but au principe, comme *causa fiendi*[215] du châtiment — et puis voilà. Mais il faut à tout prix se garder de parler de « but du droit[216] » à propos de sa genèse : tout au contraire, il n'y a pas de proposition plus importante pour l'histoire en général que celle-ci, qu'on a acquise à si grand-peine et qu'on *devrait tenir* vraiment pour acquise : le principe d'une chose et son utilité dernière, son utilisation effective et sa place dans un système de fins diffèrent du tout au tout ; une chose disponible, en quelque façon aboutie, est toujours réinterprétée dans le sens de nouvelles intentions par une puissance qui lui est supérieure, sans cesse récupérée, tournée et réorientée vers un nouvel usage ; tout ce qui arrive dans le monde organique est un *assujettissement*, une *domination* et, inversement, tout assujettissement, toute domination est une réinterprétation, un réajustement, qui font nécessairement que le « sens » et la « fin » antérieurs sont obscurcis ou complètement effacés. Si bien qu'on ait saisi l'*utilité* d'un organe physiologique quelconque (ou encore d'une institution juridique, d'une coutume sociale, d'un usage politique, d'une forme esthétique ou d'un culte religieux), on n'a encore rien compris pour autant à sa genèse : bien que cela paraisse désagréable et pénible aux oreilles anciennes, — puisque de toute antiquité on a cru saisir dans la fin assignable, dans l'utilité d'une chose, d'une forme, d'une organisation, jusqu'au principe de sa genèse : l'œil est fait pour voir, la main pour prendre. Ainsi le châtiment aurait-il été inventé pour châtier. Or toutes les fins et toutes les utilités ne sont que des *indices* d'une volonté de puissance devenue maîtresse de quelque chose de moins puissant et qui lui a spontanément imposé le sens d'une fonction ; et toute l'histoire d'une « chose », d'un organe, d'un usage peut ainsi constituer une chaîne incessante de signes, de réinterprétations et de réajustements, dont les causes n'ont pas nécessairement de rapport entre elles, et plutôt parfois se suivent et se succèdent d'une façon toute contingente. Le « développement » d'une chose, d'un usage, d'un organe, n'est dès lors rien moins que son progrès vers un but, et encore moins un progrès logique et bref obtenu avec le minimum d'énergie et de coût ; mais il est la succession de procès de domination qui s'y jouent, plus ou moins profonds, plus ou moins interdépendants, sans oublier les résistances qu'ils opposent toujours, les tentatives de transformation aux fins de défense et de réaction, ainsi que le résultat des réactions réussies. Fluente est la forme, et plus encore le « sens »[217]... Et il n'en va pas autrement à l'intérieur de chaque organisme individuel : à chaque croissance essentielle du tout, le « sens » des organes individuels se déplace, — et parfois leur destruction partielle, la réduction de leur nombre (par exemple

lors de la destruction de leurs maillons intermédiaires)
peut être un signe de force croissante et de perfection.
Je dirais volontiers : la *mise hors d'usage* partielle, le
dépérissement, la dégénérescence, la perte du sens et
de la finalité, bref la mort ressortissent aux conditions
du progrès réel, lequel prend toujours la forme d'une
volonté en chemin vers une *puissance supérieure* et
s'impose toujours aux dépens de nombreuses puissances inférieures. La grandeur d'un « progrès » se
mesure même d'après le sacrifice qu'il a fallu lui
consentir. Et même l'humanité sacrifiée en masse à la
prospérité d'une seule espèce d'homme *plus forte* —
voilà qui serait un progrès[218]... — Je souligne ce point
de vue capital de la méthode historique d'autant plus
qu'il s'oppose foncièrement à l'instinct et au goût
dominants de cette époque qui préféreraient encore
s'accommoder du hasard absolu, voire de l'absurdité
mécanique de tout le devenir, plutôt que de la théorie
d'une *volonté de puissance* se manifestant dans tout
devenir. L'idiosyncrasie démocratique hostile à tout
ce qui domine et veut dominer, le *misarchisme*
moderne[219] (à chose détestable, mot détestable) s'est
progressivement à ce point mué et déguisé en quelque
chose de spirituel, superspirituel, au point
qu'aujourd'hui il s'impose, il *peut* déjà *oser* s'imposer
pas à pas dans les sciences les plus rigoureuses, apparemment les plus objectives ; ce misarchisme me
paraît même s'être rendu maître de toute la physiologie et de toute la théorie de la vie, à leur préjudice cela
s'entend, en escamotant une de leurs notions fondamentales : celle d'*activité* réelle. Au lieu de quoi, sous
la pression de cette même idiosyncrasie, on met en
avant l'« adaptation », à savoir une activité de
deuxième ordre, une simple réactivité, et on est allé
jusqu'à définir la vie même comme adaptation intérieure de plus en plus adéquate aux circonstances
extérieures (Herbert Spencer). Mais on méconnaît
alors l'essence de la vie, la *volonté de puissance* ; alors
on néglige la prééminence de principe que possèdent
les forces spontanées, agressives, envahissantes qui

réinterprètent, réorientent et forment, dont l'« adaptation » ne fait que suivre les effets, alors on dénie dans l'organisme même le rôle dominateur des instances suprêmes, dans lesquelles la volonté vitale apparaît active et formatrice. On se souvient du reproche de Huxley à Spencer — son « nihilisme administratif » : mais il s'agit de *bien plus* encore que d'« administrer »[220]...

13

On doit donc, pour en revenir à notre objet, à savoir le *châtiment*, distinguer en lui deux choses : d'une part ce qui est relativement *durable*, l'usage, l'acte, le « drame », une suite bien déterminée de procédures, et d'autre part ce qui est *fluent*, le sens, la finalité, l'attente, qui se rattachent à l'exécution de ces procédures. On suppose ainsi d'emblée, par analogie, selon le point de vue principal de la méthode historique qu'on vient de développer, que la procédure elle-même sera quelque chose de plus ancien, d'antérieur à l'utilisation qui en est faite dans le châtiment, et que cette dernière a été seulement *projetée*, introduite par interprétation dans la procédure (depuis longtemps présente, mais usitée en un autre sens), bref, qu'il n'en va *pas du tout*, comme l'ont admis jusqu'à présent nos généalogistes naïfs de la morale et du droit, qui tous croyaient la procédure *inventée* en vue du châtiment, de la même manière que jadis on croyait la main faite pour prendre. Maintenant, pour ce qui est de cet autre élément du châtiment, l'élément fluent, son « sens », la notion de « châtiment », dans un état très tardif de la civilisation (par exemple dans l'Europe actuelle), ne représente en fait plus du tout un seul sens, mais toute une synthèse de « sens » au pluriel : toute l'histoire du châtiment jusqu'ici, l'histoire de son exploitation aux fins les plus diverses, se cristallise pour finir dans une espèce d'unité, difficile à décomposer, difficile à analyser et, ce qu'il faut souligner, tout à fait *indéfinissable*. (Il est aujourd'hui

impossible de dire à coup sûr *pourquoi* en réalité on
châtie : toutes les notions dans lesquelles se résume
sémiotiquement un processus tout entier se dérobent
à la définition ; n'est définissable que ce qui n'a pas
d'histoire [221].) À un stade antérieur, en revanche, cette
synthèse de « sens » apparaît encore plus décompo-
sable, encore plus modifiable ; on perçoit encore à
quel point dans chaque cas singulier les éléments de la
synthèse changent de valeur et se réassemblent en
conséquence de sorte que tantôt tel élément, tantôt tel
autre apparaît et domine aux dépens des autres, et
même que, le cas échéant, un seul élément semble
(par exemple afin de dissuader) éliminer tous les éléments restants. Pour montrer au moins à quel point le
« sens » du châtiment est incertain, *a posteriori*, acci-
dentel, et à quel point une seule et même procédure
peut être utilisée, interprétée, ajustée, adaptée à des
intentions foncièrement différentes, posons ici le
schéma qui s'est imposé à moi à partir d'éléments
relativement modestes et fortuits. Le châtiment,
moyen de rendre inoffensif, de prévenir d'autres préjudices. Le châtiment, comme règlement du préjudice
auprès de sa victime, sous une forme quelconque (y
compris sous forme de compensation affective). Le
châtiment, identification de la perturbation d'un équilibre, afin d'en prévenir la propagation. Le châtiment,
qui inspire la crainte à l'égard de ceux qui déterminent
et exécutent le châtiment. Le châtiment, sorte de
compensation pour les avantages dont a joui jusque-là
le criminel (par exemple lorsqu'il est utilisé comme
esclave dans les mines). Le châtiment, comme mise à
l'écart d'un élément dégénérescent (parfois de toute
une branche, comme dans le droit chinois : et donc
moyen de conserver la pureté de la race ou de maintenir un type social). Le châtiment, fête dans laquelle on
exerce la violence et la raillerie contre un ennemi enfin
terrassé. Le châtiment, inculcation de la mémoire, soit
pour celui qui le subit — ce qu'on appelle « amender », soit pour les témoins de l'exécution. Le châtiment, paiement d'honoraires stipulés par la puissance

qui protège le malfaiteur des débordements de la vengeance. Le châtiment, comme compromis avec la
vengeance dans son état naturel, pour autant que
celui-ci est maintenu par des races puissantes et
revendiqué comme un privilège. Le châtiment, déclaration de guerre et loi de la guerre contre un ennemi
de la paix, du droit, de l'ordre, de l'autorité, ennemi
que l'on combat comme dangereux pour la communauté, comme violant ses présupposés, comme
rebelle, traître, fauteur de troubles, à l'aide des
moyens que fournit justement la guerre [222]. —

14

Cette liste n'est assurément pas complète ; le châtiment est de toute évidence surchargé d'utilités de
toutes sortes. Raison de plus pour en soustraire une
utilité *prétendue,* que pourtant la conscience populaire
tient pour la plus essentielle, — la foi dans le châtiment, qui aujourd'hui vacille pour diverses raisons, ne
laisse pas de trouver dans cette utilité son soutien le
plus puissant. Le châtiment doit avoir pour valeur
d'éveiller dans le coupable *le sentiment de la faute,* on
cherche en lui le véritable instrument de la réaction
psychique qu'on appelle « mauvaise conscience »,
« remords » [223]. Mais par là on se méprend sur la réalité
et sur la psychologie, déjà pour l'actualité : et combien
à plus forte raison pour la longue histoire de l'humanité, sa préhistoire ! Le véritable remords est précisément quelque chose d'extrêmement rare chez les criminels et les condamnés, les prisons, les pénitenciers
ne sont *pas du tout* les lieux de prédilection où prospère cette espèce de ver rongeur [224] : là-dessus
s'accordent tous les observateurs consciencieux [225],
qui dans beaucoup de cas ne profèrent un tel jugement que de mauvais gré et à l'encontre de leur for
intérieur. Globalement le châtiment durcit et refroidit ;
il concentre ; il aiguise le sentiment d'exclusion ; il
accroît la force de résistance. S'il advient qu'il brise
l'énergie et suscite une prostration et un abaissement

de soi pitoyables, ce résultat est encore moins réjouis-
sant que l'effet moyen du châtiment, lequel se caractérise par un sérieux sec et sombre. Mais si l'on se projette dans les millénaires qui *précèdent* l'histoire de
l'humanité, l'on peut conclure sans hésiter que c'est
justement le châtiment qui a le plus puissamment *blo-
qué* le développement du sentiment de culpabilité —
tout au moins en ce qui concerne les victimes sur lesquelles s'est déchaînée l'autorité punitive. Car il ne
faut pas sous-estimer à quel point le criminel est justement empêché, par la vue des procédures du jugement et de son exécution, d'éprouver son forfait et la
nature de son acte comme méprisables *en soi* : car il
voit justement la même sorte d'action s'accomplir au
service de la justice et ensuite être approuvée et
accomplie en toute bonne conscience : ainsi l'espion-
nage, la ruse, la corruption, les pièges, tout l'art astucieux et achevé des policiers et des accusateurs, puis le
fait même, qui ne s'excuse pas par l'affect, de dépouiller, de faire violence, d'injurier, de capturer, de torturer, d'assassiner, tel que cela s'exprime dans les
diverses espèces de châtiment, — autant d'actions qui
ne sont aucunement rejetées et condamnées par ceux
qui les jugent *en tant que telles*, mais seulement sous
certains rapports et dans certaines applications. La
« mauvaise conscience », cette plante entre toutes
inquiétante et intéressante de notre monde végétal terrestre, n'a *nullement* poussé sur ce terrain, — en fait
rien dans la conscience de ceux-là mêmes qui jugent et
punissent n'a révélé pendant toute cette époque que
l'on ait affaire à un « coupable ». Au contraire, on
avait affaire à un malfaiteur, à un fragment irrespon-
sable de fatalité. Lequel malfaiteur, puisque ensuite le
châtiment le frappait comme un autre fragment de
fatalité, n'en éprouvait nulle autre « souffrance intérieure » que l'irruption soudaine de l'imprévisible,
d'un événement naturel terrible, d'un rocher broyant
tout dans sa chute, contre lequel on ne peut plus
lutter[226].

15

Cela se présenta insidieusement un jour à la conscience de Spinoza (au grand dépit de ses interprètes, qui régulièrement *font tout ce qu'ils peuvent* pour se méprendre sur ce passage, par exemple Kuno Fischer[227]), lorsqu'un bel après-midi, agitant on ne sait quel souvenir, il se demanda ce qui lui était vraiment resté du fameux *morsus conscientiae*[228] — lui qui avait relégué bien et mal parmi les imaginations humaines et défendu avec acharnement l'honneur de son dieu « libre » contre les blasphémateurs qui tendaient à affirmer que Dieu fait tout *sub ratione boni*[229] (« ce qui reviendrait à soumettre Dieu au destin et serait assurément la plus grande des sottises »). Pour Spinoza, le monde était retourné à l'innocence où il se trouvait avant l'invention de la mauvaise conscience : qu'était-il alors advenu du *morsus conscientiae* ? « Le contraire du *gaudium*[230], se dit-il enfin, — une tristesse accompagnée de la représentation d'une chose passée qui est advenue contre toute attente » (*Éth.* III, propos. XVIII, scol. I-II). C'est *tout comme Spinoza* que, pendant des siècles, les fauteurs de troubles frappés d'une peine ont réagi à l'égard de leur « délit » : « quelque chose, inopinément, a mal tourné », et *non pas* : « je n'aurais pas dû faire cela » —, ils se soumettaient au châtiment comme on se soumet à une maladie, à un malheur ou à la mort, avec ce vaillant fatalisme sans révolte grâce auquel aujourd'hui encore les Russes[231] par exemple ont l'avantage sur nous autres Occidentaux dans la conduite de la vie. S'il y avait alors une critique du forfait, c'était l'intelligence qui l'exerçait : indiscutablement, il nous faut chercher le véritable *effet* du châtiment surtout dans un affinement de l'intelligence, dans un allongement de la mémoire, dans une volonté d'agir désormais avec plus de prudence, de méfiance, de mystère, et dans l'idée que l'on manquait décidément de force pour toutes sortes de choses, et enfin dans une sorte d'amélioration de l'appréciation de soi. Ce qui peut être atteint

dans l'ensemble par le châtiment, chez l'homme et
l'animal, c'est l'accroissement de la peur, l'affinement
de l'intelligence, la maîtrise des désirs : en cela le châtiment *domestique* l'homme, mais il ne le rend pas
« meilleur », — on serait même davantage fondé à dire
le contraire. (« On n'apprend qu'à ses dépens », dit le
peuple : pour autant qu'il rend intelligent, le châtiment rend aussi mauvais. Heureusement il rend aussi
assez souvent stupide[232].)

16

Arrivé à ce point, il faut bien que j'amène ma
propre hypothèse sur l'origine de la mauvaise
conscience à une première et provisoire expression : il
n'est pas aisé de la faire entendre, il faut la méditer, la
veiller, la couver longtemps. Je tiens la mauvaise
conscience pour cette maladie grave[233] à laquelle
l'homme a dû succomber à la suite de la transformation la plus profonde qu'il ait jamais vécue, — cette
transformation qui s'est opérée lorsqu'il se retrouva
définitivement captif sous le joug de la société et de la
paix. Tout comme pour les animaux marins qui se
virent contraints, soit de devenir terrestres, soit de disparaître, ces êtres demi-animaux qui s'étaient adaptés
avec succès au monde sauvage, à la guerre, à l'aventure, — d'un coup, tous leurs instincts furent dévalo-
risés et « suspendus ». Il leur fallait désormais se tenir
sur leurs pieds et « se porter eux-mêmes », alors que
jusqu'ici l'eau les portait : une pesanteur terrible les
accablait. Ils se sentaient gauches dans les mouvements les plus simples, ils n'avaient plus leurs anciens
repères dans ce nouveau monde inconnu, à savoir les
pulsions régulatrices qui les guidaient en toute
sécurité et inconscience ; ils en étaient réduits à penser, à inférer, à calculer, à combiner les causes et les
effets, ces malheureux, réduits à leur « conscience »,
leur organe le plus misérable, le plus trompeur[234] ! Je
crois qu'il n'y eut jamais sur terre un tel sentiment de
détresse, un malaise si pesant, — et cependant les

vieux instincts n'avaient pas tout d'un coup cessé de poser leurs exigences! Mais il était dorénavant difficile et rarement possible de les suivre : pour l'essentiel, il leur fallait chercher des satisfactions nouvelles et en quelque sorte souterraines. Tous les instincts qui ne se déchargent pas vers l'extérieur *se tournent vers l'intérieur* — c'est là ce que j'appelle l'*intériorisation* de l'homme : c'est alors seulement que pousse en l'homme ce qu'on appellera plus tard son « âme ». Tout le monde intérieur, aussi mince à l'origine que s'il était tendu entre deux membranes, s'est élargi et gonflé, a acquis de la profondeur, de la largeur et de la hauteur à mesure que la décharge vers l'extérieur des pulsions de l'homme a été *inhibée*. Ces bastions effrayants, au moyen desquels l'organisation étatique se protégeait contre les antiques instincts de liberté — les châtiments sont les premiers de ces bastions —, ont fait que tous ces instincts de l'homme sauvage, libre et nomade se sont retournés *contre l'homme lui-même*. L'hostilité, la cruauté, le plaisir de traquer, d'attaquer, de contrecarrer, de détruire — tout cela se retournant contre les détenteurs de ces instincts : *voilà* l'origine de la « mauvaise conscience »[235]. L'homme qui, à défaut d'ennemis et de résistances extérieurs, engoncé dans l'étroitesse oppressante et la régularité de la coutume, se déchirait impatiemment, se traquait lui-même, se rongeait, se fouaillait, se maltraitait, cet animal qui ne laisse pas de se blesser aux barreaux de sa cage, que l'on veut « domestiquer », ce nécessiteux que dévore la nostalgie du désert, contraint de faire de soi une aventure, un lieu de supplice, une jungle inquiétante et dangereuse — ce fou, ce prisonnier nostalgique et désespéré devint l'inventeur de la « mauvaise conscience ». Mais avec elle fut introduite la maladie la plus grave et la plus redoutable, dont l'homme ne s'est pas encore remis à ce jour, celle de l'homme qui souffre *de l'homme*, qui souffre de *lui-même* : conséquence d'une séparation violente d'avec le passé animal, conséquence d'un saut et quasiment d'une chute dans des situations et des conditions d'existence nouvelles, d'une déclaration de guerre contre ces antiques instincts, contre ce qui constituait jusqu'alors sa force, son plaisir et sa furie. Ajoutons aussitôt que, par ailleurs, l'apparition sur terre d'un animal dont l'âme est tournée contre elle-même et prend parti contre elle même, représentait une chose si profonde, nouvelle, inouïe, énigmatique, contradictoire *et chargée d'avenir*, que l'aspect de la terre s'en trouva essentiellement changé. En vérité, il faudrait des spectateurs divins pour apprécier dignement la scène qui commença alors et dont le terme est encore entièrement imprévisible, une scène si subtile, si merveilleuse, si paradoxale, qu'elle ne pouvait pas se jouer dans une absurde indifférence sur quelque astre ridicule[236]! Et, depuis, l'homme compte vraiment parmi les coups de dés les plus inattendus et les plus excitants que joue le « grand enfant » d'Héraclite[237], qu'il s'appelle Zeus ou le hasard, — il éveille à son endroit un intérêt, une tension, une espérance, presque une certitude, comme si quelque chose s'annonçait, se préparait avec lui, comme si l'homme n'était pas un but, mais seulement un chemin, une péripétie, un passage, une grande promesse[238]...

17

Cette hypothèse sur l'origine de la mauvaise conscience implique premièrement que cette transformation n'était ni progressive ni volontaire et ne se présentait pas comme une adaptation organique à de nouvelles conditions, mais comme une rupture, un saut, une contrainte, une inéluctable fatalité contre laquelle il n'y avait ni combat, ni même de *ressentiment** possibles. Mais deuxièmement que la soumission d'une population jusqu'alors sans entraves et sans organisation à une forme rigide, procédant d'un premier acte de violence, ne pouvait être menée à son terme qu'à travers de nombreux autres actes violents, — et donc que l'« État » le plus ancien a commencé et s'est perpétué comme une effroyable tyrannie, comme une machinerie écrasante et impitoyable, jusqu'à ce que ce matériau brut entre peuple et mi-bête ait été non seulement pétri et soumis, mais *mis en forme*. J'ai utilisé le mot d'« État » : le sens que je lui donne va de soi — une quelconque horde de fauves blonds, une race de conquérants et de maîtres qui, organisée pour la guerre et douée de la force d'organiser, pose ses formidables griffes sur une population qui est peut-être très supérieure en nombre, mais encore informe et errante. Car c'est bien ainsi que l'« État » commence sur terre : j'estime qu'on s'est défait de l'idée exaltée qui l'a fait commencer par un « contrat »[239]. Celui qui peut commander, qui est « maître » par nature, qui s'avance dans son œuvre et son attitude avec violence — qu'a-t-il à faire de contrats! Des êtres comme ceux-là, on ne les prévoit pas, ils arrivent comme le destin, sans motif ni raison, sans égard, sans prétexte, ils s'imposent comme l'éclair s'impose, trop effrayants, trop soudains, trop convaincants, trop « autres » pour mériter seulement la haine. Leur œuvre est une création et une imposition instinctives de formes, ils sont les artistes les plus involontaires, les plus inconscients qui soient : — là où ils apparaissent se dresse bientôt quelque chose de nouveau, une structure de domination bien *vivante*, dans laquelle les parties et les fonctions sont délimitées et rendues interdépendantes, dans laquelle rien ne trouve place qui n'ait d'abord reçu un « sens » eu égard au tout. Ces organisateurs-nés ignorent ce qu'est la faute, la responsabilité, les égards; chez eux domine ce formidable égoïsme d'artiste semblable à l'airain, et qui se sait d'avance éternellement justifié dans son « œuvre » comme la mère par son enfant. Ce n'est certes pas chez *eux*, on le comprend d'emblée, qu'a poussé la « mauvaise conscience », — mais elle n'aurait pas poussé *sans eux*, cette plante hideuse, elle manquerait, si, sous l'effet de leurs coups de marteau, de leur violence d'artiste[240], une énorme quantité de liberté n'avait été supprimée ou à tout le moins occultée et pour ainsi dire rendue *latente*. Cet *instinct de liberté*

violemment rendu latent — nous l'avons déjà compris
—, cet instinct de liberté refoulé, rentré, renfermé au-
dedans, et qui ne se décharge et ne se déchaîne finalement que sur soi-même : c'est cela et cela seul, la
mauvaise conscience à son commencement[241].

18

Que l'on se garde de dédaigner tout ce phénomène
simplement parce qu'il serait d'emblée hideux et douloureux. Au fond c'est bien la même force active
œuvrant d'une façon plus grandiose et édifiant des
États chez ces artistes et organisateurs de la violence
qui, cette fois, intérieurement, en réduction, en plus
mesquin, dans un retour en arrière, dans le « labyrinthe du cœur », pour parler avec Goethe[242], se crée
la mauvaise conscience et échafaude des idéaux négatifs, il s'agit bien de cet *instinct de liberté* (pour le dire
dans mon langage : la volonté de puissance[243]) :
n'était que la matière à laquelle s'attaque la nature
structurante et violente de cette force est ici précisément l'homme lui-même, tout son antique soi animal
— et *non pas*, comme dans le premier phénomène
plus ample et plus patent, l'*autre* homme, les *autres*
hommes. Cette secrète violence contre soi, cette
cruauté d'artiste, cette volupté de se donner à soi-
même une forme comme à une matière pesante, résistante, souffrante, de s'imprimer la marque d'une
volonté, d'une critique, d'une opposition, d'un
mépris, d'un refus, ce travail inquiétant et aussi
effrayant que voluptueux d'une âme qui accepte de se
diviser contre elle-même, qui se fait souffrir par
volupté de se faire souffrir, toute cette « mauvaise
conscience » foncièrement *active* a finalement — on
l'aura deviné — amené au jour, comme le véritable
giron qui enfante des événements marquants de l'idéal
et de l'imagination, également une plénitude de
beauté et d'affirmations nouvelles et étranges, peut-
être même *la* beauté... Qu'est-ce donc qui serait
« beau », si la contradiction n'avait d'abord pris

conscience d'elle-même, si la laideur ne s'était d'abord
dit à elle-même : « je suis laide »?... Il est au moins sûr
que cette indication rendra moins énigmatique la
question de savoir dans quelle mesure on peut percevoir un idéal, une beauté dans des notions contradictoires telles que *l'abnégation de soi, le déni de soi, le
sacrifice de soi*; et ce qu'on sait dorénavant, je n'en
doute pas, c'est en effet de quelle nature est dès le
départ la *volupté* qu'éprouve l'homme de l'abnégation,
du déni, du sacrifice de soi : cette volupté relève de la
cruauté [244]. — Voilà quelques indications provisoires
sur l'origine du « non-égoïste » comme valeur *morale*
et sur la délimitation du terrain où est née cette
valeur : c'est la mauvaise conscience, la volonté de se
maltraiter qui conditionne la *valeur* du non-
égoïste [245]. —

19

C'est une maladie, la mauvaise conscience, cela
n'est pas douteux, mais une maladie au sens où la
grossesse en est une [246]. Si nous cherchons dans
quelles conditions cette maladie est parvenue à son
acmé la plus terrible et la plus sublime, — nous ver-
rons ce qui effectivement a fait ainsi son entrée dans le
monde. Mais c'est une tâche de longue haleine, et
pour commencer il nous faut revenir une fois encore à
un point de vue antérieur. La relation de droit privé
du débiteur à son créancier, dont on a déjà longuement parlé, a été une fois de plus introduite à titre
d'interprétation, et cela d'une manière historiquement
tout à fait singulière et problématique, dans une nouvelle relation où elle devient, pour nous autres
hommes modernes, sans doute le comble de l'inexplicable : à savoir la relation des *contemporains* à leurs
ancêtres [247]. À l'intérieur de la communauté originaire
de l'espèce — nous parlons des temps primitifs — la
génération des vivants reconnaît chaque fois à l'égard
de la précédente, et surtout de la plus ancienne qui
fonde l'espèce, une obligation juridique (et non de

simples devoirs d'affection : on peut parfaitement, et à bon droit, tenir ceux-ci pour négligeables au vu de la plus grande partie de l'histoire humaine). Alors règne la conviction que l'espèce ne saurait *subsister* que grâce aux sacrifices et aux exploits des ancêtres, — et qu'il faut *payer en retour* ceux-ci par des sacrifices et des exploits : on reconnaît ainsi une *dette* qui, de plus, augmente continuellement du fait que ces aïeux, continuant à exister sous forme d'esprits puissants, ne cessent d'accorder à l'espèce de nouveaux avantages et avances de crédit grâce à la force dont ils disposent. Et cela pour rien? Mais rien n'est « pour rien » dans ces temps grossiers et « sans états d'âme ». Que peut-on bien leur rendre? Des sacrifices (au commencement, en nourriture, dans l'acception la plus élémentaire), des fêtes, des sanctuaires, des distinctions honorifiques, et avant tout de l'obéissance — car toutes les coutumes, en tant qu'elles sont les œuvres des ancêtres, en sont aussi les dispositions et les commandements — : leur donne-t-on jamais assez? Ce soupçon demeure et s'aggrave : de temps en temps, il oblige à un gros remboursement global, à une sorte de paiement énorme au « créancier » (par exemple le sacrifice du premier-né de sinistre mémoire, le sang, le sang humain dans tous les cas). La *peur* de l'aïeul et de sa puissance, la conscience des dettes à son égard, croissent nécessairement, selon cette logique, à mesure que croît la puissance du groupe lui-même, à mesure que le groupe se trouve toujours plus victorieux, indépendant, honoré et craint. Qu'on n'aille pas imaginer le contraire! Chaque pas vers le dépérissement du groupe, tous les hasards malheureux, tous les indices de dégénérescence, de dissolution menaçante ne cessent au contraire de *diminuer* la peur qu'inspire l'esprit du fondateur et de donner une opinion de plus en plus piètre de son intelligence, de sa prévoyance, et de sa puissance effective. Que l'on s'imagine cette logique grossière parvenue à son terme : les aïeux des groupes *les plus puissants* seront devenus immenses grâce à

l'imagination de la peur croissante, ils auront été reje-
tés dans les ténèbres mystérieuses et inimaginables des
dieux : pour finir l'aïeul est nécessairement transfiguré
en un *Dieu*. C'est peut-être là l'origine des dieux, origine liée donc à la *peur*!... Celui qui croirait nécessaire
d'ajouter : « et à la piété ? » pourrait difficilement per-
sister si l'on considère cette même longue période de
l'histoire humaine, son époque originaire. Cette opinion vaut d'autant plus, il est vrai, pour l'époque *intermédiaire*, où se constituent les groupes aristocratiques : — lesquels de fait ont rendu, avec intérêt, à
leurs ascendants, à leurs aïeux (héros, dieux) toutes
les qualités qui entre-temps se sont manifestées chez
eux : les qualités *aristocratiques*. Nous reviendrons
ultérieurement sur l'adoubement et l'anoblissement
des dieux (qui certes n'est pas du tout leur « sanctification ») : pour l'instant, contentons-nous de mener
provisoirement à son terme le cours entier du développement de la conscience de la faute.

20

La conscience d'être en faute contre la divinité,
l'histoire nous l'enseigne, n'a nullement pris fin avec
le déclin de la forme d'organisation de la « communauté » reposant sur les liens de sang; de la même
façon qu'elle a hérité des notions de « bon et mauvais »
de la noblesse de race (y compris son penchant psychologique foncier à établir des hiérarchies), l'humanité a également reçu en partage, avec l'héritage des
divinités de la race et de la tribu, celui de la pression
de dettes encore impayées et du désir de les liquider.
(La transition est assurée par ces vastes populations
d'esclaves et de serfs qui se sont conformées aux
cultes des dieux de leurs maîtres, soit par la
contrainte, soit par soumission et *mimicry*[248] : à partir
d'elles cet héritage se répand ensuite de toutes parts.)
Le sentiment de culpabilité à l'égard de la divinité n'a
cessé de croître pendant plusieurs millénaires, et cela
toujours dans l'exacte mesure où la notion de

Dieu et le sentiment du divin ont grandi sur terre et
ont été transportés aux cieux. (Toute l'histoire des
combats, des victoires, des réconciliations, des
mélanges ethniques, tout ce qui précède la hiérarchie
définitive de tous les éléments du peuple dans toute
grande synthèse de races se reflète dans l'imbroglio
des généalogies de leurs dieux, dans les sagas de leurs
combats, de leurs victoires et de leurs réconciliations;
le développement des empires universels coïncide
toujours avec celui des divinités universelles, le despotisme et son assujettissement de la noblesse indépendante fraie toujours aussi la voie à un quelconque
monothéisme[249].) L'avènement du Dieu chrétien,
comme le plus grand des dieux jusqu'ici atteints, a fait
également naître pour cette raison le plus grand degré
de sentiment de culpabilité sur terre. Si l'on admet
que nous venons tout juste d'entrer dans le mouvement *inverse*, on pourrait déduire, selon toute vraisemblance, du déclin inexorable de la foi dans le Dieu
chrétien, qu'il y a désormais aussi un déclin sensible
de la conscience humaine de la faute; et l'on ne saurait écarter l'idée que la victoire complète et définitive
de l'athéisme pourrait affranchir l'humanité de tout le
sentiment d'être en dette envers son origine, envers sa
causa prima[250]. L'athéisme va de pair avec une sorte
de *seconde innocence*[251]. —

21

Voilà en préliminaire[252] et dans les grandes lignes
pour le rapport des notions de « faute », de « devoir »
avec des présupposés religieux : c'est à dessein que j'ai
laissé de côté jusqu'ici la moralisation effective de ces
notions (leur relégation dans la conscience, plus précisément l'intrication de la *mauvaise* conscience avec la
notion de Dieu), et qu'à la fin du paragraphe précédent, j'ai fait comme si cette moralisation n'existait
pas du tout, et en conséquence, comme si c'en était
désormais nécessairement fini de ces notions maintenant qu'a disparu ce qu'elles présupposent, la foi en

notre « créancier », Dieu. La réalité des choses s'en
écarte d'une manière terrible. Avec la moralisation des
notions de dette et de devoir, avec leur relégation dans
la *mauvaise* conscience apparaît en réalité la tentative
pour *inverser* la direction de l'évolution précédemment décrite ou tout au moins pour en arrêter le progrès : *il faut* désormais que la perspective d'une liqui-
dation définitive se ferme une fois pour toutes d'une
manière pessimiste, désormais *il faut* que le regard
percute inexorablement le mur d'airain de l'impossible, qu'il soit répercuté, désormais *il faut* que les
notions de « dette » et de « devoir » rebondissent en
arrière — contre *qui* ? On n'en saurait douter : d'abord
contre le « débiteur », chez lequel dorénavant la mauvaise conscience s'installe, s'incruste, s'étend, et
pousse ses polypes dans toutes les directions, jusqu'à
ce qu'enfin avec l'insolvabilité de la dette soit en
même temps conçue l'insolvabilité de la pénitence, la
pensée qu'elle est inextinguible (la pensée du « châtiment *éternel* »[253]) ; et, pour finir, même contre le
« créancier », que l'on songe en l'occurrence à la *causa
prima* de l'homme, au commencement de l'espèce
humaine, à son ancêtre, désormais frappé d'une malédiction (« Adam », « péché originel », « servitude de la
volonté »[254]) ou bien à la nature, du sein de laquelle
l'homme est issu et sur laquelle on projette désormais
le mauvais principe (« diabolisation de la nature ») ou
encore à l'existence elle-même, qui reste ainsi *sans
valeur en soi* (rejet nihiliste, aspiration au néant ou
aspiration à son « contraire », à un être-autre, bouddhisme et assimilés) — jusqu'à ce que nous nous trouvions d'un seul coup devant l'expédient paradoxal et
affreux, qui a offert à l'humanité martyre un soulagement temporaire, ce coup de génie du *christianisme* :
Dieu lui-même se sacrifiant pour la dette de l'homme,
Dieu se payant sur lui-même, Dieu comme le seul qui
puisse racheter à l'homme ce que l'homme même ne
peut plus racheter — le créancier se sacrifiant pour
son débiteur, *par amour* (le croira-t-on ? —), par
amour pour son débiteur[255] !...

22

On aura déjà deviné *ce qui* s'est passé effectivement et ce qu'il y avait *là-dessous* : cette volonté de se torturer, cette cruauté rentrée de l'animal homme, rendu intérieur, chassé au-dedans de lui-même, de ce prisonnier de l'« État » aux fins de domestication, qui a inventé la mauvaise conscience pour se faire mal une fois barré l'exutoire *naturel* de cette volonté de faire mal, — cet homme de la mauvaise conscience s'est emparé de la prémisse religieuse pour pousser son martyre jusqu'aux extrêmes les plus effroyables de la dureté et de la rigueur [256]. Être en faute vis-à-vis de *Dieu*, cette pensée devient pour lui appareil de torture. Il voit en « Dieu » les derniers antidotes qu'il puisse trouver à ses instincts animaux réels et inéluctables, il interprète ces instincts animaux eux-mêmes comme des fautes envers Dieu (hostilité, rejet, rébellion contre le « Seigneur », contre le « père », contre l'ancêtre et le commencement de l'univers), il est tiraillé dans l'antagonisme de « Dieu » et du « diable » [257], il projette hors de lui-même tout « non » qu'il se dit à lui-même, à la nature, au caractère naturel et effectif de son être, pour en faire un « oui », pour en faire un existant vivant, réel, pour en faire un Dieu, la sainteté de Dieu, le jugement divin, les hautes œuvres [258] de Dieu, l'au-delà, l'éternité, le martyre sans fin, l'enfer, l'incommensurabilité du châtiment et de la faute. Il s'agit là d'une espèce de délire du vouloir dans la cruauté mentale, qui est absolument sans égal : la *volonté* de l'homme de se trouver coupable ou méprisable jusqu'à l'inexpiable, sa *volonté* de se juger châtié sans que le jugement puisse jamais équivaloir à la faute, sa *volonté* d'infecter et d'empoisonner l'ultime soubassement des choses au moyen du problème du châtiment et de la faute pour se couper à lui-même l'issue de ce labyrinthe des « idées fixes », sa *volonté* d'ériger un idéal — celui du « bon Dieu » —, afin d'acquérir devant Sa face la certitude tangible de son indignité absolue. Oh, quelle bête insensée et affligeante que l'homme! Que ne va-t-elle pas chercher, quelle contre-nature, quels paroxysmes d'absurdité, quelle *bestialité de l'idée* font irruption dès qu'elle est tant soit peu empêchée de se faire *bête de l'action* !... Tout cela est intéressant jusqu'à l'excès, mais également affligeant d'une manière noire, sinistre, énervante, au point que l'on doit s'interdire violemment de sonder trop longuement ces abîmes. Ici règne la *maladie*, n'en doutons pas, la plus effroyable maladie qui ait jusqu'ici fait rage en l'homme : — et celui qui pourrait encore entendre (mais aujourd'hui les oreilles n'en sont plus capables !) comment, dans cette nuit de torture et d'absurdité, a retenti le cri de l'*amour*, le cri du désir le plus extatique, du salut par l'*amour*, celui-là se détourne, saisi d'une insurmontable épouvante... Il y a dans l'homme tant de choses affreuses !... Depuis trop longtemps la terre est un asile de fous [259] !...

23

En voilà définitivement assez sur l'origine du « bon Dieu ». — Qu'*en soi* la conception des dieux ne doive pas conduire nécessairement à cette dégradation de l'imagination que nous ne pouvions nous dispenser de décrire un instant, qu'il y ait des manières plus *nobles* de se servir de l'affabulation des dieux que cette auto-crucifixion et cette autodégradation de l'homme, dans lesquelles l'Europe des derniers millénaires est passée maître, voilà ce que, par bonheur, conduit encore à penser la vision des *dieux grecs*, ces reflets d'hommes plus nobles et plus maîtres de soi dans lesquels l'*animal* qui est en l'homme se sentait divinisé et *n'allait pas* se déchirer lui-même, se déchaîner contre lui-même ! Ces Grecs [260] se sont très longtemps servis de leurs dieux justement pour se garder de la « mauvaise conscience », pour préserver la jouissance de leur liberté d'âme : donc dans un sens opposé à l'usage que le christianisme a fait de son Dieu. En cela ils sont allés *très loin*, ces superbes grands enfants au cœur de lion; et c'est une autorité aussi considérable que celle du Zeus d'Homère qui leur donne ici et là à entendre qu'ils se rendent les choses trop faciles. « Étonnant! dit-il une fois — il s'agit du cas d'Égisthe, un *très* mauvais cas —

« C'est étonnant de voir comment les mortels se plaignent des dieux!

« *C'est de nous seuls que viendrait le mal*, prétendent-ils; mais c'est eux aussi

« Qui par leur déraison, se créent leur misère, malgré le destin[261]. »

Cependant on l'entend et on le voit également, ce spectateur et juge olympien est loin de leur en tenir rigueur et de les juger en mauvaise part : « quels *insensés*! » Telle est son opinion sur les méfaits des mortels, — et « folie », « déraison », un peu de « dérangement de la cervelle », c'est tout ce que se sont *accordé* les Grecs de l'époque la plus forte et la plus courageuse pour rendre raison de bien des choses mauvaises et fatales; — folie, et *non* péché! Comprenez-vous cela?... Or même ce dérangement de la cervelle constituait un problème — « oui, comment ce dérangement est-il même possible? D'où peut-il provenir en vérité dans des têtes telles que les *nôtres*, à nous autres hommes de noble extraction, hommes du bonheur, de l'accomplissement, de la meilleure société, des valeurs nobles, de la vertu? » —. Voilà la question que des siècles durant le Grec noble se posait devant toutes les abominations et les blasphèmes à ses yeux incompréhensibles dont un de ses pairs s'était souillé. « C'est un *dieu* forcément qui l'a égaré », se disait-il enfin, en hochant la tête... Cette échappatoire est *typique* des Grecs... En ce temps-là, c'est ainsi que les dieux servaient à justifier l'homme jusqu'à un certain point, y compris dans le pire, ils servaient de cause du mal — en ce temps-là, ce n'est pas le châtiment qu'ils prenaient sur eux, mais ce qui est *plus noble*, la faute...

24

— Je conclus avec trois points d'interrogation, on le voit bien. « S'agit-il ici d'ériger réellement un idéal ou d'en détruire un ? » me demandera-t-on peut-être... Mais vous êtes-vous jamais assez demandé à quel prix il a fallu payer sur terre l'édification de *chaque* idéal ? Combien de réalité il a toujours fallu calomnier et méconnaître, combien de mensonge il a fallu sanctifier, combien de conscience il a fallu perturber, combien de « dieux » chaque fois sacrifier ? Pour pouvoir ériger un sanctuaire, *il faut démolir un sanctuaire* : telle est la loi — qu'on vienne me montrer un cas où elle est en défaut ![262]... Nous autres hommes modernes sommes les héritiers de la vivisection de la conscience et de la cruauté envers les animaux que nous nous sommes infligées à nous-mêmes durant des millénaires : telle est notre pratique la plus consommée, voire notre virtuosité, en tout cas notre *raffinement**, notre gâterie. L'homme a trop longtemps considéré ses penchants naturels d'un « regard mauvais », de sorte qu'ils ont fini par s'amalgamer en lui à la mauvaise conscience. On pourrait *en soi* concevoir — mais qui en a la force ? — une tentative dans l'autre sens, qui consisterait à amalgamer à la mauvaise conscience des penchants *non naturels*, toutes ces aspirations à l'au-delà, à ce qui contredit les sens, à ce qui contredit l'instinct, la nature, l'animalité, bref, tous les idéaux qui jusqu'ici sont tous des idéaux hostiles à la vie, des idéaux calomniateurs du monde. Vers qui se tourner aujourd'hui avec de *telles* espérances et avec de *telles* exigences ?... Ce sont précisément les hommes *bons* qu'on aurait alors contre soi ; sans compter, cela va de soi, les douillets, les accommodants, les vaniteux, les exaltés, les fatigués... Quelle offense plus grave et qui sépare plus radicalement d'autrui que de marquer quelque chose de la rigueur et de la hauteur avec lesquelles on se traite soi-même ? Et à l'inverse, quelle prévenance et quelle affection le monde ne nous témoigne-t-il pas dès lors que nous faisons comme tout le monde et que nous nous « laissons aller » comme tout le monde[263] !... Il faudrait à cette fin une *autre* espèce d'esprits[264] que ceux qu'on peut attendre à notre époque : des esprits fortifiés par les guerres et les victoires, pour qui la conquête, l'aventure, le risque et même la souffrance sont devenus des besoins ; il faudrait aussi l'habitude de l'air vif des sommets, des marches hivernales, de la glace et des cimes au propre et au figuré, il y faudrait une espèce de méchanceté sublime, une ultime superbe de la connaissance, ressortissant à la grande santé, bref, rien de moins précisément que cette *grande santé* !... Mais est-ce là aujourd'hui chose encore possible ?... Mais un jour, à une époque plus forte que ce présent pourri et désespéré de soi, il viendra bien, l'homme *rédempteur* du grand amour et du grand mépris, l'esprit créateur que sa force irrépressible ne cesse de déloger de tous les refuges et de tous les au-delà, dont la solitude est mal comprise par le peuple, parce qu'elle semble une fuite *devant* la réalité — : tandis qu'elle n'est que son immersion, son enfouissement, son enfoncement *dans* la réalité, de sorte qu'une fois sorti, lorsqu'il revient à la lumière, il apporte le *salut* à cette réalité, le salut de la malédiction que l'idéal antérieur lui avait jetée[265]. Cet homme de l'avenir qui nous sauvera de l'idéal antérieur autant que *de ce qui devait sortir de lui*, du grand dégoût, de la volonté de néant, du nihilisme, lui, cette cloche de midi et de la grande décision, qui rend sa liberté au vouloir, qui restitue à la terre son but et à l'homme son espérance, cet antichrétien et antinihiliste, ce vainqueur de Dieu et du néant[266] — *il viendra bien un jour...*

25

— Mais que dis-je là ? Assez ! Assez ! Ici il convient seul de me taire : sinon je mettrais la main sur ce qui appartient à quelqu'un de plus jeune, de « plus futur », de plus fort que moi, — sur ce qui n'appartient qu'à *Zarathoustra, Zarathoustra le sans Dieu*[267]...

Que signifient les idéaux ascétiques ?[268]

> Insouciants, railleurs, violents —
> tels *nous* veut la sagesse : c'est une femme[269],
> elle ne saurait jamais aimer qu'un guerrier[270].
> *Ainsi parlait Zarathoustra.*

1

Que signifient les idéaux ascétiques ? — Pour les artistes rien, ou encore bien trop[271] ; pour les philosophes et les érudits, quelque chose qui tient du flair et de l'instinct des préalables les plus propices à la haute intellectualité ; pour la femme, dans le meilleur des cas, une aimable séduction *de plus*, un peu de *morbidezza*[272] sur de belles chairs, l'air séraphique d'un bel animal bien dodu ; pour les détraqués physiologiques et les humeurs chagrines (la *majorité* des mortels[273]), une tentative de se croire « trop bon » pour ce monde, une sanctification de la crapule, leur grand moyen de combattre la longue souffrance et l'ennui ; pour les prêtres, la véritable foi de prêtre, le meilleur instrument de leur puissance, voire la permission venue de « très haut » d'accéder à la puissance[274] ; chez les saints enfin, un prétexte à l'hibernation, leur *novissima gloriae cupido*[275], leur repos dans le néant (« Dieu »), leur forme de démence. Mais *si* l'idéal ascétique a tant signifié pour l'homme, cela exprime la réalité fondamentale de la volonté humaine, son *horror vacui*[276]; *elle a besoin d'un but,* — et elle préfère encore vouloir le *rien* que ne *pas* vouloir[277]. — Me comprend-on?... M'a-t-on compris?... «*Absolument pas, Monsieur!*» — Reprenons donc dès le début.

2

Que signifient les idéaux ascétiques? — Ou bien, pour prendre un cas singulier, sur lequel on m'a assez souvent demandé mon avis, que signifie par exemple le fait qu'un artiste comme Richard Wagner rend hommage sur ses vieux jours à la chasteté[278]? Il est vrai qu'en un certain sens il l'a toujours fait; mais ce n'est que tout à la fin qu'il y a mis un sens ascétique. Que signifie ce changement de «sens[279]», ce retournement de sens radical? — car c'en était un, Wagner a d'un seul coup viré à son contraire. Que signifie le fait pour un artiste de virer à son contraire?... Ici nous vient aussitôt, pourvu que nous acceptions de nous attarder un peu sur cette question, le souvenir de l'époque la meilleure, la plus forte, la plus gaie, *la plus courageuse* sans doute, qu'il y ait eue dans la vie de Wagner : c'était le moment où la pensée des noces de Luther[280] l'occupait intimement et profondément. Qui sait de quel hasard il a en fait dépendu qu'au lieu de cette musique des noces nous possédions aujourd'hui les *Maîtres chanteurs*? Et dans quelle mesure ces derniers résonnent encore de la première? Mais il est hors de doute que dans ces *Noces de Luther* il se serait encore agi d'un éloge de la chasteté. Au demeurant aussi d'un éloge de la sensualité : — et voilà justement qui m'aurait paru naturel et qui eût été «wagnérien». Car il n'y a pas nécessairement contradiction entre chasteté et sensualité; tout bon mariage, toute véritable relation amoureuse dépasse cette contradiction[281]. Wagner, me semble-t-il, aurait été bien avisé de rendre à nouveau sensible à ses contemporains allemands cet *agréable* état de fait, au moyen d'une valeureuse et audacieuse comédie sur Luther, car il y a et il y eut toujours parmi les Allemands de nombreux calomniateurs de la sensualité; et le mérite de Luther n'éclate jamais plus qu'en ce qu'il a justement eu le courage de sa *sensualité* (on appelait cela alors en toute délicatesse la « liberté évangélique »[282]...). Mais même dans le cas où il y a véritablement contradiction entre chasteté et sensualité, cette contradiction n'a pas besoin, heureusement, d'être tragique. Cela pourrait valoir au moins pour tous les mortels mieux réussis et d'humeur plus joyeuse, qui sont bien loin de compter tout de go leur équilibre fragile entre « la bête et l'ange »[283] au nombre des raisons rédhibitoires contre l'existence, — les plus subtils et les plus lumineux tel Goethe, tel Hâfiz[284], y ont même vu un attrait *supplémentaire* de la vie. De telles « oppositions » justement séduisent en faveur de l'existence... D'un autre côté, on ne comprend que trop bien, lorsque les porcs détraqués sont amenés à adorer la chasteté — et de tels porcs, il en existe! —, ils ne verront et n'adoreront en elle que leur contraire, le contraire des porcs détraqués — oh! avec quel zèle et avec quels grognements tragiques! on peut l'imaginer — cette opposition pénible et superflue, que Richard Wagner à la fin de sa vie a incontestablement encore voulu mettre en musique et porter à la scène. Pourquoi *donc*? pourrait-on bien entendu demander. Car que lui importaient, que nous importent les porcs? —

3

On ne saurait pour autant éviter cette autre question : que lui importait en réalité cet échantillon masculin (hélas si peu masculin) d'« innocence du village », ce pauvre diable, cet ingénu de Parsifal[285], qu'il amène finalement au catholicisme par des moyens si captieux — eh quoi? ce Parsifal était-il seulement pris au *sérieux*? On pourrait être tenté de conjecturer le contraire, voire de le désirer, — à savoir que le *Parsifal* de Wagner soit pris dans la belle humeur, pour ainsi dire comme épilogue et drame satyrique au moyen

duquel Wagner, auteur tragique, aurait voulu prendre
congé de nous, de lui-même, et surtout *de la tragédie*,
d'une manière convenable et digne de lui, c'est-à-dire
dans une surenchère de suprême et pétulante parodie
du tragique même, congé de tout l'effrayant sérieux
terrestre et de toutes les lamentations terrestres
d'autrefois, de *la forme la plus grossière*, finalement
dépassée, que présente la contre-nature de l'idéal
ascétique. Cela aurait été tout à fait digne d'un grand
auteur tragique : celui-ci, comme tout artiste, ne parvient à l'acmé de sa grandeur que lorsqu'il sait voir
son art et lui-même *de haut*, — quand il sait *rire* de lui-
même[286]. Le *Parsifal* de Wagner est-il le triomphe de
sa suprême liberté d'artiste, arrachée de haute lutte, le
triomphe de sa transcendance d'artiste ? On pourrait,
je le répète, le souhaiter : car que serait Parsifal *pris au
sérieux* ? A-t-on vraiment besoin de voir en lui
(comme on me l'a reproché) « la créature d'une haine
acharnée de la connaissance, de l'esprit et de la sensualité » ? Une malédiction contre les sens et l'esprit
d'un même souffle de haine ? Une apostasie et un
retour vers des idéaux chrétiens-morbides et obs-
curantistes ? Et finalement même une façon de se nier,
de se biffer, pour un artiste qui jusqu'alors tendait
toutes les forces de sa volonté vers le contraire, c'est-
à-dire vers la *suprême spiritualisation et la suprême sen-
sualisation* de son art ? Et non seulement de son art,
mais encore de sa vie ? Qu'on se rappelle avec quel
enthousiasme Wagner en son temps a marché sur les
traces du philosophe Feuerbach : la parole de Feuerbach sur la « saine sensualité »[287] — cela sonnait dans
les années trente et quarante aux oreilles de Wagner et
à celles de beaucoup d'Allemands (ils s'intitulaient les
« *jeunes* Allemands[288] ») comme la formule du salut.
A-t-il finalement *changé de doctrine* là-dessus ? Il
semble au moins qu'il ait eu à la fin la volonté de *changer d'enseignement*... Et pas seulement du haut de la
scène avec les trompettes de *Parsifal* : dans la masse
des écrits fuligineux, aussi serviles qu'embarrassés, de
ses dernières années, il y a d'innombrables passages

où se font jour une volonté et un désir secrets, une volonté pusillanime, incertaine et inavouable de prêcher explicitement le revirement, la conversion, le reniement, le christianisme, le Moyen Âge et de déclarer à ses disciples : « tout cela n'est rien ! Cherchez le salut ailleurs ! » Il n'est pas jusqu'au « sang du Sauveur[289] » qui ne soit une fois invoqué...

4

Qu'on m'autorise à donner mon opinion dans un cas comme celui-là, cas *typique* — qui comporte bien des aspects pénibles : on a parfaitement raison de dissocier un artiste de son œuvre dans la mesure où on ne le prend pas au sérieux autant que son œuvre. Il n'est en fin de compte que le préalable de son œuvre, le sein maternel, le terreau, et parfois l'engrais et le fumier sur lequel elle pousse et qui la fait croître[290], — et, du coup, dans la plupart des cas, quelque chose qu'on doit oublier quand on veut jouir de l'œuvre elle-même. L'intelligence de l'*origine* d'une œuvre importe aux physiologistes et vivisecteurs de l'esprit : au grand jamais aux esthètes, aux artistes ! L'auteur et le compositeur de *Parsifal* n'a pas plus échappé à une plongée profonde, radicale et même effrayante dans des contrastes moyenâgeux de l'âme, à une prise de distance hostile vis-à-vis de toute élévation, de toute rigueur et de toute discipline de l'esprit, à une sorte de *perversité* intellectuelle (si l'on veut bien me passer cette expression), qu'une femme enceinte n'échappe aux dégoûts et aux bizarreries de la grossesse : chose que, je le répète, il faut *oublier* pour se réjouir de l'enfant[291]. On doit se garder de la confusion dans laquelle un artiste ne tombe que trop aisément, par *contiguity* psychologique, pour parler comme les Anglais : croire qu'il *est* lui-même ce qu'il peut représenter, méditer, exprimer[292]. Le fait est que, *si* justement c'était le cas, il ne pourrait absolument pas représenter, méditer, exprimer cela ; un Homère n'aurait pas pu créer un Achille, un Goethe créer un

Faust, si Homère avait été un Achille et Goethe un Faust. Un artiste parfait et rien qu'artiste est séparé de toute éternité du « réel », de la réalité effective ; d'un autre côté, on comprend à quel point il peut parfois devenir las jusqu'au désespoir de cette éternelle « irréalité » et de cette fausseté de son existence intérieure, — et on comprend bien qu'il fasse alors la tentative de passer dans ce qui lui est justement le plus interdit, dans la réalité effective, la tentative d'*être* réel. Avec quel succès ? On le devinera... Telle est *la velléité typique* de l'artiste : cette même velléité à laquelle aussi succomba Wagner devenu vieux, et qu'il a dû expier si cher et d'une façon si fatale (elle lui fit perdre les meilleurs de ses amis). Mais, finalement, cette velléité mise à part, qui ne souhaiterait, et pour l'amour de Wagner lui-même, qu'il ait pris congé de nous et de son art *autrement*, non point avec un *Parsifal*, mais d'une manière plus triomphante, plus assurée, plus wagnérienne, — d'une manière moins égarante, moins équivoque eu égard à sa volonté d'ensemble, moins schopenhauérienne, moins nihiliste ?...

5

Que signifient donc les idéaux ascétiques ? Dans le cas de l'artiste, nous commençons à le comprendre : *rien du tout* [293] !... Ou bien tant de choses diverses que cela revient à rien du tout !... Éliminons d'abord les artistes : ils sont trop peu indépendants dans le monde et *face* au monde, pour que leurs évaluations et les vicissitudes qu'elles subissent méritent *en soi* l'intérêt ! Ils ont été en tout temps les valets de chambre d'une morale, d'une philosophie ou d'une religion ; sans compter qu'ils ont été hélas ! assez souvent les courtisans trop complaisants de leurs partisans et de leurs mécènes et des flagorneurs au nez très sûr des puissances établies ou montantes. Il leur faut toujours au moins un rempart, un point d'appui, une autorité déjà établie : les artistes n'ont pas de répondant propre, une telle indépendance contredit leurs plus profonds instincts. C'est ainsi par exemple que Richard Wagner, quand « le temps fut venu[294] », prit le philosophe Schopenhauer comme avant-garde, comme rempart : — qui oserait seulement tenir pour pensable qu'il aurait eu le *courage* de son idéal ascétique sans le point d'appui que lui offrait la philosophie de Schopenhauer, sans son autorité, devenue *prépondérante* dans l'Europe des années soixante-dix[295] ? (sans même faire intervenir la question de savoir si, dans cette Allemagne *nouvelle*, un artiste aurait pu seulement être possible sans avoir sucé le lait de la dévotion, de la dévotion à l'Empire[296]). — Dès lors nous sommes parvenus à cette question plus sérieuse : que signifie le fait qu'un véritable *philosophe* fasse allégeance à l'idéal ascétique, un esprit répondant vraiment de lui-même tel que Schopenhauer, un homme et un chevalier au regard d'airain[297], qui a le courage d'être lui-même, qui sait ce qu'est l'indépendance, et ne s'en remet ni aux chefs de file ni aux signes du ciel ? — Évoquons dès à présent la position de Schopenhauer envers l'*art*, étonnante et même fascinante pour plus d'un : car c'est manifestement celle-ci qui a *d'abord* fait que Richard Wagner est passé à Schopenhauer (convaincu, comme on sait, par un poète, Herwegh[298]), et cela à tel point que s'est creusée une contradiction théorique absolue entre sa foi esthétique du début et celle de la fin, — la première exprimée par exemple dans *Opéra et drame*, la dernière dans les écrits qu'il a publiés après 1870. Et en particulier, chose étrange entre toutes, Wagner a brutalement modifié dès ce moment son jugement sur la valeur et sur le statut de la *musique* : que lui importait d'avoir fait d'elle jusqu'alors un moyen, un médium, une « femme » qui, pour prospérer, a absolument besoin d'une finalité, d'un homme — à savoir du drame ! Il comprit d'un seul coup qu'avec l'innovation théorique de Schopenhauer on pouvait faire *davantage, in majorem musicae gloriam*[299], — c'est-à-dire avec la *souveraineté* de la musique, telle que l'entendait Schopenhauer : la musique distinguée de tous les autres arts, art indépendant en soi, n'offrant *pas du tout*, comme eux, des copies de la phénoménalité, mais plutôt, parlant la langue même *de la* volonté, voix immédiatement venue de l'« abîme », dont elle est la révélation la plus propre, la plus originaire, la moins dérivée. Avec cette extraordinaire revalorisation de la musique, telle qu'elle semblait procéder de la philosophie schopenhauérienne, c'est d'un seul coup *le musicien* qui prenait lui-même une valeur inouïe : il devenait désormais un oracle, un prêtre, et plus qu'un prêtre, un porte-parole de l'« en-soi » des choses, un téléphone de l'au-delà, — il ne parlait plus seulement en musique dès lors, ce ventriloque de Dieu, — il parlait en métaphysique : quoi d'étonnant s'il a fini un jour par parler en *idéaux ascétiques* ?[300]...

6

Schopenhauer a exploité la conception kantienne du problème esthétique[301], bien qu'il ne l'ait assurément pas considéré dans l'optique kantienne. Kant pensait faire honneur à l'art en privilégiant et en mettant en avant parmi les prédicats du beau ceux qui sont à l'honneur de la connaissance[302] : l'impersonnalité et l'universalité. Ne traitons pas ici la question de savoir si ce n'était pas au fond une erreur; la seule chose que je veux souligner est que Kant, à l'instar de tous les philosophes, au lieu d'envisager le problème artistique à partir des expériences de l'artiste (du créateur), n'a réfléchi sur l'art et le beau qu'à partir du « spectateur » et qu'il a ainsi subrepticement amalgamé le « spectateur » lui-même à la notion de « beau ». Plût au ciel que ce « spectateur » eût été suffisamment reconnu des philosophes du beau ! — comme une grande réalité et une expérience *personnelles*, comme une abondance de réalités vécues de désirs, de surprises, de ravissements dans le domaine du beau, tous intenses et propres à chacun ! Mais c'est le contraire, je le crains, qui fut toujours le cas : et c'est ainsi que dès le début nous recevons d'eux des définitions dans lesquelles, comme pour cette fameuse définition du beau par Kant, le manque d'expérience personnelle subtile [303] prend la forme d'un énorme ver d'erreur foncière logé dans le fruit. « Est beau, a dit Kant, ce qui plaît *sans intérêt*. » Sans intérêt! Que l'on compare à cette définition cette autre qu'a donnée un véritable « spectateur » et artiste — Stendhal, qui appelle quelque part le beau *une promesse de bonheur*★ [304]. Ce mot en tout cas *rejette* et efface exactement la seule chose que Kant souligne dans l'état esthétique : *le désintéressement*★ [305]. Lequel des deux a raison, de Kant ou de Stendhal? — S'il est vrai que nos esthéticiens ne se lassent pas de jeter dans la balance en faveur de Kant le fait qu'envoûté par la beauté l'on peut regarder « sans intérêt » *même* des statues féminines dévêtues [306], il est bien permis d'en rire un peu à leurs dépens : — les expériences des *artistes*, sur ce point délicat, sont « plus intéressantes » et Pygmalion [307] n'était en tout cas *pas* forcément un « homme dépourvu de sens esthétique ». N'en pensons que davantage de bien de l'innocence de nos esthéticiens qui se reflète dans de tels arguments, mettons par exemple à l'honneur de Kant ce qu'il peut enseigner sur les propriétés du toucher avec une naïveté de pasteur de campagne [308]! — Et nous voilà revenus à Schopenhauer, qui était tout autrement proche des arts que Kant et qui cependant n'est pas parvenu à échapper au charme de la définition kantienne : comment cela s'est-il fait? Les circonstances en sont assez étonnantes : il interprétait la formule « sans intérêt » d'une façon toute personnelle à partir d'une expérience qui a dû être chez lui monnaie courante. Il y a peu de chose que Schopenhauer aborde avec autant d'assurance que l'effet de la contemplation esthétique : il lui attribue la faculté d'agir justement contre « l'intérêt » *sexuel*, pouvoir semblable à ceux de la lupuline et du camphre [309], il ne s'est jamais lassé de glorifier *cette* libération-*là* de la « volonté » comme le grand avantage et la grande utilité de l'état esthétique. On pourrait même être tenté de demander si sa conception fondamentale de la « volonté et de la représentation », la pensée que seule la « représentation » peut sauver de la « volonté » n'est pas née d'une généralisation de cette expérience sexuelle. (Pour toutes les questions sur la philosophie de Schopenhauer, soit dit en passant, il ne faut jamais oublier qu'elle est la conception d'un jeune homme de vingt-six ans ; de sorte qu'elle participe non seulement de l'expérience spécifique de Schopenhauer, mais encore de celle de cette époque de la vie.) Écoutons par exemple un des passages les plus explicites parmi tant d'autres qu'il a écrit en l'honneur de l'état esthétique (*Le Monde comme volonté et comme représentation*, I, p. 231), écoutons bien le ton, la souffrance, le bonheur, la gratitude qui s'exprimaient dans ces paroles : « C'est l'ataraxie qu'Épicure tenait pour le souverain bien et la condition des Dieux ; nous sommes alors, pour cet instant, délivrés de l'odieuse compulsion de la volonté, nous fêtons le sabbat du travail pénitentiaire du vouloir, la roue d'Ixion s'arrête[310]... ». Quelle véhémence du langage ! Quelles images du tourment et de la grande lassitude ! Quelle opposition temporelle presque pathologique entre « cet instant » et le reste, « la roue d'Ixion », « le travail pénitentiaire du vouloir », et « l'odieuse compulsion de la volonté » ! — Mais, à supposer que Schopenhauer ait cent fois raison pour lui-même, qu'aurait-on gagné pour l'intelligence de l'essence du beau ? Schopenhauer a décrit un effet particulier du beau, l'effet de calmant du vouloir, — est-ce pour autant un effet régulier ? Stendhal, je le répète, nature non moins sensuelle, mais plus heureuse que Schopenhauer, souligne un autre effet du beau : « le beau *promet* le bonheur », pour lui c'est justement *l'excitation du vouloir* (« de l'intérêt »)[311] par le beau qui lui paraît l'état de fait. Et ne pourrait-on finalement objecter à Schopenhauer lui-même que c'est tout à fait à tort qu'il se croit kantien, qu'il a compris la définition kantienne du beau d'une façon qui n'est rigoureusement pas kantienne, — qu'à lui aussi le beau plaît par un « intérêt », et même par l'intérêt le plus puissant, le plus personnel : celui de l'homme torturé qui échappe à sa torture ?... Et pour en revenir à notre question première : « que *signifie* le fait qu'un philosophe rend hommage à l'idéal ascétique ? », nous avons ici au moins une première indication : il veut *échapper à une torture*[312]. —

7

Gardons-nous de prendre d'emblée un air sinistre au mot de « torture » : quoi qu'il en soit, justement dans ce cas il y a beaucoup à redire, beaucoup à en rabattre, — il y a même de quoi rire. Songeons en particulier que Schopenhauer, qui, en fait, a traité la sexualité en ennemie personnelle (y compris son instrument, la femme, cet « *instrumentum diaboli*[313] »), avait *besoin* d'ennemis pour garder sa bonne humeur ; qu'il adorait les paroles mauvaises, fielleuses et vénéneuses ; qu'il rageait pour le plaisir de rager, par passion ; qu'il serait tombé malade, tombé *pessimiste* (car il ne l'était pas, si fort qu'il le souhaitât) sans ses ennemis, sans Hegel, sans la femme, sans la sensualité et sans toute la volonté d'exister, de persévérer dans l'existence. Sans cela Schopenhauer n'aurait *pas* persévéré, on peut le parier, il aurait décampé : mais ses ennemis le retenaient, ses ennemis le séduisaient sans cesse en faveur de l'existence, sa rage était, tout comme chez les cyniques de l'Antiquité, son baume, sa récréation, son dédommagement, son remède contre le dégoût, son *bonheur*[314]. Voilà pour l'aspect le plus personnel du cas Schopenhauer ; il y a par ailleurs chez lui encore quelque chose de typique, — et c'est là enfin que nous revenons à notre problème. Il est incontestable que tant qu'il y a des philosophes sur terre et partout où il y a eu des philosophes (de l'Inde jusqu'à l'Angleterre, pour prendre les pôles opposés du don pour la philosophie[315]), il y a une irritation et une rancune propres aux philosophes contre la sensualité[316] — Schopenhauer n'en est que l'explosion la plus loquace et, si l'on sait bien l'entendre, la plus irré-

sistible et la plus exaltante ; il y a de même un préjugé favorable et une tendresse propres aux philosophes envers l'idéal ascétique dans son ensemble, sur
ce point et à l'encontre il ne faut pas se leurrer.
Ces deux traits caractérisent, je le répète, ce type ;
lorsqu'ils font défaut à un philosophe, c'est toujours
— on peut en être certain — qu'il n'est qu'un « pré-
tendu » philosophe. Qu'est-ce que cela *signifie* ? Car il
faut d'abord interpréter cet état de fait : le voilà, imbécile *en soi* pour l'éternité, comme toute « chose en
soi ». Tout animal, y compris la *bête philosophe**, aspire
instinctivement à un optimum de conditions favorables, dans lesquelles il peut déployer toute sa force
et atteindre le maximum de son sentiment de puissance ; tout animal, instinctivement et avec une finesse
de flair qui « dépasse toute intelligence[317] », repousse
également avec horreur les gêneurs et les obstacles de
toute espèce qui se mettent ou pourraient se mettre en
travers de son chemin vers l'optimum (je ne parle *pas*
de son chemin vers le « bonheur », mais de son chemin
vers la puissance, vers l'action, vers l'action la plus
puissante, qui, dans la plupart des cas, est en fait son
chemin vers le malheur). C'est ainsi que le philosophe
repousse avec horreur le *mariage* et tout ce qui pourrait l'y inciter, — le mariage comme obstacle funeste
sur son chemin vers l'optimum. Quel grand philosophe jusqu'ici a été marié ? Héraclite, Platon, Descartes, Spinoza, Leibniz, Kant, Schopenhauer — eux
ne l'étaient pas ; bien plus, on ne saurait même pas se
les *figurer* mariés. Un philosophe marié relève *de la
comédie*, telle est ma thèse : et l'exception qu'est
Socrate, le méchant Socrate s'est marié, semble-t-il,
par ironie, rien que pour démontrer *cette* thèse-là[318].
Tout philosophe parlerait comme le fit un jour Bouddha quand on lui annonça la naissance d'un fils :
« Râhula[319] m'est né, une chaîne m'est forgée »
(Râhula signifie ici « petit démon ») ; tout « esprit
libre » devrait connaître une heure pensive, comme en
a connu un jour le même Bouddha, si l'on admet qu'il
a eu précédemment une heure sans pensée —

« étroite, pensa-t-il, est la vie domestique, lieu d'impureté ; la liberté est dans l'abandon de la maison » : « et sur cette pensée, il quitta la maison ». L'idéal ascétique indique tant de passerelles vers l'*indépendance* qu'un philosophe ne saurait entendre sans jubilation et ovation intérieures l'histoire de tous ces hommes résolus qui, un beau jour, ont dit non à toute servitude pour s'en aller dans quelque *désert* : même si ce n'étaient que de grands ânes et tout le contraire de grands esprits. Cela dit, que signifie l'idéal ascétique chez un philosophe ? Voici ma réponse — on l'aura deviné depuis longtemps : ce que voyant, le philosophe sourit aux conditions optimales d'une spiritualité plus haute et plus audacieuse, — en cela il ne nie *pas* « l'existence », il affirme au contraire par là *son* existence et *rien* que son existence, et cela éventuellement au point que l'effleure le désir sacrilège : *pereat mundus, fiat philosophia, fiat philosophus,* fiam ![320]...

8

On le voit, ces philosophes ne sont pas des témoins et des juges intègres de la *valeur* de l'idéal ascétique ! Ils pensent à *eux* — que leur importe « le saint » ! Cela les fait penser à ce qui *pour eux* est précisément le plus indispensable : être débarrassé de la contrainte, des tracas, du bruit, des affaires, des devoirs et des soucis ; tête claire ; danse, élan et envol des pensées ; air sain, limpide, clair, pur, sec [321], comme l'air des cimes, qui donne davantage d'esprit et d'envol à toute existence animale ; silence dans tous les souterrains ; tous les chiens bien attachés à la chaîne ; aucun aboi d'inimitié et de rancune malpropre ; point de vers rongeurs nés de l'orgueil blessé ; les entrailles modestes et soumises, réglées comme des moulins [322], mais lointaines ; le cœur étranger, par-delà les choses futures, posthumes, — dans l'idéal ascétique, ils pensent, somme toute, à l'ascétisme joyeux d'un animal divinisé volant de ses propres ailes, et qui plane sur la vie plus qu'il ne s'y pose. On sait que les trois grands mots d'ordre de

l'idéal ascétique sont : pauvreté, humilité, chasteté ; et
maintenant, regardons de près la vie de tous les
grands esprits féconds et inventifs, — nous les retrou-
verons toujours toutes les trois jusqu'à un certain
point. *Nullement,* cela va de soi, comme s'il s'agissait
en quelque sorte de leurs « vertus », — qu'est-ce que
cette sorte d'homme a à faire des vertus ! —, mais
comme les conditions les plus propres et les plus naturelles de l'existence la *meilleure,* de la fécondité *la plus
belle* pour eux[323]. Il est bien possible en cela que leur
spiritualité prédominante ait dû d'abord brider une
fierté sans bornes et ombrageuse ou une sensualité
espiègle, ou qu'elle avait bien assez de peine à conte-
nir sa volonté de « désert », contre quelque penchant
au luxe et au raffinement, et aussi contre une libéralité
prodigue du cœur et de la main. Mais elle le fit précisément comme l'instinct *dominant* qui imposa ses exigences à tous les autres instincts — elle continue de le
faire ; et si cela n'était pas, elle ne serait pas dominante. La « vertu » n'a donc rien à faire là-dedans. Le
désert dont je viens de parler où se retirent et s'isolent
les esprits de nature forte et indépendante — oh !
comme il diffère de ce qu'imaginent les gens cultivés !
— ce désert, ces civilisés le sont parfois eux-mêmes.
Et les histrions de l'esprit, c'est certain, n'y pourraient
pas tenir, — c'est loin d'être assez romantique et
syrien, ça ne fait pas assez décor de théâtre ! Ce n'est
pas d'ailleurs que les chameaux y fassent défaut[324] :
mais la ressemblance s'arrête là. Une obscurité délibé-
rée peut-être ; une manière de s'éviter soi-même ; une
crainte du bruit, des honneurs, des journaux, des
influences ; un petit emploi, un quotidien, un quelque
chose qui protège plus qu'il n'expose ; parfois la fréquentation d'inoffensifs animaux et volatiles dont le
spectacle est reposant ; pour société la montagne, mais
point morte, qui ait *des yeux* (c'est-à-dire des lacs) ;
parfois même une chambre dans une auberge bondée,
ouverte au tout-venant, où l'on est sûr d'être pris pour
un autre et où l'on peut parler impunément avec
n'importe qui, — voilà le « désert » : oh ! est-il assez

solitaire, croyez-m'en! Quand Héraclite se retirait dans les portiques et les péristyles de l'immense temple d'Artémis, ce « désert » était plus digne, j'en conviens : pourquoi n'avons nous *pas* de tels temples ? (— peut-être ne nous manquent-ils *pas* : cela me rappelle mon plus beau cabinet de travail, place Saint-Marc, surtout au printemps et le matin entre dix et douze). Mais ce qu'évitait Héraclite c'est encore ce que *nous* fuyons aujourd'hui : le bruit et le bavardage démocratique des Éphésiens [325], leur politique, leurs nouvelles de l'« Empire » (la Perse, on me comprend), leur camelote d'« aujourd'hui », — car, nous autres philosophes, s'il y a *une* chose qui doit nous laisser tranquilles, c'est surtout « Aujourd'hui » [326]. Nous vénérons le silence, la froideur, la distinction, la distance, le passé, en général tout ce dont l'aspect n'oblige pas l'âme à se défendre et à se fermer, — quelque chose avec quoi on peut parler sans parler *fort*. Qu'on écoute bien le timbre qu'a un esprit quand il parle : chaque esprit a son timbre, aime son timbre. Voici par exemple quelqu'un qui doit être un agitateur, entendons par là une tête creuse, qui sonne creux : quoi qu'on puisse y faire entrer, tout ressort, sourd et épais, chargé de l'écho du grand vide. Cet autre, quand il parle, n'a guère qu'un ton rauque : est-ce donc qu'il se *croit* lui-même rauque ? C'est possible — qu'on interroge les physiologistes —, mais qui pense dans les *mots* le fait comme quelqu'un qui parle et non comme quelqu'un qui pense [327] (il révèle qu'au fond il ne pense pas des choses ni en termes de choses, mais seulement eu égard à des choses et qu'en fait il ne pense que *lui-même* et ses auditeurs). Cet autre encore parle d'une façon pressante, il nous serre de trop près, nous sentons son haleine — involontairement nous fermons la bouche, bien qu'il s'adresse à nous par le truchement d'un livre : le timbre de son style nous explique pourquoi, — c'est qu'il n'a pas le temps, c'est qu'il n'a guère foi en lui-même, c'est qu'il s'exprime aujourd'hui ou jamais. Or un esprit sûr de lui parle bas; il cherche le secret, il se fait attendre. On

reconnaît un philosophe à ce qu'il évite trois choses
voyantes et tapageuses, la gloire, les princes et les
femmes : ce qui ne veut pas dire qu'ils ne puissent
venir à lui. Il craint la lumière trop vive : ce pourquoi
il craint son temps et le « jour » qu'il donne. En cela il
ressemble à l'ombre : plus il voit le soleil descendre,
plus il grandit. Quant à son « humilité », de la même
manière qu'il se fait à l'obscurité, il se fait aussi à une
certaine condition d'obscure indépendance : mieux
encore, il redoute l'irruption des éclairs, il recule
devant l'exposition dangereuse de l'arbre trop isolé et
sans défense, contre lequel la tempête déchaîne son
humeur et l'humeur déchaîne sa tempête. Son instinct
« maternel », l'amour secret qu'il porte à ce qui mûrit
en lui, lui suggère des situations où on le dispense de
songer *à lui-même*; de même que l'instinct de la *mère*
dans la femme a pérennisé la situation dépendante de
la femme. Ils demandent finalement assez peu, ces
philosophes, leur devise est : « qui possède est possédé » —, et *non*, comme je ne me lasse pas de le répéter, par l'effet d'une vertu, d'une volonté méritoire de
frugalité et de simplicité, mais parce que c'est *cela* que
leur maître suprême exige d'eux avec une impitoyable
sagacité : qui, comme tel, n'a d'yeux que pour une
seule chose, pour laquelle seule il accumule et réserve
tout, temps, force, amour, intérêt. Cette espèce
d'homme n'aime pas être dérangée par des inimitiés,
ni non plus par des amitiés : elle oublie ou méprise
facilement. Jouer au martyr lui semble de mauvais
goût; « *souffrir* pour la vérité » — elle laisse cela aux
ambitieux, aux histrions de l'esprit et à qui a assez de
temps de reste (— car eux, les philosophes ont quelque chose à *faire* pour la vérité). Ils font un usage par-
cimonieux des grands mots [328]; on prétend que même
le mot « vérité » leur répugne : il fait prétentieux...
Pour ce qui est de la « chasteté » des philosophes [329],
cette sorte d'esprits trouvent leur fécondité visiblement ailleurs que dans la progéniture; ailleurs sans
doute la perpétuation de leur nom, leur petite immortalité (dans l'Inde ancienne on s'exprimait entre philo-

sophes moins modestement encore : « pourquoi une descendance à celui dont l'âme est le monde ? »). Il n'y a pas trace de chasteté fondée sur un scrupule ascétique ou une haine ascétique des sens, pas plus que ce n'est de la chasteté lorsqu'un athlète ou un jockey s'abstient des femmes : c'est ce que veut son instinct dominant, du moins aux moments où la grossesse touche à son comble. Tout artiste connaît bien les effets néfastes de l'activité sexuelle dans les états de grande tension et de préparation ; pour les plus puissants et les plus instinctifs d'entre eux, il y faut encore l'expérience, l'amère expérience — mais c'est justement leur instinct « maternel » qui dispose brutalement de toutes les autres réserves et suppléments de force, de *vigueur* de la vie animale pour l'avantage de l'œuvre en gestation : la force supérieure *consume* l'inférieure. — Qu'on se représente d'ailleurs le cas de Schopenhauer évoqué plus haut en suivant cette interprétation : la vue du beau agissait manifestement chez lui comme un attrait qui déclenche la *force prédominante* de sa nature (la force de la réflexion et de l'intuition profonde) ; jusqu'au moment où celle-ci explosait et d'un seul coup se rendait maîtresse de la conscience. Voilà qui ne doit absolument pas exclure la possibilité que cette douceur et cette plénitude particulières, propres à l'état esthétique, pourraient tirer leur origine de l'ingrédient de la « sensualité » (comme procède de la même source l'« idéalisme » propre aux jeunes filles nubiles) — si bien qu'ainsi la sensualité ne cesse pas, comme le croyait Schopenhauer, à l'apparition de l'état esthétique, mais ne fait que se transfigurer sans plus apparaître à la conscience comme un attrait sexuel. (Je reviendrai une autre fois sur ce point, en rapport avec les problèmes encore plus délicats de la *physiologie de l'esthétique*[330] jusqu'ici si peu traités et explorés.)

9

Un certain ascétisme, nous l'avons vu, une abstinence rigoureuse et sereine du vouloir le meilleur fait partie des conditions favorables à la spiritualité la plus

haute, en même temps que de ses suites les plus naturelles : d'emblée on n'aura pas à s'étonner si l'idéal
ascétique n'a jamais été traité justement par les philosophes sans quelque prévention. Un bilan historique
sérieux révèle même que le lien entre l'idéal ascétique
et la philosophie est encore bien plus étroit et plus
rigoureux. On pourrait dire que c'est seulement à la
lisière de cet idéal que la philosophie comme telle a
appris à faire ses premiers petits pas sur terre[331] —,
hélas, bien maladroitement encore, hélas, avec des
mines si contrites, hélas, si prête à se renverser et à
tomber à plat ventre, cette petite lourdaude timide, ce
tendron aux jambes arquées! Il en a d'abord été de la
philosophie comme de toutes les bonnes choses, —
elles ont longtemps manqué de confiance en soi, n'ont
cessé de regarder alentour si personne ne leur viendrait en aide, davantage encore, elles ont craint tous
ceux qui les observaient[332]. Qu'on fasse le compte
l'une après l'autre des pulsions et des vertus singu-
lières du philosophe — sa pulsion au doute, à la négation, sa pulsion expectative (« éphectique[333] »), analytique, sa pulsion exploratrice, curieuse, aventurière, sa
pulsion à comparer, à rapprocher, sa volonté de neu-
tralité et d'objectivité, sa volonté d'être toujours « sine
ira et studio[334] » : a-t-on bien compris qu'elles allaient
toutes toujours à l'encontre des exigences premières
de la morale et de la conscience? (Pour ne rien dire de
la *raison* que Luther aimait encore à appeler « dame
Ruse, cette rusée putain »[335]). Qu'un philosophe, au
cas où il *aurait eu* conscience de son état, aurait dû se
sentir véritablement comme le vivant « *nitimur in veti-
tum*[336] » — et se *gardait* en conséquence de « se sentir », de prendre conscience de son état?... Il n'en va
pas autrement, comme on l'a vu, de toutes les bonnes
choses dont nous sommes fiers aujourd'hui; même à
l'aune des Grecs anciens, tout notre être moderne,
pour autant qu'il n'est point faiblesse, mais puissance
et conscience de cette puissance, s'entend comme
autant d'*hubris* et d'impiété : car ce sont justement les
choses opposées de celles que nous honorons

aujourd'hui qui ont pendant si longtemps eu la conscience de leur côté et Dieu pour protecteur. Est *hubris* toute notre attitude envers la nature, notre viol de la nature à l'aide des machines et de l'invention insouciante de techniciens et d'ingénieurs [337], est *hubris* toute notre attitude envers Dieu, c'est-à-dire envers une prétendue araignée des fins [338] et de la moralité cachées derrière l'immense toile de la causalité —, nous pourrions dire, tel Charles le Téméraire en guerre contre Louis XI : « *je combats l'universelle araignée* » —; *hubris* est notre attitude envers *nous-mêmes*, — car nous faisons des expériences sur nous-mêmes, comme nous n'oserions jamais en faire sur des animaux, et nous ouvrons l'âme à vif, avec plaisir et curiosité : que nous importe encore le « salut » de l'âme ! Par après, nous nous « soignons » nous-mêmes : la maladie est instructive, nous n'en doutons pas, plus instructive encore que la santé, — les *fauteurs de maladie* nous semblent aujourd'hui plus nécessaires encore que n'importe quel guérisseur et « sauveur ». Nous nous violons nous-mêmes à présent, point de doute, nous autres casse-noisettes de l'âme [339], étranges questionneurs, comme si la vie n'était rien d'autre qu'une noix à casser ; par là même, il nous faut nécessairement et chaque jour devenir toujours plus étranges, *plus dignes* d'interroger et peut-être par là plus dignes — de vivre ?... Toutes les bonnes choses ont été jadis choses mauvaises ; chaque péché originel est devenu une vertu originelle. Le mariage, par exemple, a longtemps paru une atteinte au développement de la communauté ; on a jadis expié le fait d'être assez immodeste pour s'arroger une femme (c'est de cela que relève par exemple le *jus primae noctis* [340], aujourd'hui encore au Cambodge privilège des prêtres, gardiens des « bonnes vieilles mœurs »). Les sentiments de douceur, de bienveillance, d'indulgence, de pitié — finalement si prisés qu'ils sont presque « les valeurs par excellence ») — ont longtemps été en butte au mépris de soi : on avait honte de la douceur, comme aujourd'hui on rougit de

la dureté (cf. *Par-delà bien et mal*, p. 232) [341]. La soumission au *droit* : — oh! avec quels scrupules de
conscience les races nobles partout sur terre ont
renoncé pour leur part à la vendetta et donné pouvoir
sur elles au droit! Le « droit » a longtemps été un *veti-
tum* [342], un sacrilège, une nouveauté, il survenait avec
violence, *comme* violence, à laquelle on ne se pliait
qu'avec honte. Il n'y a jamais eu jusqu'ici de progrès,
même infime, sur terre sans martyre de l'esprit et du
corps : toute l'idée selon laquelle « non seulement la
marche en avant, que dis-je! la marche, le mouvement, le changement ont eu besoin d'innombrables
martyrs », nous semble tout à fait étrangère,
aujourd'hui plus que jamais, je l'ai révélé dans *Aurore*
(p. 17 sq.) [343]. « Rien n'est plus chèrement acquis,
lit-on à la page 19, que le grain de raison humaine et
de sentiment de liberté qui fait dorénavant notre
fierté. Mais cette fierté est ce qui désormais nous rend
quasiment impossible d'être du même sentiment que
ces immenses périodes de "moralité de mœurs", qui
précèdent "l'histoire du monde", laquelle, à titre
d'histoire principale réelle et décisive, a établi le caractère de l'humanité : quand avaient partout valeur de
vertu la souffrance, la cruauté, la dissimulation, la
vengeance et le déni de raison, alors que passaient
pour danger le bien-être, l'appétit de savoir, la paix, la
pitié, et qu'être pris en pitié, travailler étaient insul-
tants, la folie tenue pour divine, le *changement* pour
immoral et en soi gros de corruption! » —

10

Dans le même livre (p. 39) [344], on explique dans
quel genre d'évaluations et sous la *pression* de quelles
évaluations devait vivre la plus ancienne espèce
d'hommes contemplatifs, — méprisée dans l'exacte
mesure où elle n'était pas crainte! La contemplation
est d'abord apparue sur terre déguisée, sous un aspect
ambigu, avec un cœur mauvais et souvent une tête
effrayée : aucun doute là-dessus. Ce qu'il y a d'inactif,

de larvé, de non belliqueux dans les instincts des hommes contemplatifs fit longtemps planer sur eux une profonde méfiance : contre cela pas d'autre moyen que d'inspirer résolument la *crainte*. Et c'est à cela par exemple que les anciens brahmanes s'entendaient! Les plus anciens philosophes savaient donner à leur existence un sens, une tenue, un arrière-plan, au vu desquels on apprenait à les *craindre* : ou plus précisément, par un besoin encore plus originaire, à savoir celui de se craindre et de se respecter eux-mêmes. C'est qu'ils trouvaient en eux tous les jugements de valeur tournés *contre* eux-mêmes, il leur fallait terrasser toute espèce de soupçon et de résistance à l'égard du philosophe en soi. Et en hommes de ces époques effrayantes, ils y employaient des moyens effrayants : la cruauté envers soi, la macération inventive — tel était le grand moyen de ces solitaires et de ces novateurs de la pensée assoiffés de puissance qui avaient besoin de violenter déjà en eux-mêmes les dieux et la tradition avant de pouvoir *croire* eux-mêmes à leur nouveauté[345]. Je rappelle la fameuse histoire du roi Viçvamitra qui parvint, après des millénaires de macérations, à un tel sentiment de puissance et de confiance, qu'il entreprit d'édifier un *nouveau ciel* : symbole inquiétant de l'histoire de la philosophie la plus ancienne et la plus récente sur terre, — tous ceux qui ont un jour édifié un « nouveau ciel » n'en ont trouvé le ressort que dans leur *propre enfer*[346]... Condensons tout cet état de fait en formules brèves : l'esprit philosophique a toujours dû commencer en se déguisant et en se travestissant sous les traits des types, *antérieurement fixés*, de l'homme contemplatif, ceux du prêtre, du magicien, du devin, de l'homme religieux en général pour *être* simplement *possible* de quelque manière : *l'idéal ascétique* a longtemps servi au philosophe de mode de présentation, de présupposé pour exister, — il lui fallait le *représenter* pour pouvoir être philosophe, il devait y *croire* pour pouvoir le représenter. La posture singulièrement réservée du philosophe, refusant le monde, hostile à la vie, se

défiant des sens, désensualisée, qui s'est maintenue
jusqu'à l'époque la plus récente, presque au point de
passer pour *l'attitude par excellence du philosophe*, —
est avant tout une conséquence de l'état de nécessité
inhérente aux conditions dans lesquelles la philosophie est née et s'est perpétuée : dans la mesure précisément où, pendant très longtemps, la philosophie
n'aurait pas été *du tout possible* sur terre, sans cocon ni
habillage ascétiques, sans l'illusion ascétique. Pour le
rendre plus clairement et plus concrètement : le *prêtre
ascétique* a pris, jusqu'à l'époque la plus récente, la
forme de la chenille, répugnante et sinistre, sous
laquelle seule la philosophie avait le droit de vivre,
sous laquelle elle rampait... Les choses ont-elles véritablement *changé*? Cet animal aux ailes colorées, dangereux, cet « esprit » que ladite chenille cachait en elle,
a-t-il donc enfin été défroqué et rendu à la lumière,
par l'effet d'un monde plus ensoleillé, plus chaud,
plus lumineux? Existe-t-il aujourd'hui assez de fierté,
d'audace, de courage, d'assurance, de volonté de
l'esprit, de volonté responsable, de *liberté du vouloir*,
pour que véritablement désormais « le philosophe »
soit... *possible* sur terre?...

11

Maintenant que nous avons vu se profiler le *prêtre
ascétique*[347], revenons à notre problème : que signifie
l'idéal ascétique? Et prenons sérieusement ce problème à bras-le-corps —, c'est maintenant que les
choses deviennent « sérieuses ». Nous sommes dorénavant face au véritable *représentant du sérieux*. « Que
signifie donc le sérieux[348]? » — Dès maintenant cette
question plus radicale nous vient peut-être aux lèvres :
question pour physiologistes[349], cela va de soi, mais
que nous allons pour l'instant éluder. Le prêtre ascétique trouve dans cet idéal non seulement sa foi, mais
encore sa volonté, sa puissance et son intérêt. Son
droit à l'existence[350] vit et meurt avec cet idéal : quoi
d'étonnant si nous tombons en l'occurrence sur un

adversaire terrible, à supposer que nous soyons les
adversaires de cet idéal ? Et un adversaire qui défend
sa vie contre les négateurs de cet idéal ?... D'autre part
il n'est pas d'emblée vraisemblable qu'une telle position intéressée sur notre problème puisse lui être d'un
quelconque usage ; le prêtre ascétique jouera même
déjà difficilement le rôle du défenseur le plus approprié de son idéal, tout comme une femme échoue
généralement lorsqu'elle veut défendre la « femme en
soi » — et moins encore l'observateur et le juge absolument objectifs de la controverse soulevée ici. Il nous
faut donc plutôt lui venir en aide — la chose est claire
à présent —, pour bien se défendre contre nous, loin
d'avoir à craindre qu'il nous réfute trop aisément...
L'idée qui est ici mise en jeu est l'*évaluation* de notre
vie par les prêtres ascétiques : cette vie (avec ce qui en
relève, la « nature », le « monde », toute la sphère de ce
qui devient et de ce qui passe) est mise par eux en
relation avec une existence d'un tout autre ordre, relation d'opposition et d'exclusion, *à moins que* cette vie
ne se retourne contre elle-même, ne *se nie elle-même* :
dans ce cas, celui d'une vie ascétique, la vie est un
passage vers cette autre existence. L'ascète traite la vie
comme une fausse route qu'on doit finalement
prendre à rebours pour remonter jusqu'à son point de
départ ; ou bien comme une erreur que l'on réfuterait,
que l'on *devrait* réfuter par l'action : car l'ascète *exige*
qu'on le suive, partout il impose *son* évaluation de
l'existence. Qu'est-ce à dire ? Un mode aussi monstrueux d'évaluation n'est pas inscrit dans l'histoire de
l'homme à titre d'exception et de curiosité : il est un
des faits les plus massifs et les plus durables qui
soient. Déchiffrée depuis un astre lointain, l'écriture
majuscule [351] de notre existence terrestre conduirait
peut-être à la conclusion que la terre est véritablement
l'*astre ascétique* [352], le coin des créatures mécontentes,
prétentieuses et répugnantes, qui ne sauraient se
défaire d'un profond dégoût de soi, de la terre et de
toute vie, et qui se font à elles-mêmes tout le mal possible par plaisir de faire du mal : — vraisemblablement

c'est là leur seul plaisir. Considérons donc la manière régulière, systématique, avec laquelle le prêtre ascétique se manifeste à presque toutes les époques; il n'appartient à race particulière, il croît partout[353]; il surgit de toutes les conditions sociales. Non pas qu'il ait de quelque manière cultivé et propagé son mode d'évaluation par héritage, c'est tout le contraire, — c'est un instinct profond qui lui interdit, plus ou moins, la reproduction. Ce doit être une nécessité de premier ordre, qui ne cesse de faire croître et prospérer cette espèce *hostile à la vie* — ce doit être en vertu d'un *intérêt de la vie elle-même* qui fait qu'un tel type de contradiction en soi ne s'éteint pas. Car une vie ascétique est une contradiction en soi : c'est un ressentiment sans égal qui règne ici, celui d'un instinct et d'une volonté de pouvoir, qui veut régner en maître, non pas sur un aspect de la vie, mais sur la vie elle-même, sur ces conditions les plus profondes, les plus fortes, les plus fondamentales; on s'évertue ici à utiliser la force pour tarir les sources de la force, un regard bilieux et haineux se tourne contre l'épanouissement physiologique, en particulier contre ce qui en est l'expression, la beauté, la joie; tandis que ce qui est dénaturé, taré, tout ce qui est douleur, raté, tout ce qui est laid, privation volontaire, dépossession, mortification, sacrifice, suscite une satisfaction et sera *recherché*. Tout cela est paradoxal à l'extrême : nous sommes en présence d'une ambiguïté, qui se *veut* telle, qui *jouit* d'elle-même dans cette souffrance et devient même d'autant plus sûre d'elle-même et triomphante que sa propre condition, l'aptitude physiologique à vivre, *décline*. « Le triomphe à l'instant même d'agoniser » : c'est sous ce signe superlatif qu'a toujours combattu l'idéal ascétique; c'est dans cette séduction énigmatique, dans cette image de ravissement et de torture qu'il a connu sa lumière la plus vive, son salut, sa victoire finale. *Crux, nux, lux*[354] — pour lui, c'est tout un.

12

Supposer qu'une telle volonté incarnée de contra-diction et de contre-nature soit amenée à *philosopher* : sur quoi décharge-t-elle son caprice le plus intime ? Sur ce qu'on ressent le plus certainement comme vrai, comme réel : il cherchera l'*erreur*[355] précisément là où le véritable instinct vital place le plus inconditionnelle-ment la vérité. Par exemple, comme le faisaient les ascètes de la philosophie des Vedânta, il réduira l'exis-tence corporelle à l'illusion, et avec elle la douleur, la multiplicité, et toute l'opposition conceptuelle du « sujet » et de l'« objet », erreur que tout cela ! Refuser de croire à son propre moi, dénier sa propre « réalité » — quel triomphe ! — Non plus seulement sur les sens, sur l'apparence, mais un triomphe d'une espèce beau-coup rare, violence et cruauté faites à la *raison* : volupté telle qu'elle atteint à ce comble que le mépris ascétique de soi, l'autodénigrement de la raison décrète : « *il y a bien* un royaume de la raison et de l'être, mais justement la raison en est *exclue* ! »... (Soit dit en passant : dans le concept kantien du « caractère intelligible des choses[356] » subsiste quelque chose de cette dualité voluptueuse d'ascète qui se plaît à jouer la raison contre la raison : le « caractère intelligible » désigne en effet chez Kant une espèce de nature des choses, dont l'intellect comprend seulement que pour lui elle est *purement* et *simplement incompréhensible*.) — Quant à nous, hommes de la connaissance, ne soyons justement pas ingrats envers ces renversements réso-lus des perspectives et des évaluations habituelles par lesquelles l'esprit s'est trop longtemps déchaîné contre lui-même d'une façon apparemment blasphématoire et inutile : voir ainsi autrement, *vouloir* voir autre-ment, n'est-ce pas une formidable discipline et une préparation de l'intellect à l'avènement de son « objec-tivité », — celle-ci n'étant pas comprise comme « intui-tion désintéressée » (chose inconcevable et absurde), mais comme la faculté de *tenir en son pouvoir* le pour et le contre, d'en jouer tour à tour : de sorte que l'on sait rendre utile à la connaissance la *diversité* des perspectives et des interprétations que suscite l'affect. Gardons-nous mieux dorénavant, Messieurs les philosophes, de la vieille et dangereuse fabulation conceptuelle, qui posait un « sujet de la connaissance, pur, sans volonté, impassible, intemporel », gardons-nous du piège des notions contradictoires comme « raison pure », « intellectualité absolue », « connaissance en soi »[357] : — on exige ici de penser un regard qui est absolument inconcevable, un regard qui ne doit avoir aucune direction, chez qui les forces actives et interprétatives doivent être neutralisées, être absentes, ces forces grâce auxquelles la vision devient vision de quelque chose ; c'est donc toujours quelque chose qui va contre le sens et l'intelligence qu'on exige ici du regard. Il *n'*y a de vision *qu'*en perspective, de « connaissance » *que* perspectiviste[358] ; et *plus* nous laissons parler les affects sur une chose, *plus* nous savons faire varier les regards chaque fois différents sur la même chose, plus notre « concept » de cette chose, notre « objectivité » seront complets. Mais éliminer toute volonté, suspendre les affects sans exception, à supposer que nous le puissions : comment ne serait-ce pas la *castration* de l'intellect?[359]...

13

Mais reprenons. Une telle contradiction en soi, telle qu'elle semble se manifester chez l'ascète : « la vie *contre* la vie », cela va déjà de soi, est pur et simple non-sens, en termes physiologiques et non plus psychologiques. Cette contradiction ne peut être qu'*apparente* ; elle ne peut être qu'une sorte d'expression provisoire, une interprétation, une formule, un aménagement, l'incompréhension psychologique de quelque chose, dont la véritable nature n'a longtemps pas pu être comprise, n'a pas pu être désignée *comme telle*, — un simple mot, glissé dans une lacune ancienne de la connaissance humaine. À quoi j'opposerai brièvement les faits suivants : *l'idéal ascétique pro-*

cède de l'instinct de protection et de sauvegarde d'une vie décadente, qui cherche à se préserver par tous les moyens et lutte pour son existence ; c'est l'indice d'une inhibition partielle et d'une fatigue physiologiques contre lesquelles les instincts les plus profonds de la vie demeurés intacts ne cessent de lutter par des moyens et des inventions nouveaux. L'idéal ascétique est un moyen de ce genre : il va donc tout à l'opposé de ce que croient les zélateurs de cet idéal, — la vie lutte en lui et par lui, avec et *contre* la mort, l'idéal ascétique est une astuce pour la *conservation* de la vie [360]. Que celui-ci ait pu à ce point, comme l'enseigne l'histoire, régner sur l'homme et s'en rendre maître, et particulièrement là où la civilisation et la domestication s'imposèrent, traduit un fait d'importance : la *morbidité* inhérente au type d'homme connu, tout au moins de l'homme domestiqué, la lutte physiologique de l'homme avec la mort (ou plutôt : avec le dégoût de la vie, la fatigue, le désir d'en « finir »). Le prêtre ascétique est le désir incarné d'un être-autre, d'un être-ailleurs, et ce sous sa forme extrême, il en est proprement la flamme et la passion : mais c'est justement la *force* de son désir qui l'attache ici ; et c'est ainsi qu'il devient l'instrument qui doit œuvrer à créer des conditions plus favorables pour une existence d'ici-bas et humaine, — et c'est par cette *force* qu'il attache à l'existence tout le troupeau des tarés, des aigris, des laissés-pour-compte, des disgraciés, de tous les malheureux par nature, en les précédant d'instinct en bon pasteur. On m'aura compris : ce prêtre ascétique, cet ennemi apparent de la vie, ce *négateur*, — il appartient précisément aux très grandes puissances *conservatrices* et *affirmatrices* de la vie [361]... À quoi tient-elle, cette morbidité ? Car l'homme est plus malade, plus incertain, plus changeant, plus précaire que tout autre animal, sans aucun doute, — c'est lui, entre tous, l'animal malade [362] : mais pourquoi cela ? Certes, c'est lui également qui a plus osé, innové, bravé, défié le destin que tous les animaux réunis : lui, le grand expérimentateur [363] sur sa propre personne, l'insatisfait, l'inassouvi, qui lutte contre l'animal, la nature et les dieux pour le pouvoir suprême — lui qui reste encore invaincu, toujours à venir, lui que sa force agissante ne laisse jamais en repos, au point que l'avenir fouaille impitoyablement, comme un éperon, la chair de tout présent : — comment un animal aussi brave et riche ne serait-il pas aussi le plus menacé, le plus longtemps et profondément malade de tous les animaux malades?... L'homme est las, bien souvent, et les épidémies de cette lassitude sont légion (voyez vers 1348, à l'époque de la danse macabre) : mais même ce dégoût, cette langueur, ce dépit de soi — tout cela prend chez lui une telle proportion qu'il est aussitôt de nouveau enchaîné. Le « non » qu'il dit à la vie fait naître comme par un enchantement une abondance de « oui » plus délicats ; lors même qu'il se *blesse*, ce maître de la destruction, de l'autodestruction, c'est après coup la blessure même qui le contraint *à vivre*...

14

Plus la morbidité chez l'homme est normale — et on ne saurait douter qu'elle soit normale —, plus on devrait honorer les rares cas de puissance psychique et physique, les *cas de réussite* de l'homme, et plus on devrait plus rigoureusement protéger les hommes réussis des miasmes, de l'atmosphère des malades. Le fait-on ? Or les malades sont un danger extrême pour les bien-portants ; ce ne sont *pas* les plus forts qui causent les malheurs des forts, mais les plus faibles[364]. Le sait-on ?... Dans l'ensemble, ce n'est absolument pas de la crainte de l'homme qu'il faudrait souhaiter la diminution, car cette crainte contraint les forts à être forts, parfois à inspirer la crainte, — elle fait tenir *debout* le type de l'homme réussi. Ce qui est à craindre, ce qui est fatal plus qu'aucune autre fatalité, ce n'est pas la grande crainte, mais le grand *dégoût* de l'homme ; de même, la grande *pitié* pour l'homme[365]. Imaginons que ces deux sentiments se marient un jour, alors inévitablement viendrait aussitôt au monde une chose inquiétante entre toutes, la « dernière volonté » de l'homme, sa volonté du néant, le nihilisme. Et en effet : tout s'y prête désormais. Qui, pour flairer, ne dispose pas seulement de son nez mais encore de ses yeux et de ses oreilles, sent aujourd'hui presque partout, où qu'il aille, comme un relent d'asile d'aliénés et d'hôpital, — je parle, bien entendu, des domaines de la civilisation humaine, de toute espèce d'« Europe » qui finalement existent sur terre. Le plus grand danger pour l'homme, ce sont les *maladifs* : ce ne sont *ni* les méchants, *ni* les « grands fauves »[366]. Les éternels misérables, vaincus, humiliés — ce sont eux, ce sont les *plus faibles*, qui minent le plus la vie des hommes, qui empoisonnent et mettent en question le plus dangereusement notre confiance dans la vie, dans l'homme et en nous-mêmes. Comment lui échapperait-on, à ce regard torve, qui vous laisse avec une tristesse invincible, ce regard rentré du disgracié de naissance, qui trahit la façon dont un tel homme s'adresse à lui-même, — ce regard qui est un soupir. « Si seulement j'étais n'importe qui d'autre ! soupire ce regard : mais peine perdue. Je suis qui je suis : comment me défaire de moi ? Et cependant — *je me suis assez vu* ! »... C'est sur ce terrain du mépris de soi, véritable terrain marécageux, que poussent toutes les mauvaises herbes, toutes les plantes vénéneuses, tout cela petit, caché, perfide, douceâtre. Ici grouille la vermine de la rancœur et la rancune ; l'air pue la cachotterie et l'inavouable ; ici se tisse constamment le filet de la conspiration la plus maligne, — conspiration des souffrants contre les êtres réussis et vainqueurs, ici la vue du vainqueur inspire la *haine*[367]. Et quel art du mensonge pour ne pas avouer cette haine comme telle ! Quelle dépense de grands mots et de poses, quel art de la calomnie « en toute probité » ! Ces ratés : quelle noble éloquence s'échappe de leurs lèvres ! Quel dévouement mielleux, baveux et humble passe dans leurs yeux ! Que veulent-ils en réalité ? À tout le moins *représenter* la justice, l'amour, la sagesse, la supériorité — voilà l'ambition de ces « inférieurs », de

ces malades! Et comme cette ambition rend habile!
Admirons notamment l'habileté de faux-monnayeur
avec laquelle on contrefait le cachet de la vertu, son
tintement même, l'or sonnant de la vertu. Voilà qu'ils
ont sans plus de façon mis le grappin sur la vertu, ces
faibles et maladifs incurables, n'en doutons pas :
« nous seuls sommes les bons, les justes, disent-ils,
nous seuls sommes les hommes de bonne volonté ». Ils
errent parmi nous comme des reproches vivants,
comme des admonestations à notre endroit, —
comme si être en bonne santé, gaillard, fort, fier, puissant, était déjà en soi chose vicieuse, que l'on devrait
un jour payer, payer amèrement : mais c'est au fond
qu'ils y sont prêts, à *faire* payer, comme s'ils languis-
saient d'être *bourreaux*! Parmi eux, on trouve à foison
les rancuneux déguisés en juges, qui ont constamment
à la bouche le mot de « justice »[368] comme un crachat
empoisonné, lèvres pincées, toujours prêts à cracher
sur tout ce qui n'a pas l'air mécontent et qui va son
chemin de bonne humeur[369]. Mais il n'y manque pas
non plus cette répugnante espèce de vaniteux, les
avortons menteurs, qui visent à poser aux « belles
âmes » et qui mettent sur le marché leur sensualité
gâchée, enveloppée de rimailleries et autres langes,
sous le nom de « pureté du cœur » : c'est l'espèce des
onanistes et des « adeptes du plaisir solitaire[370] ». La
volonté des malades de représenter *n'importe* quelle
forme de supériorité[371], leur instinct pour les détours
qui conduisent à tyranniser les bien-portants, — elle
est partout, cette volonté de puissance, et c'est justement celle des plus faibles! La femme malade en particulier : nul ne la dépasse en raffinement lorsqu'il
s'agit de dominer, d'opprimer, de tyranniser[372]. À
cette fin, la femme malade n'épargne rien, mort ou
vif, elle déterre les choses profondément enfouies (les
Bogos[373] disent : « la femme est une hyène »). Qu'on
jette un regard dans les coulisses d'une famille, d'une
corporation, d'une communauté quelconques : partout le combat des malades contre les bien-portants,
— combat silencieux la plupart du temps avec de

petits poisons, des coups d'épingle, de sournois airs martyrs, mais parfois aussi avec le pharisaïsme des malades à la gesticulation *tapageuse*, qui adore jouer la « noble indignation ». Jusque dans le temple sacré de la science, les rauques aboiements indignés des chiens maladifs, les mensonges et la fureur enragés de tels « nobles » pharisiens voudraient se faire entendre (— aux lecteurs qui ont des oreilles pour entendre, je rappelle une fois de plus cet apôtre berlinois de la vengeance, Eugen Dühring[374], qui fait dans l'Allemagne d'aujourd'hui un usage absolument indécent et répugnant de la grosse caisse de la morale : Dühring, actuellement le comble de la grande gueule de la morale, même parmi ses semblables, les antisémites). Ce sont autant d'hommes du *ressentiment**, ces êtres physiologiquement détraqués et vermoulus, tout un royaume branlant de vengeance souterraine, inépuisable, insatiable dans leurs sorties contre les heureux et également dans leurs mascarades de vengeance, dans leurs prétextes pour se venger : quand pourraient-ils donc atteindre leur triomphe ultime, le plus subtil, le plus sublime ? Ils l'atteindraient indubitablement s'ils réussissaient à *insinuer* leur propre misère, toute misère dans la *conscience* des heureux : en sorte que ces derniers finiraient un jour par avoir honte de leur bonheur et peut-être se diraient-ils entre eux : « C'est une honte d'être heureux ! *Il y a trop de misère !* »… Mais il ne saurait y avoir de malentendu plus grave et plus désastreux que de voir les heureux, les réussis, les puissants par le corps et l'âme commencer ainsi à douter de leur *droit au bonheur*. Foin de ce « monde renversé » ! Foin de cet amollissement honteux du sentiment ! Que les malades n'infectent *pas* les bien-portants — et voilà un exemple de cet amollissement —, voilà donc ce qui devrait être le point de vue dominant sur terre : mais il faut pour cela avant toute chose que les bien-portants restent *isolés*, préservés même de la vue des malades, qu'ils ne se prennent pas pour des malades. Ou bien faudrait-il qu'ils fussent gardes-malades ou médecins ?… Ils ne

sauraient méconnaître et renier plus gravement *leur*
tâche, — le supérieur n'a pas le *droit* de se ravaler au
rôle d'instrument de l'inférieur, le sentiment de la distance *doit* de toute éternité dissocier les tâches ! Leur
droit d'être là est mille fois plus grand encore, tel le
privilège de la cloche au son plein sur la cloche fêlée et
qui sonne mal[375] : eux seuls sont les *garants* de l'avenir, eux seuls ont des *devoirs* envers l'avenir des
hommes Ce qu'*ils* peuvent, ce qu'*ils* doivent, aucun
malade ne le peut ni ne le doit : mais *afin qu*'ils
puissent faire ce qu'*eux* seuls doivent faire, comment
pourraient-ils choisir d'être médecins, consolateurs,
« sauveurs » des malades ?... Et pour cela de l'air pur !
de l'air pur ! Fuyons en tout cas le voisinage de tous
les asiles d'aliénés et les hôpitaux de la civilisation[376] !
Et pour ce faire recherchons la bonne société, la
nôtre ! Ou la solitude s'il le faut ! Mais loin de nous en
tout cas les miasmes insalubres de la corruption intérieure et de la vermoulure souterraine des malades !...
Et cela, mes amis, afin que nous nous défendions au
moins un temps encore contre les deux plus graves
épidémies qu'on nous réserve, — contre le *grand
dégoût de l'homme* ! contre la *grande pitié pour
l'homme* !...

15

Si l'on a compris en profondeur — et j'exige en
l'occurrence que l'on *sonde*, que l'on comprenne en
profondeur — que ce n'est *nullement* la tâche des
bien-portants de soigner, de guérir les malades, alors,
on a saisi une nouvelle nécessité[377], — la nécessité de
médecins et de gardes-malades *qui soient eux-mêmes
malades* : et, du coup, nous tenons à pleines mains le
sens du prêtre ascétique. Nous devons tenir le prêtre
ascétique pour le sauveur, le berger et l'avocat prédes-
tinés du troupeau malade : ce n'est que par là que
nous comprenons son immense mission historique.
La *domination sur les souffrants* est son royaume, c'est
vers elle que le dirige son instinct, c'est en elle qu'il

trouve son art le plus singulier, sa maestria, son bonheur à lui. Il faut qu'il soit lui-même malade, il faut qu'il soit apparenté foncièrement aux malades et aux laissés-pour-compte afin de les comprendre, — pour s'entendre avec eux ; mais il faut aussi qu'il soit fort, encore plus maître de lui que des autres, et qu'il soit spécialement d'une volonté de puissance intacte, de façon à tenir les malades par la confiance et par la crainte, et à pouvoir être pour eux un recours, une résistance, un appui, une contrainte, un maître de discipline, un tyran, un dieu. C'est qu'il lui faut le défendre, son troupeau — contre qui ? Contre les bien-portants, sans nul doute, et même contre l'envie à l'égard des bien-portants ; il doit être l'antagoniste *et le contempteur*[378] naturel de toute santé, de toute puissance brutes, tumultueuses, effrénées, rudes, violentes et rapaces. Le prêtre est la première forme de l'animal *plus délicat*, qui dispense le mépris plus aisément qu'il ne hait. Il n'échappera pas à la guerre contre les grands fauves, guerre de ruse (« de l'esprit ») plutôt que de violence, il va sans dire, — ce qui le conduira peut-être quasiment à se faire un nouveau type de fauve en soi, ou du moins à *valoir comme tel* —, nouvel animal redoutable, dans lequel semblent s'unir en un tout séduisant et terrible l'ours polaire, le tigre souple et froid aux aguets, et peut-être surtout le renard[379]. Et si la nécessité l'y contraint, il s'avance, sérieux, digne, malin, froid comme un ours, l'air supérieur, comme un héraut et porte-parole de puissances mystérieuses, même parmi l'autre espèce de fauves, résolu à semer sur ce terrain la souffrance, la querelle, la zizanie partout où il le peut, et, fort de son art, à se rendre en tout temps maître des *souffrants*. Il apporte baume et onguents, certes, mais il lui faut d'abord infliger la blessure pour être médecin ; puis, en calmant la douleur que cause la blessure, *il envenime du même coup la plaie* — c'est ce à quoi il s'entend avant tout, ce magicien et dompteur de fauves, dans le voisinage de qui tout ce qui est bien-portant devient nécessairement malade, et tout ce qui est malade nécessairement docile. En fait, il défend fort bien son troupeau malade, cet étrange pasteur, — il le défend aussi contre lui-même, contre la mauvaiseté, la sournoiserie et la malignité qui couvent dans le troupeau et contre tout ce qui s'attache aux intoxiqués et aux malades quand ils sont entre eux, il combat, avec astuce, dureté et dissimulation, l'anarchie et la dissolution qui menacent sans cesse de l'intérieur le troupeau, où s'accumule constamment cette matière hautement détonante et explosive, le *ressentiment**. Faire sauter cet explosif sans toucher ni le troupeau ni le berger, telle est sa véritable prouesse et sa suprême utilité ; et si l'on voulait résumer dans une formule très concise la valeur de l'existence sacerdotale, il faudrait dire tout de go : le prêtre est celui qui fait *dévier la direction* du *ressentiment** [380]. Car d'instinct celui qui souffre cherche toujours une cause à sa souffrance ; plus exactement un auteur, plus précisément un auteur *coupable*, susceptible de souffrir, — bref, un être vivant quelconque sur lequel il puisse décharger ses affects *en effigie* ou en réalité, sous n'importe quel prétexte : car la décharge de l'affect est la plus grande tentative du souffrant pour se soulager, c'est-à-dire *s'anesthésier*, c'est son narcotique inconsciemment désiré contre les tourments de tous ordres. Voilà, selon ma conjecture, la seule vraie causalité physiologique du *ressentiment**, de la vengeance et d'autres choses du même acabit, qui consiste donc dans un besoin d'*anesthésier la souffrance par l'affect* : — il me paraît qu'on recherche cette causalité communément, et bien à tort, dans le contrecoup défensif, une simple mesure de précaution de la réaction, un mouvement réflexe lorsque adviennent un dommage ou un danger soudains, à la façon dont une grenouille décapitée le fait encore pour échapper à l'acide corrosif [381]. Mais la différence est fondamentale : dans un cas, on veut éviter des dommages supplémentaires, dans l'autre on veut *anesthésier* une douleur lancinante, sournoise, qui devient intolérable, au moyen d'une émotion plus vive d'une espèce quelconque et l'éliminer au moins pour un instant de la conscience, — pour cela il faut un affect, aussi sauvage que possible, et pour le susciter le premier bon prétexte[382]. « C'est bien la faute de quelqu'un si je me sens mal » — cette sorte de raisonnement est propre à tous les maladifs, et d'autant plus que la véritable cause de leur déplaisir, la cause physiologique, leur demeure cachée (elle peut tenir par exemple à une affection du nerf sympathique[383], ou à une décharge excessive de bile, ou à une carence du sang en sulfate et phosphate de potasse ou à un ballonnement du bas-ventre qui bloque la circulation sanguine, ou à la dégénérescence des ovaires et autres choses semblables)[384]. Ceux qui souffrent, tous autant qu'ils sont, sont toujours prêts à inventer d'effroyables prétextes pour des affects douloureux ; ils se plaisent déjà rien qu'au soupçon, à ressasser des misères et d'apparentes atteintes, ils fouillent les entrailles de leur passé et de leur présent pour y déceler de sombres histoires douteuses, quand ils peuvent se griser de soupçons torturants et s'enivrer du poison de leur propre méchanceté — ils rouvrent les plus vieilles plaies, ils font saigner les plus vieilles cicatrices, ils transforment en malfaiteurs ami, femme, enfant et tout ce qui leur est proche. « Je souffre : c'est bien la faute de quelqu'un » — ainsi pense la brebis maladive. Mais son berger, le prêtre ascétique, lui dit : « Eh oui, ma brebis ! C'est bien la faute de quelqu'un : mais ce quelqu'un, c'est toi — c'est bien ta faute, à toi seule, *c'est toi qui es en faute contre toi-même* ! »... Quelle audace, quelle fausseté : mais par là un résultat au moins est atteint, je le répète, la direction du *ressentiment** est... *déviée*.

16

On devine d'ores et déjà ce que, selon moi, l'instinct guérisseur de la vie a au moins *tenté* d'obtenir par le truchement du prêtre ascétique et à quoi a pu lui servir une tyrannie temporaire de paradoxes et de paralogismes comme « faute », « péché », « peccabilité »,

« corruption », « damnation » : rendre les malades
jusqu'à un certain point *inoffensifs*, laisser les incurables
se détruire eux-mêmes[385], orienter rigoureusement les
demi-malades vers eux-mêmes, renvoyer le *ressentiment*★ sur eux-mêmes (« une seule chose est nécessaire[386] »), *utiliser* ainsi les mauvais instincts de tous
ceux qui souffrent pour l'autodiscipline, le contrôle de
soi, le dépassement de soi. Il va de soi qu'une « médication » de cette sorte, simple médication de l'affect,
ne peut constituer une véritable *guérison* des malades
au sens physiologique ; on ne devrait même pas prétendre que l'instinct vital a, ce faisant, envisagé et visé
la guérison proprement dite. Une sorte de concentration et d'organisation des malades d'un côté (le terme
« Église » en est l'appellation la plus populaire[387]), de
l'autre une mise à l'abri provisoire des gens en santé,
des êtres les mieux accomplis, une *faille* ainsi creusée
entre le sain et le malade — et voilà tout ! et c'était
beaucoup ! *vraiment beaucoup* !... (Dans ce traité, je
pars, on le voit, d'une hypothèse que je n'ai pas besoin
de justifier devant le lecteur qu'il me faut : à savoir
que la « peccabilité » chez l'homme n'est pas un état
de fait[388], mais seulement l'interprétation d'un état de
fait, à savoir d'un malaise physiologique, ce dernier
étant considéré d'un point de vue moral et religieux
auquel nous ne sommes pas tenus. — Que l'on se
sente « coupable », « pécheur », ne prouve absolument
qu'on ait raison de se sentir tel, de même qu'on n'est
pas bien-portant pour la seule raison qu'on se sent
bien-portant. Qu'on se souvienne donc des fameux
procès de sorcellerie : à l'époque, les juges les plus
perspicaces et les plus bienveillants ne doutaient pas
qu'on fût devant une faute ; *même* les « sorcières » *n'en
doutaient pas*, — et pourtant il n'y avait pas de faute.
— Pour exprimer cette hypothèse d'une façon plus
générale : la « douleur psychique » ne signifie pas du
tout à mes yeux un état de fait mais seulement une
interprétation (une interprétation causale) d'états de
fait qu'on n'a pu jusqu'ici formuler avec exactitude :
donc c'est quelque chose qui reste entièrement dans le

vague et n'a aucune pertinence scientifique, — juste
un mot bien gras, à la place d'un point d'interrogation, si ténu soit-il. Si quelqu'un ne se débarrasse pas
d'une « souffrance psychique », cela ne tient *pas*, en
gros, à « son âme », mais plus vraisemblablement à son
ventre, (en gros, disais-je : ce qui n'exprime pas du
tout le désir d'être entendu ou compris grossièrement...). Un homme fort et réussi digère les événements de sa vie (y compris les faits et les méfaits)
comme il digère ses repas, même s'il lui faut avaler de
gros morceaux. S'il ne vient pas « à bout » d'un événement, cette espèce-ci d'indigestion est aussi physiologique que l'autre — et de fait n'en est souvent qu'une
conséquence. — Une telle conception n'empêche pas,
soit dit entre nous, de rester l'adversaire le plus rigoureux de tout matérialisme[389]...)

17

Mais alors, serait-il *médecin*, ce prêtre ascétique ? —
Nous avons déjà compris pourquoi il est à peine permis de le qualifier de médecin, même s'il aime à se
prendre pour un « sauveur », à être vénéré comme
« sauveur »[390]. Or il ne combat que la souffrance elle-
même, la misère de celui qui souffre et *non pas* sa
cause, ni la maladie en elle-même, — voilà qui doit
susciter notre objection la plus forte contre la médication du prêtre. Mais si l'on se place dans la perspective que le prêtre est seul à connaître et à prendre, on
ne se lassera pas d'admirer tout ce qu'il a vu, cherché
et trouvé grâce à elle. L'*atténuation* de la souffrance,
les « consolations » de toutes sortes — c'est là qu'il
montre son génie : quel talent pour sa tâche de conso-
lateur, quelle promptitude et quelle audace dans le
choix des moyens ! C'est tout le christianisme qu'on
pourrait appeler le grand trésor des suprêmes consolations spirituelles, tant il accumule de réconfort, de
baume, de narcotique, tant il a usé à cette fin de
moyens dangereux et téméraires, tant il a usé de
finesse, de raffinement, de raffinement méridional à

deviner en particulier quelle sorte de stimulants affec-
tifs peuvent vaincre la profonde dépression, la lassitude de plomb, la sombre mélancolie de l'inhibition
physiologique, ne serait-ce qu'un temps. Car, pour le
dire en un mot : dans toutes les grandes religions, il
s'est agi principalement de combattre une certaine
fatigue et une certaine pesanteur devenues épidémiques. On peut d'emblée tenir pour vraisemblable
que, de temps en temps, en certains endroits de la
terre, un certain *sentiment physiologique d'inhibition*
doit nécessairement s'emparer de larges masses, sentiment qui, cependant, faute de connaissance physiologique, ne se présente pas comme tel à la conscience,
de sorte qu'on ne peut en chercher et en expérimenter
la « cause » et le remède que dans l'ordre psychologique et moral (tel est en effet ma formule la plus
générale pour ce qu'on appelle une « *religion* »[391]). Un
tel sentiment d'inhibition peut avoir les origines les
plus diverses, par exemple être la conséquence d'un
croisement de races trop hétérogènes (ou d'un
mélange de conditions — les conditions expriment
toujours en même temps des différences d'origine et
de race : le « spleen » européen —, le « pessimisme »
du xixe siècle est au fond la conséquence d'un soudain
et absurde mélange des conditions ; ou le fait d'une
émigration inopportune — une race qui arrive dans
un climat que sa faculté d'adaptation ne lui permet
pas (cas des Indiens en Inde) ; ou bien l'effet de
l'ancienneté ou de la lassitude de la race (pessimisme
parisien depuis 1850) ; ou encore d'un mauvais
régime (l'alcoolisme du Moyen Âge ; l'absurdité des
végétariens, qui peuvent se réclamer de Christophe, le
noble de Shakespeare[392]) ; ou d'un sang gâté, de la
malaria, de la syphilis ou autres choses semblables (la
dépression allemande après la guerre de Trente
Ans[393] qui infesta la moitié de l'Allemagne de maladies pernicieuses et prépara le terrain à la servilité, à la
pusillanimité allemandes). Dans un tel cas, on expéri-
mente chaque fois dans le grand style un *combat contre
le sentiment du déplaisir* ; disons brièvement quelques

mots sur ses formes et ses pratiques les plus impor-
tantes. (Je laisse ici de côté bien entendu le combat
proprement *philosophique* contre le sentiment de
misère qui est généralement concomitant — il est
assez intéressant mais trop absurde, trop irréaliste,
trop fumeux et oiseux, ainsi lorsqu'il s'agit de démontrer que la souffrance est une erreur, selon cette hypothèse naïve que la souffrance *devrait* disparaître dès
qu'on y reconnaît l'erreur — mais voilà! elle s'est bien
gardée de disparaître...) On combat *d'abord* cette
misère dominante par des moyens qui rabaissent le
sentiment vital à son étiage. Autant que possible, plus
de vouloir, plus de désir; éviter tout ce qui donne des
affects, ce qui stimule le « sang » (pas de sel : hygiène
du fakir); ne pas aimer; ne pas haïr; équanimité; ne
pas se venger; ne pas s'enrichir; ne pas travailler;
mendier; si possible pas de femme, ou le moins possible; du point de vue spirituel, le principe de Pascal
« *il faut s'abêtir*★ [394] ». Résultat, en termes psychologiques et moraux : « abnégation », « sanctification »; en
termes physiologiques : hypnotisation — la tentative
pour atteindre quelque chose d'analogue à l'*hibernation* de certains animaux, à l'*estivation* de nombreuses
plantes des climats chauds, un minimum de dépense
d'énergie et de métabolisme dans lequel la vie ne fait
que se maintenir, sans vraiment accéder à la
conscience. Pour ce but s'est dépensée une étonnante
quantité d'énergie humaine — peut-être en vain?...
Que de tels *sportsmen* [395] de la « sainteté », comme on
en trouve abondamment à toutes les époques et chez
presque tous les peuples, aient effectivement trouvé le
salut qui les libère de ce qu'ils combattaient au moyen
d'un *training* aussi rigoureux, il n'en faut absolument
pas douter, — ils se sont vraiment *sortis*, dans
d'innombrables cas, de cette profonde dépression
physiologique à l'aide de leur système de moyens hyp-
notiques : c'est parce que leur méthode fait partie des
faits ethnologiques les plus généraux. Rien n'autorise
à tenir pour un symptôme de folie cette intention de
réduire à l'inanition la chair et le désir (comme aiment

à le faire la gent lourdaude des « esprits libres » gros
mangeurs de rosbif et les nobles Christophe). Il est
d'autant plus certain que cette méthode constitue,
peut constituer la *voie* qui mène à toutes sortes de
troubles de l'esprit, par exemple aux « lumières intérieures » comme chez les hésychastes[396] du mont
Athos, à des hallucinations auditives et visuelles, à des
débordements et extases voluptueux de la sensualité
(histoire de sainte Thérèse[397]). L'interprétation que
donnent de tels états ceux qui y sont sujets a toujours
été aussi fausse et exaltée que possible, cela va de soi :
seulement, qu'on prenne bien garde au ton de gratitude convaincue qui se fait entendre déjà dans la
volonté d'une telle espèce d'interprétation. L'état
suprême, le *salut*, même cette hypnotisation générali-
sée et ce calme obtenus à la fin, c'est là toujours pour
eux le mystère en soi, que même les symboles
suprêmes ne suffisent pas à exprimer, c'est l'entrée et
le retour au fond des choses, la libération de toutes les
illusions, c'est le « savoir », la « vérité », l'« être », la
délivrance de toutes espèces de buts, de tout désir, de
toute action, et même un par-delà bien et mal. « Le
bien et le mal, dit le bouddhiste, — sont tous deux des
entraves : l'homme accompli s'en est rendu maître » ;
« l'action et l'abstention, dit le croyant du Vedânta, ne
lui causent aucune souffrance ; le bien et le mal, il s'en
débarrasse en sage ; son royaume ne pâtit plus
d'aucun acte ; le bien et le mal, tous deux il les
dépasse » : — c'est donc là une conception indienne
dans l'ensemble, aussi brahmanique que bouddhique.
(Ni dans la pensée indienne ni dans la pensée chrétienne, on ne tient que le « salut » puisse *être obtenu* par
la vertu, par l'amélioration morale, si haut qu'elles
placent cependant la valeur hypnotique de la vertu :
qu'on retienne bien cela, — qui d'ailleurs correspond
simplement à l'état de fait. Être resté *vrai*, en
l'occurrence, c'est ce que l'on peut considérer comme
le meilleur échantillon de réalisme dans les trois plus
grandes religions, par ailleurs si foncièrement enta-
chées de moralisme. « Pour celui qui sait il n'y a pas

de devoir »... « Ce n'est pas en *s'attribuant* des vertus que l'on parvient au salut : car il consiste dans la fusion avec le Brahmâ qui n'est pas susceptible de s'attribuer la perfection ; ni non plus en *se défaisant* de ses erreurs : car le Brahmâ, avec qui la fusion rend possible le salut, est éternellement pur » — extraits du commentaire du Çankara, cités par le premier véritable *spécialiste* européen de la philosophie indienne, mon ami Paul Deussen[398].) Vénérons donc le « salut » dans les grandes religions ; en revanche, il nous sera un peu difficile de nous en tenir sérieusement à l'appréciation portée sur le *profond sommeil* par ces fatigués de la vie devenus trop fatigués eux-mêmes pour le rêve, — le profond sommeil conçu en effet comme entrée d'emblée dans le Brahmâ, comme union mystique *accomplie* avec Dieu. « Une fois complètement endormi — dit à ce sujet l'"écrit" le plus ancien et le plus vénérable — et pleinement parvenu à la paix, en sorte qu'il n'a même plus de visions de rêve, alors il est, ô très cher, uni avec ce qui est, il est entré en lui-même, — enveloppé par le soi de la connaissance, il n'a plus de conscience de ce qui est extérieur ou intérieur. Ce pont, ne le franchissent ni le jour ni la nuit, ni l'âge, ni la mort, ni la souffrance, ni la bonne ni la mauvaise œuvre. » « Dans le profond sommeil, disent même les croyants de la plus profonde des trois grandes religions, l'âme s'arrache de ce corps, entre dans la lumière suprême et se présente ainsi sous sa forme propre : le voilà alors, le suprême esprit, qui erre, dans la plaisanterie, le jeu et la badinerie, que ce soit avec les femmes, les voitures ou les amis, elle ne songe plus à cette breloque qu'est le corps, auquel le *prâna* (le souffle de vie) est attelé comme un animal de trait au chariot. » Cependant, gardons aussi présent à l'esprit, ici comme dans le cas du « salut », que, au travers de la pompeuse hyperbole orientale, s'exprime au fond seulement la même appréciation que celle de l'être clair, froid, froid à la manière grecque, mais souffrant, qu'était Épicure : l'insensibilité hypnotique, la paix du plus profond

sommeil, bref, l'apathie[399] — pour les souffrants, en
proie à un déplaisir foncier, cela peut représenter le
bien suprême, la valeur des valeurs, il *faut* qu'ils l'éva-
luent, positivement, qu'ils l'éprouvent comme *la* posi-
tivité même. (Selon cette logique du sentiment, dans
toutes les religions pessimistes, le néant s'appelle
Dieu[400].)

18

Plus fréquemment qu'un tel étouffement hypnotique général de la sensibilité, de la capacité de souffrir, étouffement qui déjà suppose des forces sortant
du commun, et surtout le courage, le mépris de l'opinion, le « stoïcisme intellectuel », on essaie contre les
états de dépression un autre *training* qui en tout cas
est plus facile : *l'activité machinale*. Que, grâce à elle,
un être qui souffre se trouve considérablement sou-
lagé, cela ne fait aucun doute : la chose s'appelle
aujourd'hui, au prix de quelque malhonnêteté, « la
bénédiction du travail »[401]. Le soulagement consiste
en ce que l'intérêt de celui qui souffre est radicalement
détourné de la souffrance, — que sans cesse une activité puis une autre encore se succèdent dans la
conscience et par conséquent y laissent peu de place
pour la souffrance : car il est bien *étroit*, ce réduit
qu'est la conscience humaine ! L'activité machinale et
tout ce qui s'y rapporte — comme la régularité absolue, l'obéissance exacte et sans hésitation, l'arrange-
ment une fois pour toutes du mode de vie, l'emploi du
temps parfaitement rempli, un certain consentement,
voire une discipline pour arriver à l'« impersonnalité »,
à l'oubli de soi, à l'« *incuria sui*[402] » — : avec quelle
radicalité, avec quelle finesse le prêtre ascétique a su
les utiliser dans son combat contre la souffrance !
Notamment quand il avait affaire à des êtres souffrants des classes inférieures, à des travailleurs
esclaves ou à des prisonniers (ou encore aux femmes :
lesquelles sont la plupart du temps les deux choses à la
fois, travailleuses esclaves et prisonnières), il ne fallait

guère plus qu'un art imperceptible de changer les
noms[403], de rebaptiser les choses pour leur faire voir
désormais un bienfait, un bonheur relatif dans les
choses odieuses : — l'insatisfaction de l'esclave face à
son sort, ce ne sont en tout cas *pas* les prêtres qui l'ont
inventée. — Un autre moyen encore plus apprécié
dans le combat contre la dépression, c'est la prescrip-
tion d'une *petite joie* facile à trouver et à ériger en
règle ; on se sert couramment de cette médication en
liaison avec celles dont je viens de parler. La forme la
plus fréquente sous laquelle la joie de cet ordre est
prescrite comme remède, c'est le plaisir de *faire* plaisir
(sous la forme du bienfait, du don, du soulagement,
de l'aide, des encouragements, de la consolation, de
l'éloge, des marques de distinction) ; en ordonnant
l'« amour du prochain », le prêtre ascétique ordonne
au fond une excitation de la plus forte pulsion affir-
matrice de la vie, encore qu'à une dose infime, — la
volonté de puissance. Le bonheur de la « toute petite
supériorité » qu'apporte tout bienfait, tout service,
toute aide, toute marque de distinction, constitue la
consolation la plus libérale dont ont coutume de se
servir les inhibés physiologiques, à condition d'être
bien conseillés : dans le cas contraire, ils se font
mutuellement du mal, évidemment en obéissant au
même instinct fondamental. Quand on se met en
quête des origines du christianisme dans le monde
romain, on y trouve des associations de secours
mutuel, des associations d'aide aux pauvres, aux
malades, des associations pour enterrer les morts, qui
ont poussé sur le terrain des couches les plus basses
des populations de l'époque, et dans lesquelles on
appliquait consciemment ce grand remède contre la
dépression, la petite joie de la bienfaisance mutuelle,
— peut-être était-ce à l'époque une nouveauté, une
véritable découverte ? Dans une « volonté de mutua-
lité », de formation de troupeau, de « communauté »,
de « cénacle » ainsi suscitée, ce qui doit ainsi à son tour
faire son apparition d'une manière nouvelle et plus
complète, c'est la volonté de puissance ainsi excitée

même dans les plus petites choses : la *formation de troupeau* constitue, dans le combat contre la dépression, un progrès et une victoire décisifs[404]. Le développement de la communauté renforce également chez l'individu un intérêt nouveau qui l'élève assez souvent au-dessus de sa morosité la plus intime, de son aversion pour *lui-même* (la « *despectio sui* » de Geulincx[405]). Tous les malades, tous les maladifs tendent instinctivement, par un désir de se défaire de leur sourd malaise et de leur sentiment de faiblesse, à s'organiser en troupeau : le prêtre ascétique devine cet instinct et l'encourage ; là où il y a des troupeaux, c'est l'instinct de faiblesse qui a voulu le troupeau, et l'astuce du prêtre qui l'a organisé. Car qu'on y prenne bien garde : les forts tendent, par nécessité naturelle, tout autant à *s'éloigner*[406] les uns des autres, que les faibles à *se rapprocher*, quand les premiers s'associent, cela n'arrive que dans la perspective d'une action d'ensemble agressive et d'une satisfaction d'ensemble de leur volonté de puissance, non sans une forte résistance de la conscience individuelle ; les faibles au contraire se rangent ensemble, justement dans le *plaisir* de ce rassemblement, — leur instinct est ainsi tout autant satisfait que celui des « seigneurs »-nés (c'est-à-dire l'homme de l'espèce du fauve solitaire) est par principe excité et inquiété par l'organisation. Sous l'oligarchie — toute l'histoire nous l'enseigne — se cache toujours le désir de la *tyrannie* ; l'oligarchie tremble constamment sous la tension dont chacun de ses membres individuels a besoin pour rester maître de ce désir. (C'était, par exemple, le cas en *Grèce* : Platon en témoigne en cent endroits[407], Platon qui connaissait ses pairs — *ainsi que* lui-même...)

19

Les moyens dont, nous venons de le voir, fait usage le prêtre ascétique — l'engourdissement du sentiment vital dans son ensemble, l'activité machinale, la petite joie, avant tout celle de l'« amour du prochain », l'organisation en troupeau, l'éveil du sentiment de puissance de la communauté, à la suite de quoi le dépit de l'individu en lui-même est étouffé par son plaisir de voir prospérer la communauté — voilà, en termes modernes, ses moyens *innocents* pour combattre le déplaisir : tournons-nous maintenant vers les moyens plus intéressants, les moyens « coupables ». Partout il ne s'agit que d'*une* chose : un quelconque *débordement du sentiment*, — utilisé comme moyen le plus efficace d'étouffement du long état douloureux sourd et paralysant ; c'est pourquoi la subtilité inventive du prêtre a été vraiment inépuisable dans la réflexion sur cette unique question : « *par quels moyens* obtient-on un débordement du sentiment ? »... Cela a l'air dur : mais il est évident que cela aurait l'air plus agréable et serait moins rébarbatif si je disais par exemple : « le prêtre ascétique a toujours utilisé l'*enthousiasme* qui se trouve au fond de tous les affects intenses »[408]. Mais pourquoi donc flatter les oreilles susceptibles de nos délicats modernes ? Pourquoi, *de notre côté*, nous laisser aller, ne serait-ce que d'un pas, à leur tartuferie de langage ? Pour nous autres psychologues[409], il y aurait là déjà une tartuferie *de l'action*, sans compter que cela nous dégoûterait. En effet, le *bon goût* — (certains aimeraient dire : la probité) d'un psychologue tient aujourd'hui, en particulier, au fait qu'il résiste à la façon de parler honteusement *moralisatrice* qui finalement enduit de sa bave tous les jugements modernes sur les hommes et les choses. Car qu'on ne s'y trompe pas : la caractéristique la plus distinctive des âmes modernes, des livres modernes, ce n'est pas le mensonge, mais l'*innocence* faite chair dans la malhonnêteté du mensonge moralisateur. S'obliger à repérer sans relâche cette « innocence » — voilà ce qui définit peut-être la part la plus ingrate de notre travail, de tout le travail en soi non dépourvu de difficultés dont aujourd'hui un psychologue doit se charger ; c'est une part de *notre* plus grand danger, c'est un chemin qui justement peut-être nous conduit, *nous*, vers le grand dégoût... *À quoi* les livres modernes à supposer qu'ils durent, ce qui à vrai dire n'est pas à craindre, et à supposer également qu'il y aura bien un jour une postérité dotée d'un goût plus strict, plus dur, *plus sain*) — à quoi *tout* ce qui est moderne en général servira, ou pourra servir, je n'en doute pas : de vomitif — et cela, grâce à sa fausseté et à son art moral d'édulcorer, à son féminisme le plus intime qui aime à s'appeler « idéalisme » et qui en tout cas se croit tel. Nos gens cultivés d'aujourd'hui, nos « hommes bons » ne mentent pas[410] — c'est vrai; mais cela ne leur fait *pas* honneur! Le véritable mensonge, le vrai mensonge résolu, « loyal » (sur la valeur duquel on serait bien venu d'entendre Platon[411]) serait pour eux quelque chose de bien trop strict, de bien trop fort; cela exigerait ce que l'on ne *peut* exiger d'eux, qu'ils ouvrent les yeux sur eux-mêmes, qu'ils sachent distinguer en eux-mêmes entre le « vrai » et le « faux ». Seul leur convient le *mensonge déloyal*; toute la gent de ceux qui se disent aujourd'hui « hommes bons » est parfaitement incapable de se comporter à l'égard d'une chose quelconque autrement que d'une manière *déloyalement mensongère*, radicalement mensongère, mais mensongère innocemment, sincèrement, candidement, vertueusement. Ces « hommes bons », — tous autant qu'ils sont, sont maintenant de fond en comble transis de moralité et, quant à la loyauté, objets d'opprobre et pourris de toute éternité : qui pourrait encore supporter de leur part une *vérité* « sur l'être humain »!... Ou, pour le dire d'une façon plus concrète : lequel d'entre eux soutiendrait l'épreuve d'une *vraie* biographie!... Quelques échantillons : lord Byron a esquissé sur lui-même quelques notes très intimes, mais Thomas Moore[412] était « trop bon » pour cela : il brûla les papiers de son ami. C'est aussi ce qu'a dû faire le Pr Gwinner[413], l'exécuteur testamentaire de Schopenhauer : car Schopenhauer lui aussi avait esquissé quelque notes sur lui-même et peut-être aussi contre lui-même (« *eis heauton*[414] »). Le valeureux Américain Thayer[415], le biographe de Beethoven, s'est d'un seul coup arrêté dans son travail : à un certain endroit de cette vie honorable et ingénue, il ne tenait plus le coup... Moralité : quel homme intelligent irait encore aujourd'hui écrire sur lui-même une parole loyale ? — ou alors, c'est qu'il appartiendrait à l'ordre des têtes brûlées. On nous promet une autobiographie de Richard Wagner [416] : qui ne doute que ce sera une autobiographie *bien pensée* ?... Songeons encore à l'épouvante grotesque qu'a suscitée en Allemagne le prêtre catholique Janssen avec sa représentation incroyablement carrée et inoffensive de la Réforme allemande [417]; qu'est-ce qui arriverait, alors, si l'on nous contait l'histoire de ce mouvement *d'une manière différente*, si un beau jour un vrai psychologue nous contait le vrai Luther, non plus avec la simplesse moralisante d'un ecclésiastique de campagne, non plus avec la pudibonderie suave et les ménagements des historiens protestants, mais avec l'impavidité d'un *Taine* [418], inspiré par la *force d'âme* et non par une astucieuse indulgence envers la force ?... (Les Allemands, soit dit en passant, ont encore récemment fort bien produit le type classique de cette indulgence, — ils peuvent bien se l'attribuer, se l'arroger en la personne de leur Leopold Ranke [419], ce classique avocat-né de toute raison du plus fort, cet astucieux entre tous les astucieux « réalistes ».)

20

Mais on m'aura déjà compris : — c'est une raison suffisante, n'est-ce pas, tout bien considéré, pour que nous autres psychologues nous ne nous débarrassions pas aujourd'hui d'un peu de méfiance *envers nous-mêmes* ?... Nous sommes probablement aussi encore « trop bons » pour notre métier, nous sommes aussi probablement encore les victimes, le butin, les malades de ce goût moralisateur actuel, bien que notre cœur nous porte à le mépriser, — *nous aussi* en sommes probablement encore infectés. Que visait l'avertissement de ce diplomate [420] quand il s'adressait à ses pairs ? « Surtout, méfions-nous, Messieurs, de nos

premiers mouvements! disait-il, *ils sont presque toujours bons* »... C'est comme cela que tout psychologue
devrait aujourd'hui s'adresser à ses pairs... Et là nous
en revenons à notre problème, qui en fait exige de
nous un peu de rigueur, un peu de défiance, notamment envers les « premiers mouvements ». *L'idéal ascétique au service d'une intention de débordement du sentiment* — qui garde en mémoire le précédent traité
anticipera déjà pour l'essentiel, dans la teneur de ces
quelques mots, ce qui reste maintenant à exposer.
Disloquer complètement l'âme humaine, la plonger
dans l'effroi, dans le gel, dans le feu et dans les ravissements pour qu'elle se libère comme par un éclair de
toutes les petitesses et les mesquineries du déplaisir,
de la léthargie et de la mauvaise humeur : quel chemin
mène à ce but-*là*? Et lequel y conduit le plus sûrement?... Au fond, tous les grands affects en sont
capables, à condition de se décharger subitement,
colère, crainte, volupté, vengeance, espérance,
triomphe, désespoir, cruauté; et en vérité le prêtre
ascétique a pris sans hésiter à son service *toute* la
meute des chiens sauvages qui se trouvent dans
l'homme, et il a lâché tantôt celui-ci, tantôt celui-là,
toujours en vue de la même fin, éveiller l'homme de sa
longue tristesse, chasser sa souffrance sourde, sa
misère hésitante, au moins pour quelque temps, et
toujours dans le cadre d'une interprétation et d'une
« justification » religieuses. Tout débordement du sentiment de cet ordre se fait après coup *payer*, cela va de
soi — il rend le malade plus malade encore — : et c'est
pourquoi ce genre de remèdes à la souffrance, selon
les critères modernes, est un genre « coupable ». On
doit cependant, comme l'exige l'équité, insister sur ce
point : il a été appliqué *avec bonne conscience*, le prêtre
ascétique l'a prescrit en toute confiance dans son utilité et même dans sa nécessité indispensable, — et
bien souvent lui-même presque brisé par la détresse
qu'il provoquait; en outre, les violents contrecoups
physiologiques de tels excès et peut-être même les
troubles de l'esprit ne sont-ils pas vraiment en

contradiction avec le sens global de cette espèce de médication : comme on l'a montré précédemment, elle ne visait *pas*, en tant que telle, la guérison des maladies, mais à combattre le déplaisir de la dépression, son apaisement, son engourdissement[421]. C'est également *ainsi* qu'on a atteint ce but. La principale astuce que s'est permise le prêtre ascétique pour parvenir à faire résonner dans l'âme humaine toutes sortes de musiques déchirantes et extatiques a consisté — chacun le sait — à exploiter le *sentiment de culpabilité*. Le précédent traité en a brièvement indiqué l'origine — affaire de psychologie animale[422], tout simplement : le sentiment de culpabilité nous y est apparu pour ainsi dire dans son état brut. Ce n'est que dans les mains du prêtre, ce véritable artiste des sentiments de culpabilité, qu'il a pris forme — et quelle forme ! Le « péché » — car telle est l'interprétation que le prêtre s'est permis de donner à la « mauvaise conscience » animale (la cruauté retournée contre soi) — a été jusqu'ici le plus grand événement de l'histoire de l'âme malade : c'est en lui que nous trouvons le chef-d'œuvre le plus pernicieux et le plus néfaste de l'interprétation religieuse[423]. L'homme souffrant de lui-même, d'une quelconque façon, en tout cas physiologiquement, un peu comme un animal enfermé dans une cage, incertain du pourquoi et du comment, avide de raisons — les raisons soulagent —, désireux aussi d'expédients et de narcotiques, tient conseil enfin avec quelqu'un qui connaît les choses cachées — et voici ! il reçoit une indication, il reçoit de son enchanteur, le prêtre ascétique, la *première* indication sur la « cause » de sa souffrance : il doit la chercher en *lui-même*, dans une *faute*, dans un fragment de passé, il doit comprendre sa souffrance même comme un *châtiment*... Il a entendu, il a compris, le malheureux : maintenant il est comme la poule autour de laquelle on a tracé un trait. Il ne ressort pas du cercle formé par ces lignes : du malade on a fait le « pécheur »... Et désormais, pendant quelques millénaires, on ne se débarrassera pas de l'aspect de ce nouveau malade, le

« pécheur » — s'en débarrassera-t-on jamais ? Où
qu'on jette les yeux, partout le regard hypnotique du
pécheur, qui ne se tourne jamais que dans *une seule*
direction (dans celle de la « faute », *seule et unique*
cause de souffrance) ; partout la mauvaise conscience,
cette « horrible bête », pour reprendre l'expression de
Luther ; partout la rumination du passé, la violence
faite aux faits, l'« œil vert » sur toute action ; partout la
volonté, devenue occupation vitale, de tourner en mal
la souffrance, son interprétation forcée en sentiments
de faute, de crainte et de châtiment ; partout la discipline et la haire[424], le corps réduit à l'inanition, la mortification, partout le supplice que le pécheur s'inflige à
lui-même de la roue cruelle d'une conscience acharnée, à la morbide volupté ; partout le tourment muet,
la crainte extrême, l'agonie du cœur au martyre, les
convulsions d'un bonheur inouï, le cri appelant le
« salut ». En fait, avec ce système de procédures,
l'ancienne dépression, la pesanteur et la lassitude
étaient radicalement *dépassées*, la vie redevenait *très*
intéressante : éveillé, toujours éveillé, jour et nuit,
ardent, carbonisé, épuisé et cependant jamais las — tel
apparaissait l'homme, « le pécheur » initié à *ces* mys-
tères. Ce vieil enchanteur dans sa lutte grandiose avec
le déplaisir, le prêtre ascétique — il l'avait visiblement
emporté, *son* règne était arrivé : déjà on ne se *plaignait*
plus de la souffrance, on était *assoiffé* de souffrance ;
« *encore* de la souffrance ! *encore* de la souffrance ! » tel
fut le cri de ses disciples et adeptes des siècles
durant[425] ! Tout débordement du sentiment qui faisait
mal, tout ce qui brisait, bouleversait, broyait, dérobait
au monde, ravissait en extase, le mystère des cham-
bres de torture, et même les inventions de l'enfer —
tout cela était désormais découvert, deviné, exploité,
tout servait à l'enchanteur, tout servait à la victoire de
son idéal, l'idéal ascétique... « Mon royaume n'est pas
de *ce* monde[426] » — ne laissait-il pas de répéter :
avait-il encore vraiment le droit de parler ainsi ?...
Goethe a affirmé qu'il n'existe que trente-six situations tragiques : cela peut faire deviner, si on ne le

savait déjà, que Goethe n'était pas un prêtre ascétique[427]. Ce dernier — en connaît plus que cela...

21

Face à toute *cette* espèce de médication sacerdotale, l'espèce « coupable », toute parole critique est de trop. Croire qu'un débordement du sentiment tel qu'a coutume de le prescrire en ce cas à ses malades le prêtre ascétique (bien entendu sous les noms les plus sacrés et également pénétré du caractère sacré de son but) ait effectivement été *utile* à un quelconque malade, qui aurait donc vraiment envie de soutenir une assertion de ce genre ? À tout le moins faut-il s'entendre sur le mot d'« utilité ». Si l'on veut par là dire qu'un tel système de traitement a *amélioré* l'homme, je n'y contredis pas : sauf à ajouter que pour moi « amélioré » signifie... la même chose que « domestiqué », « affaibli », « découragé », « raffiné », « amolli », « dévirilisé » (donc presque l'équivalent de *dégradé*...). Mais quand il s'agit principalement d'êtres malades, moroses, déprimés, un tel système rend le malade, à supposer qu'on l'« améliore »[428], en tout cas *davantage malade*; qu'on demande donc aux aliénistes quelles sont les séquelles d'une application méthodique de tortures de la pénitence, de mortifications et de convulsions du salut. Qu'on interroge également l'histoire : partout où le prêtre ascétique a imposé son traitement, la morbidité chaque fois, très vite et d'une façon inquiétante, s'est enracinée et étendue. Quel en fut chaque fois le « succès » ? Le délabrement du système nerveux venant s'ajouter à la maladie antérieure; et cela, dans les petites comme dans les grandes choses, chez les individus comme dans les masses. Parmi les séquelles du *training*[429] de la pénitence et du salut, nous trouvons de formidables épidémies d'épilepsie, les plus grandes que l'histoire ait connues, comme celles des danses de Saint-Guy[430] et de Saint-Jean du Moyen Âge; nous trouvons encore, autre forme de suite, d'effroyables paralysies et dépressions à long terme, à cause desquelles parfois le tempérament d'un peuple ou d'une ville (Genève, Bâle) se retourne une fois pour toutes en son contraire; — c'est de là que découle également l'hystérie des sorcières, phénomène apparenté au somnambulisme[431] (huit grandes crises épidémiques de cette hystérie, rien qu'entre 1564 et 1605) —; autre séquelle, ces délires de mort des masses, dont l'épouvantable cri « *evviva la morte*[432] » se fit entendre dans toute l'Europe, interrompu par des idiosyncrasies tantôt voluptueuses, tantôt ivres de destruction : ainsi on observe partout aujourd'hui encore les mêmes alternances d'affects, avec les mêmes intermittences et les mêmes sautes, dans tous les cas où la doctrine ascétique du péché connaît à nouveau un grand succès (la névrose religieuse *apparaît* comme une forme du « haut mal[433] », c'est indubitable. Ce qu'elle est? *Quaeritur*[434]). Dans l'ensemble, l'idéal ascétique avec son culte moral sublime, cette systématisation la plus spirituelle, la moins scrupuleuse et la plus dangereuse de tous les moyens de débordement du sentiment, s'est inscrit dans l'histoire de l'homme d'une manière effroyable et inoubliable, sous la houlette de saintes intentions; et hélas! *pas seulement* dans son histoire... Je ne saurais rien faire valoir d'autre qui ait porté atteinte d'une façon aussi destructrice à la *santé* et à la vigueur des races, notamment des Européens, que cet idéal; on peut, sans exagérer, l'appeler la *véritable fatalité* de l'histoire de la santé de l'homme européen. Si ce n'est à la rigueur que l'on pourrait comparer à son influence celle de l'élément spécifiquement germanique : j'entends l'empoisonnement alcoolique de l'Europe qui a progressé exactement du même pas que la prédominance politique et raciale des Germains[435]. (Là où ils ont inoculé leur sang, ils ont aussi inoculé leur tare.) — Au troisième rang, il faudrait citer la syphilis, — *magno sed proxima intervallo*[436].

22

Le prêtre ascétique a gâté la santé de l'âme chaque fois qu'il a pu dominer, et donc il a également gâté le *goût in artibus et litteris*[437], — et il continue à le faire. « Donc ? » — J'espère que l'on me concédera sans plus de façons ce « donc » ; en tout cas je ne souhaite pas d'emblée le justifier. Une simple indication : elle concerne le livre princeps de la littérature chrétienne, son véritable modèle, son « livre en soi »[438]. Au cœur même de la splendeur gréco-romaine, qui était également celle des livres, face à un monde antique de l'écrit qui n'était pas encore détruit et réduit en décombres, à une époque où l'on pouvait encore lire des livres pour la possession desquels on donnerait des pans entiers de bibliothèque, des agitateurs chrétiens — on les appelle Pères de l'Église — eurent l'ingénuité et le front de décréter : « *nous* aussi, nous avons nos classiques, *nous n'avons pas besoin de ceux des Grecs* », — et l'on montrait fièrement du doigt des recueils de légendes, des épîtres apostoliques et de méchants traités apologétiques, à peu près comme, de nos jours, l'« armée du salut » anglaise, avec une littérature du même acabit, s'en va-t-en guerre contre Shakespeare[439] et autres « païens ». Je n'aime pas le Nouveau Testament[440], on l'aura deviné ; je suis presque inquiet d'être à ce point isolé dans mon manque de goût pour cet ouvrage tant estimé, surestimé (j'ai *contre* moi le goût de deux millénaires) : mais qu'y puis-je ! « Me voici, je ne puis faire autrement[441] », — j'ai le courage de mon mauvais goût[442]. L'*Ancien* Testament — là, c'est tout autre chose : tous mes respects à l'Ancien Testament[443] ! J'y trouve de grands hommes, un paysage héroïque et une chose rarissime sur terre, l'incomparable naïveté du *cœur vaillant* ; mieux encore, j'y trouve un peuple. Dans le Nouveau, au contraire, un joli ménage plein de petites sectes, de rococos de l'âme, plein de choses et de recoins[444] tarabiscotés, de bizarreries, un remugle de conventicules, sans oublier, parfois, un souffle de miè-

vrerie bucolique qui est typique de l'époque (*et* de la
province romaine) et qui est moins juif qu'hellénis-
tique. L'humilité et la suffisance allant de front[445]; un
bavardage du sentiment qui rendrait presque sourd;
des airs passionnés, mais point de passion; des sima-
grées pénibles; on voit bien que ces gens-là n'ont
aucune éducation. Comment peut-on faire un tel bat-
tage de ses petits travers, comme ces pieux nabots!
Personne ne s'en soucie[446]; et Dieu moins que quiconque. Et en fin de compte, ils veulent par-dessus le
marché la « couronne de la vie éternelle »[447], toutes ces
petites gens de la province : pourquoi donc et en quel
honneur? On ne saurait pousser plus loin l'aplomb.
Un Pierre « immortel » : mais qui supporterait *cela*!
Leur ambition prête à rire : *ça* remâche ses petites
affaires personnelles, ses sottises, ses chagrins et ses
soucis de traîne-savate, comme si l'en-soi des choses
avait le devoir de s'en préoccuper, *ça* ne se lasse
jamais d'impliquer Dieu lui-même dans les plus mesquines misères où ils s'enfoncent. Et ce perpétuel
à-tu-et-à-toi avec Dieu, qui est d'un goût détestable!
Ces privautés juives, et pas seulement juives, de la
gueule et de la patte avec Dieu[448]!... Il y a en
Extrême-Orient de petits « peuples païens » méprisés,
de qui ces premiers chrétiens auraient pu apprendre
une chose essentielle, un peu de *tact* dans la vénération[449]; ces peuples, comme en témoignent des mis-
sionnaires chrétiens, ne se permettent pas de pronon-
cer le nom de leur Dieu. Voilà ce qui me paraît de la
délicatesse achevée; ce qui est sûr, c'est que c'est une
délicatesse qui ne dépasse pas seulement les « premiers chrétiens » : qu'on se rappelle donc par
exemple, pour bien ressentir cette opposition, Luther,
le paysan le plus « bavard » et le plus arrogant qu'ait
connu l'Allemagne, et la tonalité luthérienne à laquelle
il se plaisait justement le plus dans ses dialogues avec
Dieu. La résistance de Luther contre les saints inter-
cesseurs (en particulier contre « le pape, cette truie du
diable »), était au fond, à n'en point douter, la résistance d'un butor qui répugnait à la *bonne étiquette** de

l'Église, cette étiquette de la vénération propre au goût hiératique, qui ne laisse accéder au saint des saints que les initiés et les plus capables de se taire, et en exclut les butors. Ceux-ci, une fois pour toutes, n'y auront pas la parole, — mais Luther, le paysan, en avait décidé tout autrement, la chose ne lui paraissait pas assez *allemande* : il voulait avant tout parler directement, parler en personne, parler à son Dieu « sans gêne »[450]... Eh bien ! C'est ce qu'il a fait. — L'idéal ascétique, on le devine, n'a jamais ni nulle part été une école du bon goût, et moins encore celle des bonnes manières, — dans le meilleur des cas, il a été une école des manières hiératiques — : ce qui signifie qu'il contient en son principe quelque chose de foncièrement hostile à toutes les bonnes manières, — le manque de mesure, l'aversion pour la mesure, il est lui-même un « *non plus ultra*[451] ».

23

L'idéal ascétique n'a pas seulement gâté la santé et le goût, il a en outre gâté une troisième, une quatrième, une cinquième, une sixième chose — je me garderai bien de les énumérer (je n'en finirais pas !). Je ne cherche point à mettre en lumière ce que cet idéal a véritablement *réalisé*; mais plutôt seulement ce qu'il *signifie*, ce qu'il laisse deviner, ce qui est caché derrière lui, sous lui, en lui, ce dont il est l'expression provisoire, ambiguë, surchargée de points d'interrogation et de malentendus. Et c'est seulement en vue de *cette* fin-là que j'ai pris la liberté d'obliger mes lecteurs à jeter un coup d'œil sur l'énormité de ses réalisations, et même de ses réalisations funestes : pour les préparer en effet à l'aspect ultime et le plus effroyable que comporte à mes yeux la question de la signification de cet idéal. Que signifie donc la *puissance* de cet idéal, l'*énormité* de sa puissance ? Pourquoi lui avoir fait autant de place ? Pourquoi ne pas lui avoir opposé davantage de résistance ? L'idéal ascétique exprime une volonté : *où* est la volonté adverse, dans laquelle

s'exprimerait un *idéal adverse* ? L'idéal ascétique a un
but, — lequel est assez général pour que tous les
autres intérêts de l'existence humaine, par comparaison, apparaissent mesquins et étriqués; il interprète à
sa façon les époques, les peuples, les hommes en les
rapportant impitoyablement à ce but, il ne fait droit à
aucune autre interprétation, à aucun autre but, il
rejette, nie, affirme, confirme dans le sens exclusif de
son interprétation (— et y eut-il jamais un système
interprétatif plus conséquent?); il ne se soumet à
aucune puissance, il croit bien au contraire à sa pri-
mauté sur toute puissance, à sa *distance hiérarchique*
inconditionnée face à toute puissance, — il est
convaincu qu'il n'existe aucune puissance sur terre[452]
qui ne doive d'abord recevoir de lui un sens, un droit
d'exister, une valeur, en tant qu'instrument en vue de
son œuvre, que voie et moyen vers *son* but, son unique
but... Où est l'*opposé* de ce système clos de la volonté,
du but et de l'interprétation? Pourquoi cet opposé
fait-il défaut?... Où est l'*autre* « but unique »[453]?...
Mais on me dit qu'il ne ferait *pas* défaut, et qu'il aurait
non seulement livré avec succès un long combat
contre l'idéal ascétique, et qu'il se serait même rendu
maître de cet idéal sur tous les points essentiels : toute
notre *science* moderne[454] en serait le témoignage —
cette science moderne qui, à titre de véritable philosophie du réel, ne croit manifestement qu'en elle-
même, a manifestement foi en elle-même, et le courage de s'assumer, ayant bien réussi jusqu'à présent
sans Dieu, sans au-delà et sans vertus négatives. Mais
tout ce vacarme et cette agitation de bavards reste
sans effet sur moi : les trompettes de la réalité sont de
mauvais musiciens, leurs voix, cela s'entend, ne
sortent *pas* des profondeurs, elles ne disent *rien* du tréfonds de la conscience scientifique — car celle-ci est
aujourd'hui un tréfonds[455] —, le mot de « science »,
dans ces gueules de trompettes, est tout simplement
un attentat aux mœurs, un abus, une impudeur. C'est
tout le contraire de ce que l'on affirme là qui est vrai :
la science aujourd'hui n'a absolument *aucune* foi en

elle-même, et moins encore un idéal *au-dessus* d'elle, — et là où elle est encore passion, amour, ardeur, *souf-france*, elle n'est pas l'opposé de cet idéal ascétique, mais elle en est bien plutôt la *forme la plus récente et la plus aristocratique*. Cela vous paraît-il étrange ?... Chez les savants d'aujourd'hui il ne manque pas d'un brave peuple d'humbles ouvriers[456] qui se plaît à son petit carré et qui, parce qu'il s'y plaît, hausse parfois le ton pour exiger sans trop d'humilité comme un *devoir* qu'on soit satisfait, aujourd'hui, tout particulièrement dans le domaine de la science, — n'y a-t-il pas là tant de choses utiles à faire ? J'en conviens ; je m'en voudrais beaucoup de gâter à ces honorables ouvriers le plaisir du travail : car je me réjouis de leur labeur. Mais si on travaille maintenant beaucoup dans la science et s'il s'y trouve des ouvriers satisfaits, cela ne prouve absolument *pas* que la science dans son ensemble comporte aujourd'hui un but, une volonté, un idéal, la passion que donne la foi dans les grandes choses. La vérité, je le répète, est à l'opposé : quand elle n'est pas la manifestation la plus récente de l'idéal ascétique, — il s'agit alors de situations trop rares, choisies, trop exceptionnelles, pour pouvoir infléchir l'appréciation d'ensemble — la science est aujourd'hui le *repaire* de toute espèce de morosité, d'incrédulité, de ver rongeur, de *despectio sui*[457], de mauvaise conscience, — elle est l'*inquiétude* même de l'absence d'idéal, la souffrance que donne le *manque* de grand amour, le mécontentement d'être *obligé* de se contenter de peu. Que ne cache pas aujourd'hui la science ! Que n'est-elle pas du moins censée *cacher* ! Le sérieux de nos meilleurs savants, leur zèle hébété, leur tête en effervescence nuit et jour, leur maîtrise même au travail — combien de fois cela n'a-t-il pas pour véritable sens de se dissimuler on ne sait quoi ! La science comme moyen de s'étourdir : *connaissez-vous cela* ?... — Un mot innocent les blesse jusqu'à l'os — quiconque fréquente les savants le sait, on aigrit ses amis savants contre soi à l'instant même où on croit les honorer[458], on les met hors d'eux-mêmes simplement

parce qu'on a été trop grossier pour deviner à qui on a
véritablement affaire, c'est-à-dire à des gens qui
souffrent, qui ne veulent pas s'avouer eux-mêmes ce
qu'ils sont, des gens anesthésiés et hébétés, qui ne
redoutent qu'une chose : *reprendre conscience*...

24

Et qu'on imagine maintenant les cas les plus rares
dont j'ai parlé, les derniers idéalistes qu'on trouve
aujourd'hui parmi les philosophes et les savants :
représentent-ils les *opposants* à l'idéal ascétique dont
nous sommes en quête, les *anti-idéalistes*[459] ? En fait,
ils se *croient* tels, tous les uns autant que les autres, ces
« incroyants »; voilà qui semble être leur dernier reli-
quat de croyance, d'être les opposants de cet idéal,
tant ils sont sérieux sur ce point, tant leurs paroles et
leurs poses sont passionnées justement en cette
matière : — faut-il pour autant que ce qu'ils croient
soit *vrai*?... Nous autres, hommes de la connaissance,
sommes finalement méfiants envers les croyants de
tout acabit, notre méfiance nous a peu à peu exercés à
conclure au contraire de tout ce qui se faisait auparavant : chaque fois que la force d'une croyance est très
manifeste, à conclure à une certaine faiblesse de la
preuve, à l'*invraisemblance* même de l'objet de la
croyance. Nous non plus ne nions pas que la croyance
« rende bienheureux » : *c'est bien pourquoi* nous nions
que la foi *prouve* quelque chose[460] : une croyance forte
qui rend bienheureux suscite le soupçon contre l'objet
même auquel elle croit, elle ne fonde pas la « vérité »,
elle fonde une certaine vraisemblance — de l'*illusion*.
Or qu'en est-il, dans ce cas? — Ces négateurs et
rebelles d'aujourd'hui, ces inconditionnels d'une seule
chose : la revendication de la propreté intellectuelle,
ces esprits durs, sévères, abstinents, héroïques, qui
sont l'honneur de notre époque, tous ces blêmes
athées, antéchrists, immoralistes, nihilistes, ces sceptiques, éphectiques et fébriles *hectiques*[461] de l'esprit
(fébriles, ils le sont tous d'une manière ou d'une

autre), ces derniers idéalistes de la connaissance chez qui seuls demeure et s'incarne toujours la conscience intellectuelle, — ils se croient en effet aussi affranchis que possible de l'idéal ascétique, — ces « esprits libres, *très* libres » : et pourtant, je me permets de leur révéler ce qu'eux-mêmes ne voient pas, faute de recul vis-à-vis d'eux-mêmes — cet idéal est bien aussi *leur* idéal. C'est eux et eux seuls, peut-être, qui le représentent aujourd'hui. Ils sont eux-mêmes son rejeton le plus spiritualisé, la troupe la plus avancée de ses guerriers et de ses éclaireurs, sa forme sournoise la plus insidieuse, la plus subtile, la plus insaisissable : — si je suis en quelque manière devin, que ce soit avec *cette* proposition-là !... Il s'en faut de beaucoup qu'ils soient des esprits *libres* : *car ils croient encore à la vérité*... Lorsque les croisés chrétiens se heurtèrent en Orient à l'invincible ordre des Assassins[462], cet ordre d'esprits libres *par excellence** dont les grades les plus bas vivaient dans une obéissance qu'aucun ordre monastique n'a égalée, ils reçurent par quelque voie une indication sur le symbole et la devise qui étaient réservés aux seuls grades supérieurs comme leur secret : « rien n'est vrai, tout est permis[463] »... *Voilà*, par exemple, qui était de la *liberté* de l'esprit, *cette formule congédiait* la foi même en la vérité... A-t-on jamais vu un esprit libre européen, chrétien, s'égarer dans cette proposition et ses *conséquences* labyrinthiques ? Connaît-il *d'expérience* le Minotaure de cet antre[464] ?... J'en doute, et même je suis certain du contraire : — il n'y a justement rien de plus étranger à ces inconditionnels d'une *seule* idée, à ces *soi-disant* esprits libres que la liberté et l'émancipation en ce sens, il n'y a rien à quoi ils soient plus solidement enchaînés, et justement c'est dans la foi en la vérité que, plus que quiconque, ils sont inébranlables et inconditionnels. Je ne connais tout cela que de trop près, sans doute : la vénérable abstinence des philosophes à quoi oblige une telle croyance, le stoïcisme de l'intellect, qui s'interdit finalement le non aussi strictement que le oui, la *volonté* d'en rester au factuel, au fait *brut*, ce

fatalisme des « *petits faits*⋆ » (*ce petit faitalisme*⋆ [465],
comme je l'appelle), dans lequel la science française [466]
cherche désormais une sorte de prééminence morale
sur la science allemande, cette renonciation totale à
l'interprétation [467] (à la violence, l'adaptation, l'abréviation, l'omission, la surenchère, l'hyperbole, la falsification, et à tout ce qui relève encore de l'*essence*
même de toute interprétation) — tout cela exprime,
au bout du compte, aussi bien l'ascétisme de la vertu
qu'une quelconque négation de la sensualité (ce n'est
au fond qu'un mode de cette négation). Mais ce qui y
pousse, cette volonté inconditionnelle de vérité, c'est la
foi dans l'idéal ascétique lui-même, bien qu'à titre
d'impératif inconscient, qu'on ne s'y trompe pas, —
c'est la foi en une valeur *métaphysique*, en une valeur
en soi de la vérité, foi qui est seule dans cet idéal à pouvoir la garantir et l'attester (elle vit et meurt avec lui).
En toute rigueur, aucune science n'est « sans présupposé », l'idéal même en est impensable, contraire à la
logique : il faut toujours qu'une philosophie, une
« croyance », précède pour conférer à la science, une
direction, un sens, une limite, une méthode, un *droit* à
l'existence. (Celui qui inverse les termes, et s'avise par
exemple d'établir la philosophie « sur des fondements
strictement scientifiques », doit commencer par mettre
cul par-dessus tête, non seulement la philosophie, mais
encore la vérité elle-même : la plus grave atteinte aux
convenances que l'on puisse commettre à l'égard de
deux dames aussi respectables! [468]) Oui, n'en doutons
pas — et ici je laisse la parole à mon *Gai Savoir*, voir le
livre V page 263 [469]. — « Le véridique, au sens audacieux et ultime que suppose la foi dans la science,
affirme par là un autre monde que celui de la vie, de la
nature et de l'histoire; et dans la mesure où il affirme
cet "autre monde", eh bien! ne lui faut-il pas du
même coup — nier son contraire, ce monde-ci, *notre*
monde?... C'est encore sur une *foi métaphysique* que
repose notre foi dans la science, — nous aussi les
hommes de la connaissance d'aujourd'hui, nous les
sans-Dieu et antimétaphysiciens, nous aussi nous

empruntons *notre* flamme à l'incendie qu'a allumé une foi millénaire, la foi chrétienne qui était aussi celle de Platon, selon laquelle Dieu est la vérité et la vérité est *divine*... Mais quoi, et si justement tout cela devenait de plus en plus incroyable, et si rien ne s'avérait plus divin sinon l'erreur, l'aveuglement, le mensonge — et si Dieu même s'avérait notre *plus long mensonge* ? » — — À cet endroit, il faut s'arrêter et réfléchir longuement. La science elle-même *a* désormais *besoin* d'être justifiée (ce qui ne veut pas dire qu'une telle justification existe). À cet égard, on pourra consulter les philosophies les plus anciennes comme les plus récentes : elles n'ont même pas conscience qu'il faille justifier la volonté de vérité, c'est là une lacune de toute philosophie —, d'où cela vient-il ? C'est que l'idéal ascétique a jusqu'à présent *dominé* toute la philosophie, que la vérité a été posée comme Être, comme Dieu, comme instance suprême, c'est qu'on n'avait pas le *droit* de voir en la vérité un problème. Comprend-on ce mot de « droit » ? — Dès l'instant où la foi dans le Dieu de l'idéal ascétique est reniée, *surgit du même coup un problème nouveau* : celui de la *valeur* de la vérité. — La volonté de vérité a besoin d'une critique — définissons ainsi notre propre tâche —, il faudrait essayer de *mettre* une bonne fois la vérité *en question*... (à qui trouverait cela un peu trop bref, je recommande de lire le paragraphe du *Gai Savoir* intitulé « Dans quelle mesure nous aussi nous sommes encore pieux », p. 260 sq., ou mieux encore tout le livre V de cet ouvrage, ainsi que la préface d'*Aurore*[470]).

25

Non ! Qu'on ne me parle pas de la science, quand je cherche l'antagoniste naturel de l'idéal ascétique, quand je demande : « *où* est la volonté opposée, où s'exprime *l'idéal contraire* ? ». Pour cela, la science, loin s'en faut, n'est pas assez indépendante, il lui faut à tous égards d'abord un idéal d'évaluation, une puissance créatrice de valeurs, au *service* de laquelle elle ait le *droit de croire* en elle-même, — elle-même n'est jamais créatrice de valeurs. Sa relation à l'idéal ascétique n'est, en soi, absolument pas encore antagoniste ; elle représente même pour l'essentiel plutôt la force motrice de son développement interne. Son opposition et son combat, à bien l'examiner, ne concernent pas du tout l'idéal ascétique lui-même, mais seulement ses bastions avancés, ses déguisements, ses masques, ses accès de rigidité, de durcissement, de dogmatisation — elle libère à nouveau en lui la vie, en niant ce qu'il a d'exotérique. L'un et l'autre, la science et l'idéal ascétique, se tiennent bien sur un seul et même terrain — je l'ai déjà donné à entendre — : à savoir celui de l'égale surestimation de la vérité (plus exactement : de la foi égale dans le caractère *in*estimable, *in*critiquable de la vérité[471]), c'est justement par là qu'ils sont *nécessairement* alliés, — de telle sorte que, si on les combat, on ne peut les combattre et les mettre en question qu'ensemble. Une évaluation de l'idéal ascétique implique inévitablement une évaluation de la science : gardons dans ce cas les yeux grands ouverts, dressons les oreilles ! (L'*art*, disons-le d'emblée, car j'y reviendrai plus longuement à l'occasion[472], — l'art, qui sanctifie justement le *mensonge* et dans lequel la bonne conscience vient s'allier à la *volonté d'illusion*, est bien plus foncièrement opposé à l'idéal ascétique que la science : c'est ce que Platon a senti d'instinct, lui qui fut le plus grand ennemi de l'art que l'Europe ait produit jusqu'à ce jour[473]. Platon *contre* Homère : voilà tout l'antagonisme, le véritable antagonisme — d'un côté, « l'homme de l'au-delà » en toute bonne volonté, le grand calomniateur de la vie, de l'autre, celui qui la divinise spontanément, nature d'*or*[474]. Une disponibilité d'artiste au service de l'idéal ascétique est donc la plus profonde *corruption* qui puisse être, hélas ! trop commune : car il n'y a rien de plus corruptible qu'un artiste[475].) Et en termes physiologiques aussi, la science repose sur un même terrain que l'idéal ascétique : un certain *appauvrissement de la vie* les conditionne tous deux, — le refroidissement des affects, le ralentissement du tempo, la dialectique substituée à l'instinct[476], le *sérieux*[477] imposé aux visages et au maintien (le sérieux, cette marque infaillible d'un métabolisme laborieux de la vie qui lutte et travaille durement). Que l'on considère les époques d'un peuple durant lesquelles le savant occupe le devant de la scène : ce sont des époques de fatigue, souvent de crépuscule, de déclin, — la force débordante, l'assurance de la vie, la certitude de l'*avenir* ont disparu[478]. La prééminence du mandarin n'est jamais de bon augure : pas plus que l'avènement de la démocratie, celui des arbitrages pacifiques au lieu des guerres, celui de l'égalité de la femme, de la religion de la pitié et de toute espèce de symptômes de la vie qui va par le fond. (La science comme problème; que signifie la science? — cf. à ce sujet l'Avant-propos de *La Naissance de la tragédie*.) — Non! Cette « science moderne » — mais ouvrez donc les yeux! — est pour l'instant la *meilleure* alliée de l'idéal ascétique et cela justement parce qu'elle en est l'alliée la plus inconsciente, la plus spontanée, la plus clandestine et la plus souterraine! Ils ont jusqu'à maintenant mené la partie, les « pauvres en esprit »[479] et les zélateurs scientifiques de cet idéal (que l'on se garde, soit dit en passant, de croire qu'ils en sont l'opposé, en quelque sorte les *riches* en esprit : — ils ne le sont *certes pas*, je les ai appelés les hectiques[480] de l'esprit). Ces fameuses *victoires* qu'on leur prête : à coup sûr, ce sont des victoires — mais sur quoi? L'idéal ascétique n'a pas du tout été vaincu en eux, il s'est plutôt renforcé, en effet, il a été rendu plus insaisissable, plus spirituel, plus insidieux, chaque fois qu'un rempart, une fortification qui s'y étaient arc-boutés et qui *enlaidissaient* son aspect, étaient impitoyablement défaits, brisés par la science. Croira-t-on vraiment par exemple que l'échec de l'astronomie théologique constitue l'échec de cet idéal[481]?... L'homme a-t-il peut-être dorénavant *moins soif* d'une solution dans l'au-delà du mystère de son existence du fait que, depuis, cette existence paraît encore plus contingente, plus oisive, plus inutile dans l'ordre des choses visibles ? Le rapetissement de l'homme par lui-même, sa *volonté* de se rapetisser ne sont-ils pas irrésistiblement en progrès depuis Copernic ? Hélas ! c'en est fini de la croyance en sa dignité, en sa singularité, en son caractère irremplaçable dans l'échelle des êtres, — il est devenu une *bête,* une bête au sens propre, sans réticence ni réserve, lui qui, dans sa croyance ancienne, était quasiment Dieu (« enfant de Dieu », « Dieu fait homme »)... Depuis Copernic, l'homme semble sur la mauvaise pente, — il roule désormais de plus en plus vite loin du centre — jusqu'où ? jusqu'au néant ? jusqu'au « sentiment *taraudant* de son néant » ?... Soit ! Voilà qui serait bien le droit chemin — jusqu'à l'*ancien* idéal ?... *Toute* science (et pas seulement l'astronomie, au sujet de l'effet décourageant et humiliant de laquelle Kant a fait un aveu remarquable : « elle anéantit mon importance »[482]...), toute science, tant naturelle que *non naturelle* — c'est ainsi que j'appelle l'autocritique de la connaissance — vise actuellement à dissuader l'homme du respect qu'il se portait jusque-là, comme si ce respect n'avait été qu'une présomption saugrenue ; on pourrait même dire que son propre orgueil, sa propre forme grossière d'ataraxie stoïcienne, consiste à maintenir cet *irrespectueux mépris de soi* laborieusement acquis de l'homme, son ultime et très sérieuse exigence de respect (à juste titre, en effet : car celui qui méprise est toujours quelqu'un qui n'a pas encore « oublié ce qu'est le respect »...). Est-ce bien là une façon de *contrecarrer* l'idéal ascétique ? Croit-on encore sérieusement (comme l'imaginèrent un temps les théologiens) que la *victoire* de Kant sur la dogmatique des concepts théologiques (« Dieu », « âme », « liberté », « immortalité ») aurait rompu avec cet idéal ? — peu nous importe ici que Kant lui-même ait eu en vue quelque chose de la sorte. Ce qui est sûr, c'est que les transcendantalistes de tout acabit ont depuis Kant derechef la partie facile, — ils sont affranchis des théologiens :

quel bonheur! — Kant leur a indiqué un chemin détourné sur lequel ils peuvent maintenant suivre, de leur propre chef et en toute bienséance scientifique, les « vœux de leur cœur ». En même temps : qui pourrait dorénavant reprocher aux agnostiques, adorateurs de l'inconnu et du mystère en soi, de vénérer comme Dieu *le point d'interrogation en soi* ? (Xavier Doudan [483] parle quelque part des *ravages*★ qu'a entraînés « *l'habitude* d'admirer *l'intelligible au lieu de rester tout simplement dans l'inconnu*★ »; il veut dire que les Anciens l'auraient déconseillée.) À supposer que tout ce que l'homme « connaît » ne satisfasse pas ses désirs, les contredise plutôt et les effraie, quelle divine échappatoire que de pouvoir chercher la faute non pas dans les « désirs », mais dans la « connaissance »!... « Il n'y a pas de connaissance, *donc* — il y a un Dieu [484] » : quelle nouvelle élégance dans le syllogisme! Quel *triomphe* de l'idéal ascétique! —

26

— Ou serait-ce peut-être que l'historiographie moderne dans son ensemble aurait fait preuve d'une attitude plus confiante dans la vie et dans l'idéal? Son exigence la plus noble vise désormais à se faire *miroir*; elle récuse toute téléologie; elle ne veut plus rien « prouver »; elle répugne à jouer les juges et c'est là son bon goût, — elle n'approuve pas plus qu'elle ne nie, elle constate, elle « décrit » [485]... Tout cela est hautement ascétique; mais c'est en même temps *nihiliste* à un plus haut degré encore, qu'on ne s'y trompe pas! On voit des yeux tristes, durs, mais volontaires, — un regard *scrutateur*, tel celui de l'explorateur polaire solitaire (peut-être pour éviter de regarder en soi, de regarder en arrière?...). Voici la neige, toute vie se tait; les derniers corbeaux se font entendre, croassant : « À quoi bon? », « À rien! », « *Nada!* » — rien ne prospère ni ne pousse, tout au plus la métapolitique pétersbourgeoise et la « pitié » à la Tolstoï [486]. Mais quant à cette autre espèce d'historiens, espèce peut-

être plus « moderne » encore, jouisseuse, voluptueuse,
faisant les yeux doux aussi bien à la vie qu'à l'idéal
ascétique, espèce qui se sert du mot « artiste » comme
d'un gant, qui s'est aujourd'hui entièrement accaparé
l'éloge de la contemplation : quelle nostalgie d'ascètes
et de paysages hivernaux éveillent ces suaves person-
nages riches en esprit ! Non ! que le diable emporte
cette tourbe « pensive » ! Comme je préférerais errer à
travers les brouillards sinistres, gris et froids en compagnie de ces nihilistes historisants ! — vraiment il
m'importe peu, dussé-je choisir, de prêter l'oreille à
quelqu'un de véritablement anhistorique et antihisto-
rique (comme ce Dühring, dont les accents dans
l'Allemagne d'aujourd'hui enivrent une espèce
jusqu'ici encore pusillanime, inavouée de « belles
âmes », la *species anarchistica*[487], sous-catégorie du
prolétariat de la culture). Les « pensifs » sont cent fois
« pires » — : je ne sache rien d'aussi répugnant qu'un
tel confort « objectif », que ce mirliflore de l'histoire,
moitié calotin, moitié satyre, parfum Renan, dont les
applaudissements de fausset trahissent ce qui lui
manque et *à quel endroit* il lui manque quelque chose,
à quel endroit en l'occurrence la Parque a manié trop
chirurgicalement, hélas ! ses cruels ciseaux[488] ! Cela
répugne à mon goût ainsi qu'à ma patience : ne peut
garder sa patience à de tels spectacles que celui qui n'a
rien à y perdre, — moi, cette vision me chagrine, de
tels « spectateurs » m'aigrissent contre le « spectacle »
plus encore que le spectacle (l'histoire elle-même, on
m'entend), il me vient inopinément des humeurs ana-
créontiques[489]. Cette nature qui a donné la corne au
taureau, le *chasm'odontôn*[490] au lion, pourquoi m'a-
t-elle donné un pied ?... Pour frapper, par saint Anacréon ! Et pas seulement pour déguerpir : pour piéti-
ner le confort vermoulu, la poltronnerie pensive, la
lubricité d'eunuques devant l'histoire, les yeux doux à
l'idéal ascétique, la justice des tartufes impuissants !
Tous mes respects à l'idéal ascétique, *tant qu'il est
honnête* ! tant qu'il croit en lui-même et ne nous joue
pas la comédie. Mais je n'aime pas ces punaises

coquettes, dont l'ambition insatiable est de sentir l'infini jusqu'à ce que l'infini sente la punaise ; je n'aime pas les sépulcres blanchis[491], histrions de la vie ; je n'aime pas les fatigués et les blasés qui se drapent de sagesse, ni leur regard « objectif » ; je n'aime pas les agitateurs travestis en héros, qui enrobent du masque de l'idéal le fétu qui leur sert de tête ; je n'aime pas les artistes ambitieux qui voudraient passer pour des ascètes et des prêtres, et qui ne sont au fond que de tragiques bouffons ; je ne les aime pas non plus, ces nouveaux trafiquants en idéalisme, les antisémites[492] qui aujourd'hui roulent des yeux chrétiens, aryens, petits-bourgeois, et qui par un abus insoutenable des procédés d'agitation les plus vils, à savoir la pose morale, cherchent à exciter tous les éléments bêtes à cornes de la populace (— si *toutes* les sortes d'escroqueries intellectuelles obtiennent aujourd'hui du succès en Allemagne, c'est à cause de la *dévastation* jusqu'ici indéniable et déjà sensible de l'esprit allemand dont j'attribue la cause à une absorption beaucoup trop exclusive de journaux, de politique, de bière et de musique wagnérienne, sans oublier la condition de ce régime, d'une part l'enfermement et la vanité nationale, le fort mais étroit principe « Allemagne, Allemagne par-dessus tout[493] », et d'autre part l'*agitation paralytique* des « idées modernes »). L'Europe d'aujourd'hui abonde surtout dans l'invention d'excitants, elle n'a pas, semble-t-il, de besoins plus pressants que les stimulants et l'eau-de-vie : de là également l'énorme trafic d'idéaux, ces eaux-de-vie de l'esprit, de là encore partout cette atmosphère répugnante, nauséabonde, frauduleuse, frelatée. J'aimerais savoir combien de cargaisons d'un idéalisme de contrefaçon, de frusques de héros, de grands mots clinquants, combien de tonnes de compassion liquoreuse (marque : *la religion de la souffrance**), combien de béquilles de la « noble indignation » à l'usage des éclopés de l'esprit, combien d'*histrions* de l'idéal moral chrétien l'Europe devrait aujourd'hui exporter pour que son atmosphère rede-

vienne plus respirable[494]... Cette surproduction laisse
manifestement ouvert un nouveau débouché *commer-
cial*, manifestement on peut encore faire des
« affaires » avec de petites idoles de l'idéal et les « idéalistes » qui vont avec — voilà une suggestion à retenir !
Mais qui en a le courage ? — Nous avons *en main* les
moyens d'« idéaliser » toute la terre !... Mais pourquoi
parler de courage ? Une seule chose ici est nécessaire[495], la main, justement, une main dégagée, très
dégagée[496]...

<h2 style="text-align:center">27</h2>

— Assez ! Assez ! Laissons là ces curiosités et ces
complexités de l'esprit le plus moderne, qui suscite
aussi bien le rire que la mauvaise humeur : notre problème à *nous*, celui de la *signification* de l'idéal ascétique, peut s'en passer, — qu'a-t-il à faire d'hier et
d'aujourd'hui ! Je dois traiter de ces affaires avec plus
de profondeur et de rigueur dans un autre contexte
(sous le titre : « Pour l'histoire du nihilisme européen » ; je renvoie pour cela à un travail que j'ai en
préparation : LA VOLONTÉ DE PUISSANCE. ESSAI DE
TRANSVALUATION DE TOUTES LES VALEURS[497]). La seule
chose qu'il m'importe d'avoir indiquée est celle-ci :
même dans la sphère la plus spirituelle, l'idéal ascétique n'a toujours pour le moment qu'une seule sorte
d'ennemis vraiment *nuisibles* : les comédiens de cet
idéal, — car ils éveillent la méfiance. Partout ailleurs,
où l'esprit est aujourd'hui au travail avec rigueur, avec
puissance et sans faux monnayage, il se dispense
désormais sans façon de l'idéal — la dénomination
populaire de cette abstinence est « athéisme »[498] —
abstraction faite de sa volonté de vérité[499]. Mais cette
volonté, ce *résidu* d'idéal est, si l'on veut m'en croire,
cet idéal lui-même dans sa formulation la plus rigoureuse, la plus spirituelle, tout à fait ésotérique,
dépouillé de tout ornement, et de ce fait moins son
résidu que son *moyen*. L'athéisme absolu et probe
(— et nous ne pouvons respirer que *son* atmosphère,

nous les hommes d'esprit de ce siècle !) n'est donc *pas du tout* en contradiction avec l'idéal ascétique, malgré les apparences ; il n'est plutôt que l'une des ultimes phases de son évolution, une de ses formes finales et de ses conséquences intérieures, — il est la *catastrophe*, qui impose le respect, d'une discipline bimillénaire en vue de la vérité, qui finit par s'interdire le *mensonge de la croyance en Dieu* [500]. (Même évolution en Inde d'une façon tout à fait indépendante et donc concluante ; le même idéal obligeant à la même conclusion ; le point décisif atteint cinq siècles avant l'ère européenne, avec Bouddha, plus exactement avec la philosophie du Sâmkhya, celle-ci étant ensuite popularisée par Bouddha et transformée en religion.) *Qu'est-ce* qui, en toute rigueur, a réellement remporté la *victoire* sur le christianisme ? La réponse se trouve dans mon *Gai Savoir*, page 290 [501] : « la moralité chrétienne elle-même, la notion toujours plus stricte de la véracité, la finesse de confesseur de la conscience chrétienne, traduite et sublimée en conscience scientifique, en propreté intellectuelle à tout prix. Considérer la nature comme si elle constituait une preuve de la bonté et de la protection d'un Dieu ; interpréter l'histoire à l'honneur d'une raison divine, comme témoignage constant d'un ordre moral universel et d'intentions morales ultimes ; interpréter ses propres expériences comme l'ont trop longtemps fait certains hommes pieux, comme si tout était destinée, signe, comme si tout était pensé et disposé pour le salut de l'âme : voilà qui est désormais *dépassé*, à quoi la conscience *répugne*, ce que toutes les consciences un peu subtiles trouvent indécent, malhonnête, menterie, féminisme, faiblesse, lâcheté, — c'est avec cette rigueur, par excellence, que nous sommes de *bons Européens*, et les héritiers du plus long et du plus vaillant dépassement de soi de l'Europe »... Toutes les grandes choses périssent par elles-mêmes, par un acte de surpassement de soi [502] : ainsi le veut la loi de la vie, la loi du *nécessaire* « dépassement de soi [503] » inscrite dans l'essence de la vie, — c'est toujours au législateur que s'applique finalement l'arrêt :

« *patere legem quam ipse tulisti*[504] ». C'est ainsi que le christianisme, *comme dogme*, a péri de sa propre morale ; c'est ainsi qu'il faut que périsse encore le christianisme *comme morale*, — nous nous trouvons au seuil de *cet* événement. Après avoir tiré conclusion sur conclusion, la véracité chrétienne enfin a tiré sa *conclusion la plus rigoureuse*, sa conclusion *contre* elle-même ; mais cela se produira quand elle posera la question : « que signifie toute volonté de vérité ? »... Et ici je reviens à mon problème, à notre problème, mes amis *inconnus* (— car je ne me sais encore aucun ami) : quel sens aurait tout *notre* être, si en nous cette volonté de vérité ne venait à prendre conscience d'elle-même *comme problème* ? Cette prise de conscience de la volonté de vérité — n'en doutons pas — signifie la *mort* de la morale : ce grandiose spectacle[505] en cent actes réservé aux deux prochains siècles de l'Europe, ce spectacle entre tous effrayant, problématique et peut-être aussi riche d'espérances...

28

Si l'on fait abstraction de l'idéal ascétique : l'homme, l'*animal* homme n'avait jusque-là aucun sens. Son existence sur terre ne comportait aucun but ; « pourquoi l'homme ? » — était une question sans réponse ; la *volonté* de l'homme et de la terre manquait ; derrière chaque grande destinée humaine résonnait en refrain un « en vain ! » encore plus grand. *Voilà* justement ce que signifie l'idéal ascétique : qu'il *manquait* quelque chose, qu'un énorme *vide* entourait l'homme, — il ne savait pas se justifier, s'expliquer, s'affirmer lui-même, il *souffrait* du problème de son sens. Il souffrait également d'autre chose, c'était pour l'essentiel un animal *maladif* : or son problème ce n'était *pas* la souffrance, mais plutôt qu'il n'y avait pas de réponse à son cri : « *pourquoi* la souffrance ? »[506]. L'homme, l'animal le plus vaillant et le plus endurci à la souffrance, ne refuse *pas* en soi la souffrance, il la *veut*, il la recherche même, pourvu qu'on lui en montre le *sens*, un pourquoi de la souffrance. C'est l'absence de sens de la souffrance et *non* celle-ci qui était la malédiction jusqu'ici répandue sur l'humanité, — *et l'idéal ascétique lui offrait un sens!* Jusqu'ici c'était le seul sens; n'importe quel sens vaut mieux que pas du tout; à cet égard l'idéal ascétique était le *« faute de mieux* »* par excellence* qu'on pouvait trouver. En lui, la souffrance était *interprétée*; l'énorme lacune paraissait comblée; la porte se fermait sur tout nihilisme suicidaire. L'interprétation — c'est indubitable — apportait une souffrance nouvelle, plus profonde, plus intérieure, plus vénéneuse, plus corrosive pour la vie : elle mettait toute souffrance sous la perspective de la *faute*... Mais en dépit de tout cela — l'homme était par là *sauvé*, il avait un *sens*, il cessait désormais d'être une feuille au vent, le jouet du non-sens, de l'« absence de sens », il pouvait désormais *vouloir* quelque chose, — peu importait d'abord vers quoi, pour quoi et par quoi il voulait : *la volonté elle-même était sauvée*. On ne peut absolument pas se cacher ce qu'exprime précisément toute cette volonté qui a reçu sa direction de l'idéal ascétique : cette haine de l'humain, plus encore, de l'animalité, plus encore, de la matérialité, cette répulsion devant les sens, devant la raison même, cette peur du bonheur et de la beauté, cette exigence d'échapper à toute apparence, à tout changement, à tout devenir, à la mort, au désir, à l'exigence même — tout cela signifie, osons le comprendre, une *volonté de néant*, une répugnance à la vie, une révolte contre les conditions les plus fondamentales de la vie, mais c'est et cela reste une *volonté* !... Et pour répéter en conclusion ce que je disais en commençant[507] : l'homme préfère encore vouloir le *néant* plutôt que de *ne pas* vouloir du tout...

NOTES

1. Réplique ironique inversée de la parole de Jésus : « Cherchez et vous trouverez » (Matthieu, 7, 7). Le texte de Matthieu est exactement : « Demandez et l'on vous donnera ; cherchez et vous trouverez ; frappez et l'on vous ouvrira. Car quiconque demande reçoit ; qui cherche trouve ; et à qui frappe on ouvrira. » Le texte de Nietzsche, comme souvent et en particulier depuis le *Zarathoustra*, est farci de ce genre de clins d'œil ; ici, il s'agit de briser l'évidence, la continuité morale, toute de confiance et d'automatisme optimiste, présupposée entre l'acte même de la recherche et sa conséquence « naturelle » : la trouvaille. Cet Avant-propos annonce la couleur : rien n'est moins *évident* que l'accès à ce type de connaissance (qui signifie en réalité un certain type de salut) que l'homme voudrait acquérir de lui-même sur lui-même, d'abord parce que ce désir de connaissance n'est qu'une apparence, une façade. Dans cette question du « se connaître soi-même », c'est la relation entre psychologie et philosophie qui est en cause : par cette mise en abîme, la psychologie nietzschéenne rompt avec celle de Socrate ou celle du christianisme (cf. *Par-delà bien et mal*, § 23).

2. Citation de Matthieu, 6, 21. Le texte de Matthieu est une invite à l'intériorisation : changer la direction, le tropisme de l'esprit, en le détournant des richesses du monde (« les trésors de la terre, où la mite et le ver consument, où les voleurs percent et cambriolent » : 6,20) vers les profondeurs du cœur. À noter que ce thème du trésor est également un élément faustien (le lien de rencontre entre Méphisto, Faust et Marguerite).

3. Allusion, toujours ironique, à la formule de Luc (10, 42) : « Une (seule) chose est nécessaire », cité derechef au § de cet Avant-propos en *GM*, III, § 16 et en *GS*, § 290 ; Jésus blâme ainsi Marthe de s'affairer, non de rendre service, et il loue Marie d'écouter sa parole, seule chose nécessaire ; au principe d'intériorisation s'ajoute le principe d'unicité de l'objet de l'amour. À sa façon, l'Évangile rappelle après l'Ancien Testament que la vertu est une et le vice plusieurs, que le bien est un et le mal légion, et que nul ne saurait avoir deux maîtres... Dans le posthume 5 (61) du t. 12 de la *KSA*,

p. 207, Nietzsche précise : « *Nous n'avons plus* besoin *des vertus : par suite,* nous les perdrons : aussi bien la morale du "Une seule chose est nécessaire" *(Eins ist noth),* celle du salut de l'âme comme de l'immortalité : c'est un moyen pour *donner* à l'homme *la possibilité* de *s'imposer à lui-même une contrainte* monstrueuse *(eine ungeheure Selbstbezwingung).* »

4. C'est ici que l'ironie se retourne et dévoile son sens : Nietzsche joue sur les mots qui renvoient d'une part au registre poétique, « innocent », virgilien, et tout à fait mythique du travail de l'abeille (butineurs, miel, *Honigsammler*; ruches, *Bienenkörbe*); mais ces occurrences du vert paradis des travaux naturels (cueillir, rassembler, ramener ensemble) en cachent de plus sévères, de plus rigoureuses, de plus prosaïques, qui se retrouveront tout au long du texte de la *Généalogie* : la connaissance humaine — c'est sa face cachée — est violence : rapt, arrachement au sol natal, soif de danger, de butin, de rapine. Les trésors amassés sont alors signes de la victoire et du prix de l'action, qui a pour but de ramener chez soi l'élément étranger : *etwas heimzubringen.* Ce n'est pas seulement la science — la connaissance de la nature — qui est visée, mais également toute activité spirituelle visant une forme de connaissance de soi — la psychologie, l'anthropologie, et, bien sûr, la philosophie.

5. Pourquoi midi ? On peut voir là une allusion au symbole qu'est le grand midi, l'heure où l'ombre (l'illusion, l'erreur) est la plus courte, moment du zénith de l'astre de la lumière et de la connaissance — voir *GM*, II, § 24. Dans le posthume 2 (128), écrit entre automne 1885 et automne 1886 *(KSA*, t. 12, p. 127), Nietzsche écrit, de manière plus éclairante : « Contradiction fondamentale entre la civilisation et l'exaltation de l'homme. Temps du *Grand Midi, de* l'éclairage *le plus fécond :* mon mode de pessimisme — grand point de départ » (trad. inédite). En pointant la contradiction entre la violence de la civilisation et l'humanisme illusoire, Nietzsche dramatiserait donc ici l'« inconscience » de cet homme distrait que nous sommes tous : ce midi de la connaissance de nous-mêmes, nous ne l'avons plus devant nous, il est derrière nous, dans le creux et les replis de notre expérience, dans le souterrain de notre existence, dans le labyrinthe de la genèse de l'« homme », dans la contradiction fondamentale qui nous fait être... C'est ce déphasage, cette étrangeté qui constitue l'argument du programme de travail de la *Généalogie.* En fait, il s'agit de montrer le caractère caduc et désuet de l'antique adage socratique, « connais-toi toi-même », qui pèche par son « optimisme théorique » (pendant de l'optimisme moral dont témoigne le texte de Matthieu, en quoi socratisme et christianisme sont généalogiquement liés). Il y a une véritable discontinuité, un véritable abîme entre moi et moi-même, et cet abîme est le résultat d'une histoire, celle de l'esprit, de là morale, de la conscience, du corps, des affects...

Outre que cette distance est l'objet même de la psychologie au sens moderne du terme, et en particulier de cette « psychologie des profondeurs » qu'est la psychanalyse, à l'invention de laquelle Nietzsche a partie liée, *via* Groddeck par exemple, on n'oubliera pas non plus que c'est un thème récurrent des philosophies de l'existence (inadéquation radicale, incommunication première entre notre existence et notre « essence » présumée ; cf. Beckett, Pirandello, Antonioni...). Cette « étrangeté » que nous sommes à nous-mêmes est devenue nécessaire, obstacle inextricable : la signification de notre vie dépasse le décompte que nous pouvons en faire, l'arithmétique de ses événements et de ses périodes, le malentendu est un destin pour nous-mêmes ; et, chez Nietzsche, le premier objet de l'*amor fati*, de l'amour du destin qu'on est (devenu) pour soi-même (*EH*, II, § 10).

6. Reprise, par antiphrase, et déformation (« *optimus* ») de la formule de Térence (200-159 av. J.-C.), tirée de la comédie *Andria*, IV, 1, 12 : « je suis le plus proche de moi-même » (*proximus sum egomet mihi*). Nietzsche renverse ici l'évidence pleine de « bon sens » qui consiste à protester de sa « bonne foi ». Étant à moi-même le plus étrange, je deviens par là même le plus méconnaissable à moi-même. Et ce n'est pas seulement le « bon sens » qui tombe, c'est l'idéalisme psychologique, celui de Descartes par exemple : chez Nietzsche, l'âme est moins aisément connaissable à elle-même que le corps...

7. *Humain, trop humain* correspond aux années 1876-1879. Nietzsche pense surtout à l'Avant-propos et au chapitre II, « Pour servir à l'histoire des sentiments moraux » (§ 35-107). Notons que Nietzsche rentre de Bayreuth, en septembre 1876, profondément déçu par le wagnérisme ; il passe l'hiver avec Rée à Sorrente dans la villa Rubinacci de Malwida von Meysenbug, et c'est à ce moment qu'il lit *De l'origine des sentiments moraux*, paru en 1877 (cf. *GM*, Avant-propos, § 4, en particulier). Voir notre introduction.

8. Un mot sur la métaphore du « vaste et dangereux pays » que traverse le voyageur ; sans doute renvoie-t-elle au schème du voyageur cher à Nietzsche, mais son importance dans la *GM* est plutôt dans l'indication d'un nouveau travail de l'espace de la pensée (cf. Avant-propos, § 7 : la morale comme lointaine *terra incognita*). Kant, dans la *Critique de la raison pure* (Analytique transcendantale, II. Analytique des principes, chap. III : « Du principe de la distinction de tous les objets en général en phénomènes et noumènes », GF-Flammarion, nº 257, p. 265 sq.), avait comparé le philosophe critique à un géographe de la raison, qui se serait spécialisé dans la cartographie. Nietzsche, lui, est plutôt le géologue de l'esprit humain, attentif aux galeries souterraines, au « feuilleté » de la conscience — aux strates, aux couches —, mais aussi aux pressions, à la détermination de la surface par les forces jouant en profondeur. Le bestiaire de la généalogie comporte, outre le ruminant (Avant-propos de la *GM*, § 8), la taupe (*A*, Avant-propos, § 1-2).

9. Remarque essentielle pour tirer le portrait du philosophe-généalogiste : à la différences des pensées abstraites, formelles, « idéalistes », donc séparées, les pensées véritables ont leurs preuves dans leur enracinement, dans la radicalité de leur parenté avec l'histoire même de l'esprit qui les conçoit, dans leur participation intime à l'idiosyncrasie qui les fait naître — ce que l'image de l'arbre

(encore une allusion « renversante » aux Évangiles, Matthieu, 7, 16-20 et Luc, 6, 43) vient confirmer. Penser et être n'est alors, et dans ce cas seulement, qu'une même chose : le philosophe est une synthèse concrète.

10. Allusion vraisemblable à Heine, dans *Les Bains de Lucques — Reisebilder III —* chap. IV (« *Mutter, was gehn Ihnen die jrinen Beeme an?* »). Heine, soit dit en passant, était le poète et, avec Lichtenberg, l'humoriste favori de Nietzsche, il y renvoie souvent pour critiquer, de l'intérieur, la germanité et le manque d'« esprit » — d'humour — des Allemands et pour signaler une forme supérieure de spiritualité... juive! Cf. *GM*, I, § 11, *PBM*, § 254, § 256; *CI*, « Flâneries d'un inactuel », § 21, « Ce qui manque aux Allemands », § 4; *NcW*, « Où Wagner a sa place »; *EH*, « Pourquoi je suis si malin », § 4; etc. Sans parler de l'influence nette qu'auront eue les textes de Heine à propos de la mort de Dieu (*Histoire de la religion et de la philosophie en Allemagne*, I, II, présentation, trad. et notes de J.-P. Lefebvre, éd. Imprimerie nationale, 1993).

11. Le texte de cet écrit est perdu. Nietzsche y fait cependant parfois allusion :

— dans des notes autobiographiques de début 1878, *Memorabilia* : « Enfant, ai vu Dieu dans son éclat. — Premier écrit philosophique sur la naissance du diable (Dieu se pense lui-même, il ne le peut que par le biais de la représentation de son contraire) », (F. Nietzsche, *Nachgelassene Fragmente*, 1875-1879, § 28 (7), *KSA*, t. 8, p. 505, trad. inédite);

— dans le § posthume 38 (19), de juin-juillet 1885 (*KSA*, t. 11, p. 616), qui est un brouillon plus explicite encore sur la question : « La première trace d'une réflexion philosophique [...] se trouve dans un petit écrit datant de mes treize ans : il recèle une intuition à propos de l'origine du mal. Mon présupposé était que pour un Dieu, penser quelque chose et créer quelque chose sont un seul et même acte. J'en conclus alors : Dieu s'est pensé lui-même au moment où il créa la deuxième personne de la divinité : mais il dut, pour pouvoir se penser lui-même, penser d'abord son contraire. Je me représentai alors le diable comme aussi âgé que le fils de Dieu, avec même une naissance plus évidente, — et une même *origine*. Au sujet de la question de savoir si Dieu peut penser son contraire, je m'en sortis en disant : mais tout lui est possible. [...] » (trad. inédite). Voir aussi le § 26 (390) du t. 11;

— dans le § posthume 25 (525), du printemps 1884 (*KSA*, t. 11, p. 150) : « Un jour, un Dieu d'amour, ennuyé par sa vertu, pourrait se dire : "Essayons avec le diable!" Et voilà, une nouvelle origine du mal! Sortir de l'ennui et de la vertu! » (trad. inédite).

Si on retrouve fréquemment ce « jeu d'enfant » du renversement dans d'autres écrits sur les rapports entre Dieu et le diable — cf. *GS*, § 259; *Ant.*, § 17, § 23; *PBM*, § 129, § 227; *EH*, « Pourquoi j'écris de si bons livres » : *Par-delà bien et mal*, etc. —, il ne faut pas trop prêter philosophiquement à cette excursion ludique en forme de plaidoyer *pro domo* : Nietzsche dit, au § 5 de cet Avant-propos, que ce « tout petit, déjà... » n'est que la façade d'une question plus vive, celle de la valeur de la morale.

12. Expression de Goethe, *Faust, I*, v. 3781-3782. C'est ce que dit l'Esprit mauvais à Gretchen dans la scène de la cathédrale : « Comme tu étais tout autre, Marguerite, lorsque, encore toute innocente, tu montais à cet autel, murmurant des prières de ce petit livre fatigué, le cœur occupé moitié des jeux de l'enfance, et moitié de l'amour de Dieu ! » — « Halb Kinderspiele, Halb Gott im Herzen ! » (trad. de G. de Nerval, révisée par nos soins, éd. GF-Flammarion, 1964, p. 146) ; Goethe reprend cette expression à la fin de *Poésie et vérité*, VIII.

13. « *A priori* » est évidemment à prendre en un sens ironique : c'est une façon obvie de dire une forme de vérité ; Nietzsche joue sur les deux sens de ce terme, un sens empirique (opinion, conviction congénitales, *physiologiques*, s'opposant à celles du milieu social) et un sens philosophique (forme pure de la pensée, nécessaire, indépendante de l'expérience et antérieure à elle) pour signaler le caractère insubmersible, nécessaire, « destinal » (*amor fati*) de ce scrupule — qui l'honore — à l'égard de la morale. *A priori* n'est ici qu'une autre manière de dire qu'on a le sens de la nécessité, qu'on est « conséquent » : ce sens de *la* conséquence (« Dieu comme père du Mal ») montre qu'elle se trouve dès l'origine *dans* l'invention morale elle-même. La référence kantienne permet à Nietzsche de jouer la provocation : si l'impératif catégorique fait figure, chez Kant, d'*a priori* moral, il faut trouver ce qui peut en faire figure, en tenir lieu, chez un ennemi de la morale. Il sera énigmatique (ce n'est plus un fait de la raison) et immoraliste (portant le soupçon à la racine même de la croyance morale, et riant de toute universalité morale).

14. Voir aussi *GM*, I, § 5. L'oreille chez Nietzsche est un sens privilégié : organe à la fois du sens de l'*écoute* de la métaphysique, donc l'organe antimétaphysique par excellence (la métaphysique avait élu l'œil comme organe métaphorique de la connaissance comme vision) ; organe du sens de la musique et de la mise à l'épreuve des idoles (tester le creux des idoles avec le marteau du musicien ; cf. *CI*, Avant-propos). La question de la lisibilité des écrits de Nietzsche — cf. cet Avant-propos, § 8 — se rapporte d'ailleurs à cette problématique de l'oreille : qui peut *entendre* ? *Entendre*, c'est lire et comprendre : on lit donc avec les yeux *et* les oreilles. Ajoutons que Nietzsche n'aura pas fait que prêter son oreille au problème de l'établissement du « texte » moral et de son interprétation (voir note 54), il y aura aussi laissé une bonne part de sa santé : n'est-ce pas cela, ici, le « plus que l'oreille » ?

15. C'est en effet une des premières instructions d'*Humain, trop humain* ; mais l'idée d'une origine proprement *terrestre* de l'origine de ce qu'on nomme « mal », par fiction, n'est pas de Nietzsche lui-même : on la trouve chez Machiavel, chez Spinoza, chez les matérialistes, les empiristes...

16. Ici commence un autoportrait destiné à rendre compte de sa propre idiosyncrasie, de son hérédité intellectuelle et de sa synthèse concrète de philosophe-généalogiste. Faire de l'histoire, d'abord, mais pas n'importe quelle histoire : et parmi les vertus exigées, il y a

l'attention au devenir, aux lentes et secrètes maturations, aux boule-
versements, aux processus; la méfiance à l'égard de tout sens *a
priori* jeté sur le monde et son devenir, à l'égard de toute idéalisation
(monument, fétiche, héros) susceptible de troubler le diagnostic
concernant les signes-symptômes de ce qui se trame dans la culture
humaine, bref une histoire critique de la civilisation, qui n'oublie
pas qu'elle est elle-même un organe de cette civilisation... Cf. *Considérations inactuelles*, II, « De l'utilité et de l'inconvénient de l'histoire
pour la vie ».

17. Nécessité de la philologie : le travail du philosophe-généalogiste commence avec le langage, l'attention aux formes de la dénomination, du dire, du raconter, du citer... C'est avec le langage que
les formes de la vie, chez l'homme, ont fini par s'emparer des forces
intéressantes, qu'elles soient étrangères ou intérieures (relatives à la
conscience morale, par exemple). Nommer, puis dire, juger, sont
des formes de l'assimilation d'une puissance par une autre. Le phi-
lologue s'intéresse aux formes archaïques, originaires de cette assignation au langage du réel, et aux multiples devenirs que ces formes
de langage peuvent connaître, toutes formes qui recèlent le secret
de leur véritable sens — pour qui sait les lire, c'est-à-dire les interpréter. C'est un des grands programmes de travail signalés par la
Généalogie, et que Nietzsche aimait se donner à lui-même, puisqu'il
s'y disait expert (— mais l'expert était fortement controversé). Voir
en particulier *GM*, I, § 4, § 5, § 10, par exemple.

18. Être « psychologue » a chez Nietzsche un sens tout à fait particulier : il ne s'agit pas de science, ni de flair ou d'intuition ; il s'agit
de cet art qui consiste à savoir rapporter un phénomène humain
(œuvre d'art, loi politique, interdit moral, sacrement religieux, etc.)
au processus psychique qui l'a déterminé, à son histoire, à sa place
dans une totalité de sens chaotique, énigmatique, c'est-à-dire à sa
valeur (au sens où l'on parle de la valeur d'un élément dans un système). Nietzsche y voit une source de renouveau radical pour la
philosophie (*PBM*, § 23) et il considère Stendhal — *PBM*, § 39,
§ 254; *EH*, « Pourquoi je suis si avisé », § 3 — et Dostoïevski — *CI*,
« Flâneries d'un inactuel », § 45 — comme ses égaux en la matière.
Sur cette apologie de Nietzsche lui-même comme psychologue, voir
EH, « Pourquoi j'écris de si bons livres », § 4-6.

19. Voici une des formulations les plus claires de la question
généalogique : quelle est la valeur de la valeur? Il ne s'agit plus de
rapporter le jugement moral à une vérité qui lui servirait alors de
norme (Dieu, le bien, l'absolu, la justice, l'impératif catégorique, la
vertu, le devoir, etc.), mais d'en interroger la valeur, dans la mesure
où ce jugement porte en lui-même le critère de la valeur qui est la
puissance de la vie elle-même. À un jugement, il faut poser la question : *qui* juge *là*? Comme ce ne peut être qu'un être vivant, qu'une
forme déterminée et historique de la vie, la question devient : quelle
forme de vie juge par le biais de ce jugement? Que juge-t-elle? Or,
par ce jugement, la vie ne fait pas que juger quelque chose qui serait
extérieur (le temps qu'il fait, la nourriture, les maladies, le luxe, la
connaissance, etc.) : elle se juge elle-même, elle s'étalonne, se

mesure, se norme elle-même. La suite du texte explique la logique de ce jugement.

20. Développement du principe généalogique : un jugement moral n'est pas gratuit, il a une fin, un but, une intention, et ceux-ci sont, sous couvert de « bien » ou de « bonté », profondément cachés dans les arcanes de l'âme humaine ; il faut donc savoir d'abord à quoi travaille le jugement : à l'affaiblissement ou au renforcement de l'humain ? Une fois cela obtenu, on aura l'origine du jugement (faiblesse ou force ?) parce que l'opération elle-même est un symptôme. La dualité nietzschéenne est ancienne (cf. la généalogie d'Éros dans *Le Banquet* de Platon, en 203a-204a, où le discours de Diotime à Socrate fait d'Éros le fils de Poros — abondance, expédient — et de Pénia — pauvreté, indigence), mais sa généralisation méthodique est une invention spécifiquement nietzschéenne. Sa puissance d'interprétation est d'ailleurs vertigineuse, elle concerne tous les phénomènes culturels sans exception, comme en témoignent le § 370 du *Gai Savoir* et le § « Nous autres antipodes » de *Nietzsche contre Wagner* (voir l'édition GF-Flammarion, n° 572, trad. et notes de É. Blondel, p. 189-192).

21. Le paradoxe de ce silence — et de ce bonheur ! — vient du savoir du caractère énigmatique propre à toute interprétation (institution, jugement, savoir) : la « vérité » elle-même est mise à distance, elle n'est plus disponible « naturellement », à portée de vue de l'esprit ou de la raison. Nous tenons ici les conséquences théoriques et méthodologiques du premier avertissement nietzschéen sur la « connaissance de nous-mêmes » (cf. cet Avant-propos, § 1). Ce silence, en forme de suspension, est la réponse qui s'imposait, face à la loquacité indécrottable de l'optimiste moral (l'Évangéliste) et théorique (Socrate).

22. Voir note 7 de cet Avant-propos. Le texte de Paul Rée — trad. française M.-F. Demet, éd. critique de P.-L. Assoun, PUF, coll. « Philosophie aujourd'hui », 1982— pose les thèses suivantes : les phénomènes moraux ne sont pas tant l'expression d'un monde transcendant, comme le croient la plupart des moralistes, que des manifestations de causes naturelles, l'homme étant seulement un animal supérieur (Rée prend appui sur Darwin et Lamarck). La vie morale humaine est alors partagée entre deux formes, tirant dans des directions différentes, de l'instinct : l'égoïste et le non-égoïste ; il s'agit alors d'examiner les modes de composition de ces deux formes instinctives naturelles dans la vie sociale, à travers les notions de « bon » et « mauvais » — notons que Nietzsche commence justement ainsi la *GM* —, l'origine et la formation de la conscience morale, les conceptions de la responsabilité en fonction des degrés de liberté de la volonté, les théories du châtiment, de la punition, en fonction des conceptions dominantes de la justice, et les évaluations des passions, de leurs forces motrices (la vanité, la bonté, par exemple). Le tout dans une atmosphère utilitariste très prononcée, marquée par les penseurs anglais (Locke, Hutcheson, Hume, Bentham, J. S. Mill, Darwin, Spencer)...

23. L'exclamation n'est pas que d'humeur, elle correspond à un

a priori philosophique quant à la valeur de la rationalité argumentative : qui veut bien entrer dans le cercle de la réfutation, qui veut bien jouer le jeu, sinon celui qui est déjà pris au piège de la dialectique (socratique) ? La question de la réfutation (justification, argumentation et objection) cache en réalité son enjeu généalogique : l'aristocratie contre la décadence. Cf. *CI*, « Le problème de Socrate », § 5-8. La voix philosophique véritable — ce sera celle de l'aphorisme — cf. § 8 de cet Avant-propos — est comme celle de la musique, même pas irréfutable : souveraine, donc hors réfutation — « car qui réfuterait un son ? » demande Nietzsche (*GS*, § 106)... Le discours philosophique nietzschéen introduit, on le voit, une dimension inédite d'approximation (« substituer le plus vraisemblable à l'invraisemblable »), une conception téméraire et pragmatique de la « vérité » comme illusion rectifiée peu à peu selon les nécessités et les enjeux de la vie comme puissance.

24. *HTH*, I, § 45, « Double préhistoire du bien et du mal » ; Nietzsche situe la première origine de ces « valeurs » dans l'âme des races et des castes dominantes (sont déclarés bons l'homme supérieur et sa communauté d'égaux, ceux qui sont aptes aux représailles, à rendre « coup pour coup », dans la noblesse et la maîtrise ; sont déclarés mauvais les actes et les hommes qui ne sont pas à cette hauteur guerrière) ; la seconde origine est celle de l'âme des opprimés et des impuissants, qui disqualifie à l'avance, par la malédiction, toute forme de supériorité, même spirituelle, dans une forme de persécution infinie. Nietzsche souligne que « notre moralité actuelle a poussé sur ce terrain des races et des castes dominantes ». Les textes qui font écho à ce § 45 de *HTH*, outre ceux de la *GM*, sont les paragraphes de la neuvième partie de *PBM*, intitulée « Qu'est-ce que l'aristocratie ? », et notamment les § 260-265 de *PBM*, qui portent sur la distinction devenue nécessaire entre la « morale des maîtres » et la « morale des esclaves ».

25. *HTH*, I, § 136, « De l'ascétisme et de la sainteté chrétienne ». Nietzsche remarque la tendance de certains moralistes à exercer l'argument de la terreur : dans l'ascétisme et la sainteté, il n'y aurait rien à comprendre, à expliquer : on préfère se retrancher derrière l'argument du « merveilleux » : que l'inexpliqué soit absolument inexplicable, que cet inexplicable soit surnaturel, miraculeux ; à cette défense de penser, à cet interdit de penser, Nietzsche oppose l'argument de la complexité : « Risquons-nous donc à isoler d'abord quelques impulsions de l'âme des saints et des ascètes et, pour finir, à nous les figurer combinées ensemble » (trad. A.-M. Desrousseaux et H. Albert). Le § 92 de *HTH*, I, a pour titre : « Origine de la justice ». Nietzsche situe la naissance de la notion de justice dans le lien de compromis, de troc, entre individus de puissance équivalente (échange et balance), ce qui invite à y reconnaître un élément de vengeance conforme à l'intérêt égoïste ; c'est cet élément qui est objet d'un oubli (d'un refoulement) dans la culture, oubli qui permet alors à l'action juste de passer pour « désintéressée ». D'où la conclusion de Nietzsche : « que le monde paraîtrait peu moral sans la faculté d'oubli ! Un poète pourrait dire que Dieu a posté l'oubli

en sentinelle au seuil du temple de la dignité humaine » (même trad.). De ce § 92 au § 100, le texte de Nietzsche suit assez fidèlement les thèmes développés par Rée (le droit du plus faible, les phases historiques de la moralité, la morale de l'individu parvenu à maturité, le rapport entre plaisir et moralité, l'innocence dans la méchanceté, par exemple).

26. *Le Voyageur et son ombre*, § 22 et § 26. Le § 22 reprend l'idée du § 92 de *HTH*, I (voir note précédente), en insistant cette fois sur la composition de la communauté correspondant à l'effort pour rétablir un équilibre entre forts et faibles ; le § 26, enraciné dans la même idée d'un droit comme traité entre égaux — en fonction de l'inutilité du gaspillage des forces —, traite de l'effet paradoxal de la cessation de ce droit lorsque l'équivalence est rompue : épargner l'assujetti et sa force.

27. *Aurore*, § 112. Ce § s'intitule « Pour l'histoire naturelle du devoir et du droit ». Où Nietzsche montre que la détermination historique des droits de chaque vivant — et avec eux les « devoirs », qui ne sont que les droits acquis par les autres sur nous — se fait en fonction des rapports de puissance : les droits sont des « degrés de puissance reconnus et garantis » ; « partout où *règne* le droit on maintient un état et un certain degré de puissance, on repousse tout accroissement et toute amoindrissement » (trad. Albert révisée).

28. *Le Voyageur et son ombre*, § 33, intitulé « Éléments de la vengeance ». Nietzsche y expose une conception génétique de ce sentiment, à partir de l'ordre du réflexe (se venger des choses qui nous blessent) jusqu'aux formes élaborées, spirituelles, « secondaires » (travail de l'imaginaire sur la vulnérabilité et la faculté de souffrance d'autrui, avec l'idéalisation de tous les « motifs » servant à « justifier » pareille conduite), et ce en fonction de l'exigence de l'instinct de conservation de soi-même ; d'où sa grande force mécanique et son aveuglement dans la volonté de châtier et d'intimider.

29. *Le Monde comme volonté et comme représentation* date de 1818, *Les Deux Problèmes fondamentaux de l'éthique*, de 1841 (*Sur la liberté de la volonté* et *Le Fondement de la morale*). « Mon grand maître » n'est pas ici sans ironie, l'autobiographie nietzschéenne se réécrivant sans cesse, et cet Avant-propos n'y échappe pas. Le schopenhauérisme de Nietzsche est tout de formation, sinon de jeunesse, correspondant à sa wagnéromanie, entre 1865 et 1876 (cf. *EH*, « Pourquoi je suis si avisé », § 1 ; la troisième des *Considérations inactuelles*, de 1874 : *Schopenhauer éducateur*). Ensuite, il faudra bien tuer et le père et l'oncle... Il est essentiel de marquer ici l'antischopenhauérisme sans ambiguïté du Nietzsche de la maturité : les § 99, § 127, § 370 du *GS* ; § 19, § 186, § 204 de *PBM* ; § 21-23, § 36 des « Flâneries d'un inactuel » du *CI* ; § 7 de l'*Ant.*, par exemple, ne laissent aucun doute à ce sujet ; dans la *GM*, le rôle de l'effigie-Schopenhauer sera essentiellement de relais de l'idéal ascétique ; voir en particulier les § 5-8 de *GM*, III.

30. L'expression indique bien le jugement définitif que Nietzsche porte sur Schopenhauer : ascétisme et pessimisme moral, dernier rejeton philosophique du nihilisme passif fasciné par le néant,

la dissolution des forces vitales individuantes — version occidentale d'un certain bouddhisme. Le diagnostic d'un Schopenhauer à l'odeur de croque-mort sera confirmé dans le Troisième Traité de la *GM*. À cette philosophie, Nietzsche oppose un pessimisme dionysiaque, un nihilisme actif.

31. Schopenhauer est le premier visé, parce qu'il fait de la pitié le fondement de la morale — la vie désirante est souffrance, et la première attitude morale consiste à compatir avec celui qui souffre. Cf. Schopenhauer, *Sur le fondement de la morale* (1840), introduction, bibliographie et notes de Alain Roger, trad. de A. Burdeau, éd. Aubier, 1978 ; rééd. Livre de Poche, 1991, et en particulier le § 16, « Détermination et démonstration du seul motif moral véritable », du chap. III : « Établissement de la morale ». On peut aussi consulter *Le Monde comme volonté et comme représentation*, livre IV, chap. 67-68 et le supplément au livre IV, chap. XLVII (PUF, 1966). Pour la critique nietzschéenne de la pitié, voir notamment *Aurore*, livre II, § 131-148 ; *GS*, § 13 (comme forme facile de satisfaction d'un désir de puissance), § 99 (sur la pitié chez Wagner et Schopenhauer), § 338 ; *APZ*, II, « Des compatissants » ; III, « Le retour » ; *PBM*, § 44 (comme obstacle à l'avènement du « libre esprit »), § 202 (la pitié comme passion grégaire), § 222 (comme forme du mépris de soi), § 225 (comme tabou de la souffrance ; voir aussi § 293), § 269 (comme obstacle à l'observation psychologique et superstition), § 271 (comme malpropreté) ; *GM*, III, § 14 (la pitié comme forme morale — présentable — du dégoût de l'homme pour l'homme) ; *CI*, § 37 des « Flâneries d'un inactuel » (la morale de la pitié, chez Schopenhauer, comme forme de décadence) ; *Ant.*, § 7 (sur Schopenhauer et le christianisme : la pitié comme pratique du nihilisme).

32. Le bouddhisme doit à Schopenhauer sa paradoxale présence dans la philosophie occidentale au XXᵉ siècle, et le sens que lui donne Nietzsche est évidemment dépendant de ce prisme philosophique. Schopenhauer fut initié au bouddhisme par l'orientaliste Maier ; il voit dans cette « philosophie » d'abord une version ancienne, archaïque et originelle de la théorie de l'illusion phénoménale du kantisme lui-même : nous ne pouvons connaître la vérité absolue des choses, nous ne voyons le monde qu'à travers le voile de l'illusion ; il en relève une seconde « vérité », celle de l'enracinement ontologique de l'illusion, qui n'est autre que le principe d'individuation (principe dont l'usage nietzschéen, dans *La Naissance de la tragédie*, est, par voie de conséquence, fortement teinté de schopenhauérisme) ; la « réalité » de l'individuation, qui se manifeste dans l'égoïsme, n'est autre que l'illusion du désir, ce qui de désir principe de souffrance, mal radical. Dès lors, la seule solution morale, et que Schopenhauer reprend au bouddhisme, est la pitié, comme dépassement des égoïsmes, mouvement vers l'annulation de l'illusion de l'ego. Cf. *GM*, II, § 21, III, § 17, § 27.

33. Le nihilisme, c'est essentiellement la volonté de, ou du néant ; forme aiguë de décadence, c'est-à-dire de fatigue et de dégoût de l'homme pour lui-même, dont un des symptômes est, nous l'avons

vu, la pitié (« la pitié, c'est la pratique du nihilisme », *Ant.*, § 7) ; c'est dans *GM*, III, § 27, que Nietzsche parle d'un projet d'une histoire du nihilisme européen (qui aurait pour titre : *La Volonté de puissance. Essai de transvaluation de toutes les valeurs*). Nietzsche en distingue plusieurs formes, le nihilisme russe, celui de Saint-Pétersbourg (*GS*, § 347) — terme générique pour désigner en vrac Tourgueniev, Dostoïevski ou Bakounine... —, le nihilisme chrétien, le nihilisme bouddhiste, le nihilisme socratique (« la vie est une maladie »... cf. *CI*, « le problème de Socrate »), etc. En ce qui concerne cette définition du bouddhisme comme forme de nihilisme, comme « maladie de la volonté », elle vient directement d'une détermination plus générale : toute philosophie de la pitié qui manifeste l'idée de la vie comme maladie est une forme du nihilisme. Le bouddhisme — la « religion », aussi bien que celui, « philosophistiqué », de Schopenhauer — est ainsi souvent associé au christianisme ou au platonisme (cf. *GS*, § 346-347 ; *PBM*, Préface et § 56, § 62, § 202 ; *Ant.*, § 20-23).

34. Sur la critique platonicienne de la pitié, voir *République*, X, 605 b-d (annonçant la métriopathie des sceptiques grecs et la thérapeutique des passions chez les stoïciens) ; le *Phédon* (et en particulier l'attitude de Socrate devant la mort) et les *Lois*, dont le dur livre IX.

35. Le jugement spinoziste renvoie la pitié au règne des passions tristes, qui affaiblissent la puissance de l'homme, son effort pour persévérer dans l'être, pour tout dire, sa perfection *hic et nunc* (défin. III des affections, *Éthique*, III) : la commisération (*commiseratio*) est la tristesse née du dommage d'autrui (qu'il soit quelqu'un que nous aimons ou quelqu'un envers qui nous sommes sentimentalement neutres : l'essentiel est qu'il nous soit semblable ou analogue — c'est la condition de l'identification, que Spinoza nomme « imitation des affections »). Cf. *Éthique*, III, scolie propos. 22 ; scolie, corollaires II et III, propos. 27 ; scolie propos. 32 ; défin. XVIII des affections et son scolie. Conclusion du raisonnement : « La commisération est en elle-même mauvaise et inutile dans un homme qui vit sous la conduite de la raison « (*Éthique*, IV, propos. 50). Nietzsche connaît cette référence par l'intermédiaire du livre que Kuno Fischer a consacré à Spinoza dans son *Histoire de la philosophie* (*Geschichte der neuern Philosophie, I, 2*, Heidelberg, 1865) : *Spinoza's Leben, Werke und Lehre* , chap. VII (*Die menschlichen Leidenschaften. Thätige und leidende Affecte*).

36. Cf. *Maximes*, n° 264, qui est un modèle de réduction cynique et de renversement dans le contraire (du désintéressement apparent dans l'intérêt final) : « La pitié est souvent un sentiment de nos propres maux dans les maux d'autrui. C'est une habile prévoyance des malheurs où nous pouvons tomber ; nous donnons du secours aux autres pour les engager à nous en donner en de semblables occasions ; et ces services que nous leur rendons sont à proprement parler des biens que nous nous faisons à nous-mêmes par avance » (La Rochefoucauld, *Maximes et réflexions diverses*, éd. GF-Flammarion, n° 288, p. 69).

37. Cf. *Métaphysique des mœurs*, II, *Doctrine de la vertu*, § 34 (éd. Pléiade des *Œuvres philosophiques*, t. III, p. 751-752) ; *Observations sur le beau et le sublime*, II, (éd. Pléiade, t. II, p. 461-464). Ce dernier texte, qui fait de la pitié une des « vertus d'adoption » (et non une vertu reposant sur des principes, ou « vraie vertu ») dit ceci, entre autres : « On ne peut certes qualifier de vertueuse la disposition d'esprit qui est source d'actions auxquelles sans doute la vertu aboutirait, mais dont le fondement concorde seulement par hasard avec elle et peut contredire souvent par sa nature les règles universelles de la vertu. Une certaine tendresse de cœur, qui entre aisément dans un chaud sentiment de *pitié*, est belle et aimable, car la pitié dénote qu'on participe avec bonté au sort des autres, ce à quoi conduisent également les principes de la vertu. Seulement, cette passion, née d'un bon naturel, est toutefois faible et toujours aveugle. » Tous ces renvois montrent que la *GM* est un véritable *Traité des passions*.

38. Il serait dommage de passer sous silence cette attaque de la pensée morale-moralisante comme pensée « molle » : outre qu'elle exprime une certaine nostalgie pour les pensées « dures », « viriles », « résistantes » de l'antiquité guerrière et noble — les Perses, Sparte, l'Empire romain, par exemple —, elle n'est pas sans rappeler, *mutatis mutandis*, la diatribe machiavélienne contre la sentimentalité moralisatrice et religieuse, pleine d'hypocrisie, qui bloque l'accès au savoir réaliste essentiel, celui qui se rapporte au pouvoir et à ses mécanismes (cf. Machiavel, *Discours sur la première décade de Tite-Live*, I. II, chap. ii, et I. III, chap. i). Le texte de Machiavel a d'ailleurs marqué le Rousseau du *Premier Discours* (sur les sciences et les arts) et du chap. viii du I. IV du *Contrat social*. La pitié, en effet, est un obstacle, une forme sédative et déréalisante du rapport au monde. Il faut lier ici cette critique de la pitié comme sentiment montant et dominant au constat de « misarchisme » (haine du pouvoir, c'est-à-dire de la négation et de la détermination) que fait Nietzsche, dans *GM*, II, § 12 et à celui de la contamination de l'homme de pouvoir par la haine de soi moralisatrice (*Par-delà bien et mal*, § 199).

39. Cet enjeu fondamental de la *GM*, on le trouve déjà dans *PBM*, § 186. Le vertige dont il est question ici correspond à l'ouverture *maxima* du domaine des possibles dans le règne interprétatif, après la mise en évidence de l'inanité et de la vacuité des idoles morales — cf. *GS*, § 124 (« Sur l'horizon de l'infini »), § 125 (« L'insensé »), § 374 (« Notre nouvel "infini" »). La critique généalogique met en abîme la logique du fondement : il n'y a plus d'absolu moral ni d'évidence morale, et les prétendants au statut de fondement sont examinés sans pitié (*sic*) ni tabou. Bref, c'en est fini du fondement ultime qui, par sa terreur, inhibait le jugement destiné à le soulever de son piédestal. L'heure est, pour l'humanité, à l'indétermination, l'indécision la plus inquiétante. C'est ce drame de la pensée qui invite quelqu'un comme Ernst Jünger à traiter Nietzsche de « boutefeu »...

40. *En quoi* la morale est-elle symptôme ? Parce que, en tant que

phénomène de la culture, elle est une des formes-signes par lesquelles la vie se met elle-même à l'épreuve, dans une certaine histoire, qui est celle d'un processus de production : « Les morales ne sont pas autre chose que le langage symbolique des passions » (« die Moralen sind auch nur eine *Zeichensprache der Affekte* »; *PBM*, § 187); si elle est manifeste un travail sous-jacent, des conflits de forces souterraines, souvent énigmatiques et obscurs, c'est cependant sous des formes institutionnelles déterminées, brutales, décisives (interdits, lois, prohibitions, jugements moraux, modes de croyances, dogmatismes, fanatismes, etc.). *De quoi* la morale est-elle symptôme? Au moins d'une volonté de freiner, de réguler — par la contrainte d'une savante négativité (*PBM*, § 188 et § 199) — l'expansion de la vie, qui, lorsqu'elle est immédiate, peut prendre des allures anarchiques et chaotiques; au pire, d'une volonté de nier la vie, d'une volonté de formes vitales épuisées, moroses, sans avenir (la question du nihilisme)... En ce sens, la morale est déjà une « maladie » (c'est un des fils conducteurs de ce texte). Et, dans tous les cas, elle est l'effet d'une interprétation des phénomènes vitaux par un instinct dominant (*PBM*, § 6). Nietzsche peut alors écrire cette formule qui dé-fait l'antique lien « ontologique » de la morale et du phénomène : « Il n'y a pas de phénomènes moraux, mais seulement une interprétation morale des phénomènes » (« Es giebt gar keine moralischen Phänomene, sondern nur eine moralische Ausdeutung von Phänomenen » *PBM*, § 108); le § posthume 2 (165), de 1885-1886 (t. 12, p. 149), qui en est le brouillon, ajoute de manière décisive : « Cette interprétation elle-même est d'origine extramorale » parce que ce sont les affects qui interprètent. L'*Ausdeuten* en question, abusif, surdéterminant, est en fait un *Ausbeuten*, assimilation, exploitation, profit.

41. « Masque » est ici employé en un sens politique (au sens large) de détermination illusoire et trompeuse de la croyance; Nietzsche, qui use parfois autrement de ce terme (de manière *esthétique, amorale*), vise par là le domaine théologico-politique dans son ensemble, le règne technique de la domination des prêtres-politiques et des politiques-prêtres (ou, en termes nietzschéens, le règne du sacerdotal), la morale faisant partie de cet ensemble. Le masque est donc un instrument, un appareil destiné à dissimuler, sous certaines apparences, des intentions exactement contraires à celles que le spectateur est amené à induire desdites apparences; bref, le masque est le moyen de l'hypocrisie, du mensonge (le célèbre § 40 de *PBM* — « Tout ce qui est profond aime le masque » — l'envisage d'ailleurs un moment de cette façon). Le terme de *Tartüfferie*, mélange de comédie et de tragique dérisoire, vient alors naturellement sous la plume de Nietzsche.

42. « Maladie » renvoie à ce « symptôme » mort-vivant qu'est l'homme moral, malade de la morale, et ce parce que la morale le rend malade de la vie elle-même; Nietzsche, en philosophe-médecin de la culture, entend insister sur sa durée, sa capacité à se reproduire, à contaminer peu à peu les vivants. Si la terre, « astre ascétique » (*GM*, III, § 11), porte une maladie, et si cette maladie c'est

l'homme, c'est d'abord parce que la maladie s'appelle la morale.
L'homme est un animal malade parce qu'il est un animal moral.
Deux plans sont ici à distinguer : un plan « phénoménal », qui
caractérise l'homme comme animal indéterminé, incertain, indéfini,
in-essentiel (au sens où il n'a pas d'essence fixe — *PBM*, § 62 :
« l'animal dont le caractère propre n'est pas encore fixé, l'exception
rarissime »), créateur, ouvert à tous les possibles — dont la maladie
elle-même (*GM*, III, § 13) ; et un plan interprétatif, dont le précédent est d'ailleurs la condition, où une forme de vie, la morale, se
renie elle-même, se renverse contre elle-même, continuant néan-
moins à s'affirmer ainsi, de la manière la plus effrayante, la plus
cruelle, la plus maladive. L'interprétation morale du phénomène
« homme » a certes rendu celui-ci « intéressant » (*GM*, I, § 6) : mais
elle n'est qu'un destin parmi d'autres, un moment de l'animal
« homme » entre des moments antérieurs et des moments à venir,
un possible réalisé n'ayant aucun caractère définitif. L'enjeu philosophique et anthropologique, sans être humaniste, de la *GM* est ici :
dans l'exposé de la situation pathologique la plus dangereuse, la
pointe du nihilisme. Voir *GM*, I, § 6 et suiv., II, § 16, § 19, § 22,
§ 24, III, § 9, § 13-21 et § 28.

43. « Malentendu », *Missverständniss*. Le terme est fréquent chez
Nietzsche : la philosophie est définie comme un malentendu sur le
corps, par exemple. Ici, il faut comprendre : interprétation falla-
cieuse, tendancieuse, tordue ; mauvaise interprétation, oui, mais
aussi mauvaise *volonté* d'interprétation (« volonté » s'entendant au
sens de volonté de puissance interprétante, et non au sens de faculté
de l'âme), volonté *de ne pas* entendre, *de ne pas* comprendre, *de ne
pas* affirmer. Voir *CI*, « Le problème de Socrate », § 11 : « Toute la
morale du perfectionnement, y compris la morale chrétienne, fut un
malentendu. »

44. « Remède » est ici révélateur du mouvement de balancier que
Nietzsche donne à ce portrait de la morale : s'il faut accorder à
celle-ci le statut d'« éducatrice » de l'humanité, c'est au sens de
« redresseuse de torts », d'« amendement » systématique de l'humanité (cf. *CI*, « Ceux qui veulent rendre l'humanité "meilleure" »). Le
terme de « remède » nous renvoie à l'ambiguïté formidable de la
morale comme institution historique des mœurs, comme marquage
de la « moralité » de certaines mœurs dans le cœur de l'homme. Il
s'agit bien de « guérir » le vivant de sa maladie, la vie (les passions,
la sexualité, la démesure...), comme Nietzsche croit le voir chez
Socrate (*CI*, « Le problème de Socrate », § 12) ; mais comme la
morale empoisonne la vie pour mieux passer pour son guérisseur
« naturel », elle contraint la vie à fabriquer des anticorps, des contre-
poisons. Elle sera, pour cette raison, aux yeux de Nietzsche, le
grand adversaire par excellence, celui qu'il est nécessaire de dépasser.

45. « Stimulant » : le terme confirme cette paradoxale négativité
mise au cœur de l'homme, de son corps, de son esprit, de sa
culture. La morale « oblige ». Ce qui signifie qu'on ne peut la « nier »
d'un trait, immédiatement, comme le ferait l'infantilisme anarchiste

(cf. *PBM*, § 22, § 188, etc.). « Tout ce qui est décisif ne naît que malgré », écrit Nietzsche dans *EH*, III ; *APZ*, § 1.

46. « Poison », *Gift*. C'est l'autre face de la morale comme remède (*pharmakon*). La morale empêche de vivre, elle inhibe (« entrave » traduit *Hemmung*), elle dévie, mais elle fait aussi de la chirurgie — rarement esthétique, sauf à faire des monstres moraux, elle arrache, extirpe, ampute, mutile, rend hémiplégique, etc.

47. C'est un des effets de l'« *a priori* » dont il est question au § 3 de cet Avant-propos : Nietzsche ne peut s'empêcher de voir derrière toute chose se situant *jenseits aller In-Frage-Stellung*, au-delà de toute question, une ruse, celle d'un préjugé moral, fixé en une forme-« idole », interdisant alors toute question, tout penser. *Denkverbot* et *idolâtrie* vont ensemble. Ainsi, la « vérité », « Dieu », « le bien », l'Être... Il y a bien un défi épistémologique et idéologique dans l'entreprise de généalogie : résister à l'intimidation et à la terreur.

48. Rappelons que la *GM* constitue la suite de *PBM*, et que ce dernier ouvrage est sous-titré : *Prélude d'une philosophie de l'avenir*. Il n'est pas indifférent de remarquer que cette philosophie de l'avenir commence ici avec une critique de la valeur de la bonté comme préjugé : la bonté est un obstacle, un écran, une induration.

49. En quoi le problème moral chez Nietzsche n'est pas qu'un problème moral : on ne s'en tirera pas en recourant à la formule « à-la-Pascal » : « la vraie morale comme critique de la morale » (Pascal écrit exactement : « la vraie morale se moque de la morale », *Pensées*, Lafuma 513) ; sans doute peut-on penser que cette formule désigne un moment de (du) vrai en morale, dans la mesure où Nietzsche cherche, à sa manière, une « morale » ou une « éthique »... mais il faut ici donner aux mots tout leur poids, conformément aux principes nietzschéens de lecture. La phrase de Pascal ne va pas jusqu'à l'idée d'un commandement à établir sur la terre, jusqu'à l'idée proprement nietzschéenne d'une « grande politique ». La mise en abîme de l'homme chez Pascal vise l'humiliation ; celle de Nietzsche son dépassement. Et la critique nietzschéenne de la morale pose un problème proprement ontologique, dont la morale est elle-même la dénégation, l'occultation : quelle forme d'être est l'homme ? Quelle forme d'être *doit être* l'homme ? Quelle forme faut-il lui *commander* d'être ? La critique de la morale engage la pensée dans l'*expérimentation* d'un style d'être, en quoi l'esthétique et l'éthique redeviennent complices, contre l'hypocrisie moralisante.

50. Cette allusion à une compagnie philosophique peut sans doute viser Paul Rée. Mais aussi certaines figures de l'histoire de la philosophie. Cf. *PBM*, § 211, à propos de la distinction entre « ouvriers de la philosophie » et « philosophes ». Les premiers fixent les significations, définissent les concepts, déterminent les problèmes, posent les jugements ; ils analysent, expliquent, stabilisent ; ce sont, à l'instar de Kant et de Hegel, des « instituteurs ». En revanche, les « philosophes » sont des créateurs de valeurs, ils commandent et légifèrent, orientant d'un coup le destin de l'humanité. Nous retrouvons ici cette très spéciale division nietzschéenne du travail intellectuel...

51. Retour à ce Nietzsche géologue-spéléologue de l'esprit et de la culture : l'art des surfaces et l'art des profondeurs. Cf. cet Avant-propos, § 2.

52. Voir *GM*, I, § 3-4. L'appel à la « méthode » peut surprendre ceux qui ont une vision « anarchisante » de Nietzsche ; il faut pourtant y voir la confirmation d'une certaine rationalité : Nietzsche n'est pas ennemi des méthodes et de leurs règles, de leurs chaînes, loin s'en faut. La question de la méthode a joué un rôle essentiel dans l'éducation des esprits — la critique des convictions, l'établissement des outils et des formes de connaissance — et dans le frein que constitue le rationalisme, sous quelque forme qu'il soit, au fanatisme religieux. Cf. *HTH*, I, § 634-635 ; *PBM*, § 36 ; *Ant.*, § 13 et § 59.

53. Le gris est la couleur de l'origine : « gris-brun serait peut-être la couleur primitive de l'homme », écrivait déjà Nietzsche dans *Aurore*, § 241. Le gris de la généalogie est-il celui de l'archiviste, enfermé, comme le veut le cliché, dans un sous-sol poussiéreux ou dans un bureau obscur ? Michel Foucault penche pour cette hypothèse : « La généalogie est grise ; elle est méticuleuse et patiemment documentaire. Elle travaille sur des parchemins embrouillés, grattés, plusieurs fois réécrits » (« Nietzsche, la généalogie, l'histoire », *Hommage à Jean Hyppolite*, PUF, 1971, p. 145). Ou bien est-ce celui — contrastant alors avec le brillant du « trésor de la connaissance de soi » — de la théorie abstraite, à mille lieues de la vie elle-même ? Si c'est le cas, il s'agit ici d'une allusion à Goethe : « Grise, cher ami, est toute théorie, et vert l'arbre d'or de la vie » (*Faust*, I, v. 2038-2039). Ou n'est-ce pas plutôt celui de l'indifférencié, de ce qui est oublié, rejeté, déjeté, refoulé de l'histoire des hommes comme immoral, abject, et qui pourtant travaille en sourdine, en sous-main... ? L'opposé de l'azur superficiel, apparent, « innocent », à qui on donnerait le bon dieu sans confession.

54. La notion de « texte hiéroglyphique », *Hieroglyphenschrift*, est une des clés de la notion nietzschéenne d'interprétation. Elle travaille sur plusieurs plans : 1) celui de l'image : l'ésotérisme de l'écriture égyptienne, antique, et oubliée, se présente au béotien comme incompréhensible, mystérieuse ; cette écriture est gravée, et dans la pierre qui plus est : cela lui donne une pérennité, une solennité, une majesté impressionnante, voire« dominante » ; 2) celui du théologico-politique : si l'écriture retrace l'histoire des dynasties de maîtres, les pharaons, elle manifeste, par son existence même, la domination d'une caste, celle des scribes, qui légifère, rédige, formule, parce qu'elle dispose du savoir. Nietzsche, si soupçonneux des traces, marques et signes de domination, pense sans doute à ce réseau complexe de sens lorsqu'il traite du passé moral de l'humanité à l'aide de cette métaphore. La morale, expression d'une volonté sacerdotale de domination, est elle-même une fabrique de texte à interpréter, mieux encore : interprétation d'un texte qui entend passer pour le texte même, un texte *sans origine* (et sans origine, plus de questions !) ; d'où son caractère mystérieux, « divin », « impénétrable ». La *GM* développera une idée germée dans *PBM*

(par ex., le § 22) et qui trouve une forme achevée dans *CI*, chapitre
« Ceux qui veulent rendre l'humanité "meilleure" », en particulier le
§ 1 : « Le jugement moral ne doit jamais être pris à la lettre : comme
tel, il ne serait toujours que contresens. Mais comme *sémiotique*, il
reste inappréciable [...]. La morale n'est que le langage des signes,
une symptomatologie : il faut déjà savoir *de quoi* il s'agit pour pouvoir en tirer profit » (trad. Albert révisée, éd. Robert Laffont, coll.
« Bouquins », II, p. 981). Nietzsche a donc besoin d'une théorie de
la *lecture*, indiquée au § 8 de cet Avant-propos.

55. Rée se veut darwinien, inventeur du « transformisme en
morale » (Ch. Andler) et même « le Darwin du monde moral »,
comme l'appelle P.-L. Assoun dans son étude-préface à l'édition
française de *De l'origine des sentiments moraux* (p. 40). Contre les
clichés qui demeurent attachés à sa doctrine de la « sélection », on
rappellera ici qu'il n'*est* pas darwinien. Cf. *GS*, § 349, et *CI*, « Flâneries d'un inactuel », § 14 : « Anti-Darwin », qui comporte cette incise
éclairante pour tout le Premier Traité de la *GM* (§ 1-3, sur la « bête
darwinienne » en particulier) : « Darwin a oublié l'esprit (— cela est
bien anglais !). »

56. L'ironie de Nietzsche joue ici à plein : penser que le droit
naturel (celui de la dévoration : les gros poissons mangent les petits)
et les phénomènes culturels sont du même plan — hypothèse mal-
thusienne —, c'est croire que la morale n'est que l'expression d'un
conflit naturel, la « lutte pour la vie », où travaillent des déterminants
comme la rareté, la pénurie, la soif de sang, l'agressivité, etc. La
bête-brute darwinienne (l'homme-tigre, l'homme-loup) et le tendron moral (la vierge sacrifiée, le saint, l'idiot — au sens de Dostoïevski) sont alors deux éléments d'une même fonction, ils sont
solidaires (ils se tendent la main, dit Nietzsche) ; et l'on comprend
aussi le découragement du tendron moral, las de voir ses efforts
pour amender la brute échouer : rien, en somme, de nouveau sous
le soleil... Toute conception naturelle de la morale, parce qu'elle ne
vise qu'à enregistrer la récurrence de la violence naturelle entre les
espèces, ne peut qu'achopper sur ce fatalisme : la lutte pour la vie
est une forme de préécriture du destin, manger ou/et être mangé.
Nietzsche refuse cette simplification : Rée et Darwin ont oublié la
médiation décisive, l'invention révolutionnaire, *inversante* : l'esprit.
« Les espèces ne croissent *point* dans la perfection : les faibles
finissent toujours par se rendre maîtres des forts — c'est parce
qu'ils ont le grand nombre, ils sont aussi *plus rusés*... Darwin a
oublié l'esprit [...], *les faibles ont plus d'esprit...* » (*CI*, « Flâneries d'un
inactuel », § 14). La *GM* a pour programme d'expliquer comment
l'esprit vint aux faibles, aux tendrons moraux...

57. « Belle humeur », traduction d'Éric Blondel pour *Heiterkeit*,
c'est l'humeur affirmative, gaie, sereine, par opposition aux sentiments négatifs et réactifs de la morale (ressentiment, mauvaise
conscience, haine, vengeance...). Première passion joyeuse, *condition* de toutes les autres, de leur légèreté, de leur maintien, de leur
permanence. Elle est le versant sensible du « gai savoir », sa *Stim-
mung*. On notera que Nietzsche insiste sur l'énigme de la *grâce* que

comporte toute « belle humeur » : on est fait pour elle ou non, on finit par elle ou non. C'est une humeur qu'on peut espérer, mais pas vouloir.

58. Le « gai savoir » ou *gaya scienza* — l'expression vient des chants des poètes provençaux — est le savoir de celui qui est en même temps esprit fort, esprit libre, chevalier-guerrier de la connaissance et troubadour-poète-musicien (c'est-à-dire Nietzsche selon lui-même). Affirmatif, courageux, allègre, il est la réponse à la triste science abstraite, au savoir allemand en particulier, dont la couleur est le gris. Voir *GS*, Avant-propos, et § 324, § 327, § 343, § 377, § 381, et « Chants du prince hors-la-loi » ; *PBM*, § 293.

59. « Lui », c'est Dionysos, dieu de la fête, du théâtre, de la joie des sens et de la belle humeur. Dieu souterrain, acteur par excellence, c'est également lui qui « tire les ficelles » de nos rôles et postures existentielles, par caprice, jeu et rire. Dionysos, grand dégonfleur de baudruches, a ici une étonnante fonction de « dédramatisation » de la morale, elle qui a tant besoin de la dramatisation, du mauvais drame, de la terreur, pour s'imposer, inhiber, convaincre et persuader. Le sens de cette « nouvelle éventualité » est celui-ci : au monothéisme moral (le bien, Dieu, la vertu, etc.), Dionysos oppose un polythéisme vital, un polythéisme interprétatif. Voir *GM*, II, § 24.

60. Le *Zarathoustra*, ouvrage de 1883-1885, a pour sous-titre : « Un livre pour tous et pour personne » (*ein Buch für Alle und Keinen*) ; son caractère lyrique, énigmatique en fait un texte difficile, malgré ses apparences d'évidence ; et Nietzsche ne passe jamais sous silence l'épreuve de lecture qu'il impose à tout un chacun.

61. « Qu'est-ce que lire ? » est bien le sujet de ce § 8, parce que la morale est elle-même une façon de lire et qu'une généalogie de la morale exige — cf. § 7 — de lire les hiéroglyphes de l'histoire morale de l'esprit humain. Nietzsche prend donc très au sérieux ce problème. Dans *A*, § 84 et *Ant*. § 59, il souligne *l'art de mal lire*, la mauvaise philologie, propres à l'idéalisme moral-chrétien. Lire, ce n'est pas seulement donner un sens à un texte, c'est également reconstituer, pour le texte en question, sa valeur à partir de sa genèse : lire est une épreuve des preuves du texte. Sur l'art de *bien lire* : *A*, Avant-propos, § 5 ; *GS*, § 383 ; *APZ*, I, « Lire et écrire ».

62. Les alcyons, oiseaux mythologiques, passent pour annoncer le calme de la mer après la tempête. Dans la préface d'*Ecce Homo*, § 4, Nietzsche précise que l'accent qui sort de la bouche du *Zarathoustra* est un accent alcyonien. Dans un posthume d'automne 1887 (§ 10 (1), *KSA*, t. 12, p. 453), Nietzsche écrit : « *Halkyonia*. Les après-midi d'un homme heureux. De F. Nietzsche ». Sur l'imaginaire aérien chez Nietzsche, cf. Bachelard, *L'Air et les Songes*, chap. v, « Nietzsche et le psychisme ascensionnel », éd. José Corti, 1943. Tout de même, si beaucoup de textes de Nietzsche des années 1880 à 1886 *sont* alcyoniens, force est de reconnaître que l'humeur générale de la *GM* ne l'est guère...

63. La lecture, conçue comme travail d'émergence du sens, suppose ici une autre pâture pour ce *ruminant* qu'est le lecteur idéal.

Aux antipodes de l'esprit de système qui exige un texte démonstra-
tif ou dialectique alourdi par l'arsenal de la preuve, l'aphorisme, la
« pensée détachée », héritage des moralistes français des XVIIᵉ et
XVIIIᵉ siècles — Chamfort, La Rochefoucauld, Vauvenargues — et
de Lichtenberg en Allemagne, propose un mélange de légèreté, de
vitesse, de souveraineté (d'affirmation immédiate et arbitraire) et de
provocation : il donne à penser vers son origine même, et ce sans
dire ses raisons : « L'aphorisme, la sentence, où le premier je suis
passé maître parmi les Allemands, sont les formes de l'"éternité" ;
mon orgueil est de dire en dix phrases ce que tout autre dit en un
volume, — ce qu'un autre ne dit *pas* en un volume » (*CI*, « Flâneries
d'un inactuel », § 51, trad. Albert). Sur l'aphorisme chez Nietzsche,
voir Maurice Blanchot, *L'Entretien infini*, II, « L'expérience limite »,
Gallimard, 1969.

64. L'aphorisme en question est « Insouciants, railleurs, violents
— tels *nous* veut la sagesse : c'est une femme, elle ne saurait jamais
aimer qu'un guerrier » (*APZ*, I, « Lire et écrire »). Le sous-titre de la
GM est d'ailleurs : « Eine Streitschrift », « Pamphlet »... Un posthume d'été-automne 1887 (le nᵒ 5 (74), *KSA*, t. 12, p. 218) donne
à penser que Nietzsche avait un instant prévu de faire de cet aphorisme l'épigraphe de la *GM* tout entière. Le thème de la guerre est
continu dans ce texte (par ex., I, § 5-7, II, § 9, § 13)... Suivons
cependant le conseil à la lettre : le Troisième Traité de la *GM*
montre, selon cette indication, l'incapacité, l'impuissance du « philosophe », du « théologien », du « moraliste » à accéder à la sagesse :
il faut donc sans cesse avoir en l'esprit (dans l'ordre des « pensées
de derrière », comme dit Pascal), cet aphorisme pour lire, par
exemple, les § 2 à § 5 (critique de la figure de Parsifal chez
Wagner), le § 6 (critique de la théorie de la contemplation désintéressée chez Kant et Schopenhauer), les § 7 à § 9 et suiv. (dévoile-
ment de la rancune philosophique envers la sensualité et prégnance
de l'idéal ascétique dans la philosophie et la religion), etc. Le leit-
motiv est, de toute façon, « Moralité : il faut tirer sur la morale ! »
(*CI*, « Maximes et pointes », § 36). Sur le guerrier de la connaissance, consulter *APZ*, I, « De la guerre et des guerriers » ; *CI*, Avant-
propos et « Flâneries d'un inactuel », § 38 (« L'homme libre est un
guerrier ») ; *GS*, § 32, § 92, § 283.

65. Nietzsche s'affirme ici comme un « inactuel » ou un « intempestif » (*Unzeitgemäss*) : il s'agit de prendre ses distances vis-à-vis de
« l'esprit du temps », c'est-à-dire à la chaîne des « faits » qui
occupent, de manière bavarde, la surface des choses et qui
occultent les « événements » plus cruciaux, secrets, invisibles, peu
manifestes mais travaillant en profondeur et bien réels (« réel » au
sens d'« effectif »). Cette *autosituation* philosophique originale (par
contraste avec l'hégéliomanie et l'historiomanie dominantes) est
déjà celle des *Considérations intempestives* (ou *inactuelles*) de 1873-
1876 ; la pensée essentielle de Nietzsche est ici la suivante : « Ce
sont les paroles les plus silencieuses qui sèment la tempête, les pensées qui mènent le monde viennent sur des pattes de colombe »
(*APZ*, II, « L'heure du plus grand silence ») ; voir aussi *EH*, Avant-

propos, § 4 ; *Cons. Inact.*, II, Avant-propos ; *CI*, « Flâneries d'un inactuel ». Rappelons que cette idée d'un temps de latence marque l'annonce de la nouvelle de la mort de Dieu (*GS*, § 125).

66. Qu'on ne s'y méprenne pas, il ne s'agit pas, comme peut le donner à penser le cliché, de la rumination d'une vengeance, du ressassement d'une rancœur morbide (cf. *GM*, I, § 6, par exemple). L'acte de ruminer (*das Wiederkäuen*) est ici l'image qui convient à la fois à *l'art d'écrire* selon l'aphorisme et à *cet art de lire* fait de la récurrence des thèmes et jugements critiques, qui, sans cesse, à l'infini, repris et renouvelés, selon des perspectives différentes, travaillent en réseaux (jusqu'à donner ce qu'on appelle « l'œuvre de Nietzsche ») ; cette récurrence permet de conclure à une relative cohérence de l'ensemble, et ce, sans aller jusqu'à l'idée d'un système, parce que l'idée même de *rumination*, corrélative de l'infini des points de vue interprétatifs — cf. *GS*, § 374 —, fait obstacle au modèle formel du *système*. Sur la critique nietzschéenne de la notion de système, cf. *CI*, « Maximes et pointes », § 26 ; *PBM*, Avant-propos ; *A*, § 318.

67. Le titre signifie qu'il n'y a pas à chercher la source des valeurs hors des interprétations humaines ; la définition de « bon » par rapport à « méchant », celle de « bon » par rapport à « mauvais », ne se comprennent plus par référence à des principes métaphysiques transcendants et absolus, mais à partir de l'*établissement* d'une interprétation, elle-même acte d'une puissance qui veut faire dominer certains instincts et certains affects. L'affirmation de l'interprétation est ce par quoi la puissance se veut elle-même. Bref : *qui* veut et *qui* décide ? La suppression de l'absolu des valeurs n'épuise donc pas la question *éthique* de la valeur : « "Par-delà bien et mal"... ceci ne veut dire rien moins que "Par-delà le bon et le mauvais" » (*GM*, I, § 17 ; note 160).

68. Voir *GM*, Avant-propos, et I, § 2. Nietzsche reproche aux psychologues anglais leur manque de sens historique et leur ignorance de la question de « la valeur de la valeur pour la vie ». « Genèse » n'est donc pas encore « généalogie ».

69. Ces psychologues anglais se rendent « intéressants » par leur amour pour la « vérité laide » et la forme de cruauté qu'il suscite : ils humilient la vanité intellectuelle de l'homme (qui se traduit par la surestimation du conscient, l'anthropocentrisme, le dogme du libre arbitre, le postulat d'une origine divine de l'homme, etc.) — voir *GM*, I, § 2. Contre le mensonge platonicien-chrétien de la belle et divine apparence, ils exposent, de manière déjà démystifiante et obscène, le ventre (*partie honteuse*, dit Nietzsche : *PBM*, § 141) de la machine à fabriquer des *idées*, Nietzsche, lui, analysera des *idéaux*, à l'origine semblablement nauséabonde (*GM*, I, § 14). Et si l'élément mécanique de leur pensée est *cathartique* (*Ant.*, § 14), ce sont des iconoclastes inachevés, mesquins et pervers (qui sont dans le « un peu », le « petit », le « presque ») : des grenouilles qui se complaisent dans le *marécage* humain. « Grenouille » fait allusion à la topologie des images (rabaisser, s'insinuer) et, par le retournement ironique, au côté voyeur, lubrique, de la dissection de l'esprit : c'est la grenouille qui anatomise l'esprit humain !

70. Force d'inertie. Allusion à l'associationnisme anglais (Hume) qui décrit la genèse empirique des représentations et des idées : jeu d'associations, de combinaisons, de connexions des perceptions premières (ou impressions), selon les règles de ressemblance, de contrariété (d'opposition), de contiguïté, de répétition (habitude). Voir Hume, *Traité de la nature humaine*, Livre I, 1re partie.

71. Ce reproche de cécité historique, d'« égypticisme », est récurrent chez Nietzsche : le « sens historique », « sixième sens », « seconde vue », est une des vertus du philosophe-généalogiste (cf. *PBM*, § 224 ; *GS*, § 345, § 357 ; *GM*, II, § 4 ; *CI*, « La "raison" dans la philosophie », § 1), et fait même programme (*GS*, § 7 ; *GM*, I, § 17 ; II, § 12-14). Nietzsche est bien un philosophe de l'histoire.

72. Les difficultés commencent : quelle est l'origine de la détermination du jugement portant sur le « bon » en général, et précisément sur l'équivalence morale « bon = non-égoïste » ? La morale sépare l'agent et le juge, l'évaluateur de l'action : Nietzsche moque alors la naïveté bonasse des empiristes « fleur bleue » (*GM*, Avant-propos, § 7), qui voient dans le bénéficiaire de l'action l'auteur du jugement, l'autorité même de l'évaluation, et dans l'oubli, puis dans l'illusion de l'habitude, les divers modes d'ancrage de l'évidence morale naturelle ; ce préjugé renforce l'idée d'une valeur en soi, intemporelle du jugement. Cette thèse, déjà morale, fait de l'autre homme un « autrui » mieux placé pour évaluer la moralité de l'action. Nietzsche renverse la vapeur : ce n'est pas le bénéficiaire qui est l'initiateur du jugement de « bon », c'est celui qui, en premier, *se pose comme* bon, qui se *nomme* bon. Position *amorale* : est juge de l'action celui qui agit. À l'altruisme abréviateur, égalisateur et régulateur des empiristes, et à l'idée d'utilité, superficielle et confuse, Nietzsche oppose une hiérarchie, une séparation entre l'homme supérieur (noble), celui qui juge *en premier*, et l'autre, qui est son contraire (vulgaire). Le « bon » n'est pas une *équivalence* permanente entre les hommes, coutumière ou volontaire, c'est une discrimination, un classement, une distinction. Noter l'importance de ce « commencement » de mise en ordre et de commandement aux notions, aux noms, aux volontés : le sentiment de noblesse est premier, actif, et se traduit par l'exigence de s'arroger un droit. Avec le *second*, le suivant, commence le déclin, la décadence, le *réactif*. Voir *GM*, I, § 10-11.

73. *Pathos der Distanz* ; ou *sens* de la distance ; le traduire par « pathos » fait contresens romantique. Nietzsche l'oppose à « l'esprit du troupeau », à l'égalitarisme en politique et en morale (note 76). L'élitisme aristocratique avait déjà pointé (Avant-propos, § 8, note 60), au sujet de l'écrire et du lire ; il se définit dans la séparation des devoirs, des responsabilités et des droits (*GM*, III, § 14) et dans la séparation des êtres (*GM*, I, § 2 ; II, § 2 ; III, § 18 ; *PBM*, § 41). Le sens de la distance est fait du sens de la différence et de l'irréductibilité mêlées, de la noblesse et de l'originalité, de la grandeur des commencements (*GM*, I, § 10), et d'un sens singulier de l'amitié (*GS*, § 279). Il est l'esprit du lointain contre la proximité d'autrui, ce « prochain », qui est aussi le premier venu, n'importe

lequel... Rien de choquant : Spinoza, dans l'*Éthique*, V, propos. LXX, avait déjà décidé qu'en toute raison le sage et l'ignorant
ne mêleraient ni leurs torchons ni leurs serviettes... L'intuition
nietzschéenne de la distance relève moins de la raison que de
l'expérience de la solitude et de l'observation de la masse (le troupeau de la démocratisation) : voir *GS*, § 15, § 21, § 40, § 299, § 379-
381 ; *CI*, « Flâneries d'un inactuel », § 37-38, *Ant.*, § 43 ; *PBM*, IX :
« Qu'est-ce que l'aristocratie ? ».

74. Le premier établissement des valeurs corrélatives et solidaires
bon-mauvais est l'acte d'une affirmation inaugurale, celle du noble,
de l'homme supérieur : bon est ce qui lui convient, c'est-à-dire ce
qui exalte en lui le sentiment de puissance ; mauvais est ce qui s'y
oppose et ne s'en distingue que pour y faire obstacle, ce qui a sa
racine dans la faiblesse, ce qui fait honte au vivant. Nietzsche tient à
ce critère : *Ant.*, § 2 ; *GS*, § 273-275.

75. Nietzsche pense la dénomination comme terme et expression de la volonté de puissance : nommer, c'est s'emparer de, assi-
miler, s'approprier, c'est un acte violent, infligé par le centre de
forces à une chose, un objet, un être, un ensemble ; mais c'est aussi
créer, faire être, distinguer, voir, connaître d'une certaine façon :
toujours violence, mais cette fois instauratrice. Cf. *GS*, § 58 et surtout le § 261 (« Qu'est-ce que l'originalité ? *Voir* quelque chose qui
n'a pas encore de nom, ne peut pas encore être nommé, quoique
cela se trouve devant tous les yeux. Avec la façon dont sont faits les
gens, ce n'est que le nom des choses qui les leur rend visibles. Les
hommes originaux ont été [...] ceux qui donnaient des noms aux
choses », trad. Albert). Cet acte est l'enjeu d'une autorité souveraine, qui *n'a pas à se justifier*. Cette « injustice » première et revendi-
quée ne se justifie pas, et la dialectique sera dite morale parce
qu'elle cherche des justifications, pire : des justificatifs (*CI*, « Le
problème de Socrate »).

76. « Troupeau » : terme générique par lequel Nietzsche nomme
(fait voir) l'ensemble des dispositions passives et serves des civilisa-
tions et des organisations sociopolitiques présentes et passées : mas-
sification, aplanissement (égalisation), réduction des aspérités (des
différences, des inégalités et des extravagances), abréviation (vulgarité), tabou de l'originalité, etc. Les passions grégaires sont essentiellement des passions mesquines, tristes et déprimantes ; elles
rendent possible l'obéissance : la peur, l'humilité, l'ennui, la
demande du petit bonheur précaire et rassurant, etc. Bref, la tête
baissée, du service et de la colère rentrée. Condition si humiliante
qu'elle a besoin, dit Nietzsche, d'une compensation, sous forme de
masque : la morale d'aujourd'hui en Europe est celle du troupeau,
pire, celle du troupeau autonome (anarchistes et socialistes) ;
l'espèce grégaire se vante d'être la seule espèce permise, et c'est la
morale elle-même qui attife l'Européen, qui le travestit, pour le
rendre divin (cf. *GS*, § 345, § 352 ; *PBM*, § 199, § 202). C'est le
prêtre (ascétique) qui saura trouver les fables, les mots et les promesses pour orienter et organiser l'instinct du troupeau (*GM*, III,
§ 18-19). Le « grand mépris » aristocratique pour le troupeau, c'est

du déjà vu : Balzac (l'idée du « grand individu ») et Tocqueville (l'idée d'un despotisme démocratique « innommable » à venir, livrant les hommes à un bonheur de bétail — « que ne leur ôte-t-il le trouble de penser et la peine de vivre ? », *De la démocratie en Amérique*, IV) avaient montré le danger du nivellement humain.

77. Nietzsche pense souvent l'ennemi sous forme d'équations réductrices — principe d'économie de la pensée oblige !—, pour montrer le rituel simpliste de ces formules toutes faites, qu'on ressort au besoin et par lesquelles on croit avoir réponse à tout. Formules de médecine, de sorcellerie, de magie (relevant de la toute-puissance de la pensée). Il y en a deux :

— l'équivalence socratique (raison = bonheur = vertu ; cf. *CI*, « Le problème de Socrate », § 4), qui est celle de l'« optimisme théorique » ;

— l'équivalence chrétienne (moral = désintéressé = non-égoïste ; cf. *PBM*, § 220 et *GM*, II, § 18, par exemple). Cette dénégation de l'intérêt *via* le sacrifice de soi et l'*abnégation*, est la forme sophistiquée du postulat des empiristes anglais (moral = bénéfique à autrui — voir note 72) : « Le "prochain" loue le désintéressement puisqu'il *en retire des avantages !* » (*GS*, § 21, trad. Albert)... Nietzsche traitera ici de l'intrusion de cette suspension morbide de l'intérêt en esthétique : l'idée de la contemplation (Platon, Kant, Hegel, Schopenhauer) relève de ce préjugé moral (cf. *GM*, III, § 6, § 12 ; et *PBM*, § 2, § 33). Où l'on voit que la question *éthique* passe par celle de l'*esthétique*.

78. Nietzsche a lu les *Data of ethics* (1879) de Herbert Spencer (1820-1903) en 1880, dans la traduction allemande. La doctrine de Spencer, qui définit, aussi bien pour l'individu que pour l'espèce ou la vie sociale, le bien par l'utile, le fonctionnel (« ce qui convient »), n'est pas un utilitarisme honteux, mais un utilitarisme conséquent : l'expérience devient savoir par accumulation et mémorisation de l'utile et du nuisible. La doctrine de Rée sur l'instinct social est un écho de celle de Spencer en ce sens (cf. *De l'origine des sentiments moraux*, chap. I). La fausseté de cette hypothèse tient au fait que, selon Nietzsche, la vie ne cherche pas l'utile de manière mesquine ou étriquée (la *conservation* de soi ou de l'espèce, qui seront alors valeurs du troupeau) mais bien plutôt le surcroît, le luxe, la dépense de l'abondance (valeurs nobles).

79. Sur cette question de méthode, voir note 38. L'origine étant à chercher dans une détermination première, il faut briser le tabou de la détermination.

80. Reprise de l'intuition du § 2 (note 75) : c'est dans la langue et l'acte de dénomination que gît le secret du premier jugement de valeur portant sur « bon » et « mauvais », jugement émis par les hommes nobles ; telle est l'origine de la vision aristocratique du monde, dans la hiérarchie et la différence. Sur le vulgaire comme simplification et abréviation, cf. *PBM*, § 24 et § 268.

81. Entre 1618 et 1648.

82. Sur cette inhibition très particulière, voir note 38.

83. Henry Thomas Buckle (1821-1862), historien, auteur d'une

Histoire de la civilisation en Angleterre (1857-1861). Encore une trace de l'anglophobie nietzschéenne (cf. *PBM*, § 252).

84. *Arya* est un terme sanskrit que Nietzsche ne prend pas au sens où nous prenons aujourd'hui, avec quelles ambiguïtés, son équivalent « aryen ». En témoigne le § 9 de *La Naissance de la tragédie*, consacré à l'interprétation du sacrilège de Prométhée, où « aryen » nomme l'hypothèse d'une origine masculine du sacrilège (alors que l'interprétation sémite y voit une origine féminine). Pour éviter excès et dérives de lecture, rappelons que le jeu d'étymologie vise à montrer comment des valeurs ont été établies de manière extramorale. Benveniste, dans *Le Vocabulaire des institutions indo-européennes* (chap. 6), renvoie *arya* à « peuple », « mon peuple », selon une procédure d'appartenance qu'on retrouvera plus tard chez les Germains, les Saxons, les Celtes, etc. : **teuta*, dérivé de la racine **tew* (être gonflé, plein, puissant), *teutoni, deutsch*, etc. Tout peuple commence par s'appeler « les hommes » (d'où, l'*ala-manni* germanique). Ont été émises des hypothèses, dont se méfie d'ailleurs Benveniste, rapportant *arya* à celui qui offre des sacrifices, distribue des richesses, ou à celui qui protège l'étranger (par son accueil, ses biens, bref l'hospitalier), ou même encore au grec *aristos*, excellent, suprême, éminent, supérieur, ce qui nous rapproche du sens nietzschéen. On voit que Nietzsche propose ici des *constellations de sens* plus que des définitions.

85. Théognis de Mégare (viᵉ siècle av. J.-C.), sur lequel Nietzsche avait travaillé en 1864, puis lorsqu'il était professeur de philologie classique à Bâle.

86. Nietzsche rapproche *esthlos* (noble) de *estin* (est), hypothèse cavalière, mais qui convient à ce jeu du sens, qu'à la manière du *Cratyle* de Platon il propose ici en guise de travail sur l'origine des actes de nomination. *Esthlos* renvoie à véridique (probe, honnête), à noble (courageux, viril), à généreux, précieux, heureux ; bref, à celui qui a la puissance de s'affirmer *en premier*. L'ontologie philosophique commande ici à la philologie : il s'agit de lier ontologie (doctrine de l'être) et éthique (doctrine des puissances d'être, donc doctrine extramorale). Cette « franchise » primordiale contraste — parce qu'elle en est la toile de fond — avec le décadence ultérieure due au *calcul* des faibles.

87. *Kakos* : mauvais, méchant ; *deilos* : lâche ; *agathos* : bon.

88. *Malus* : mauvais, en latin ; *mélas* : noir, en grec.

89. « Celui-ci est noir », ou « a une âme noire », c'est-à-dire méchante. L'expression vient d'Horace, *Satires*, I, IV, v. 84.

90. La grotte de Fingal (Fingal et Ossian, son fils, sont des héros des légendes celtes du iiiᵉ siècle avant J.-C. ; *Fin* signifierait prince des Fian, des guerriers), en Écosse, fut illustrée par Mendelssohn dans l'ouverture des *Hébrides*.

91. Rudolf Virchow (1821-1902), un des fondateurs de l'anthropologie, dans sa version anthropométrique. La génétique moderne a fait litière de ces hypothèses sur le rapport entre le physique et le moral, dans certaines « races », « populations » ou « ethnies », qui caractérisent le discours « scientifique » du racisme. Gobineau

(*Essai sur l'inégalité des races humaines*, 1853) avait indiqué la prédominance du blond chez les aryens, et Nietzsche s'appuie ici sur les
thèses de Pöschke (*Die Arier*, 1878), qui reprend, sur ce point,
l'idée de Gobineau.

92. Se disant discret et nuancé (début du § 5, par exemple), et se
disant lui-même une nuance, Nietzsche n'y va pas ici par quatre
chemins dans l'amalgame; à l'époque (mai-juin 1871), croyant aux
rumeurs de l'incendie du Louvre, Nietzsche avait déjà *réagi* avec
affolement, parlant de « séisme culturel », du « jour le plus néfaste »
qu'il ait connu, *etc.* (*Lettres à Vischer*, du 27 mai 1871, et *à Gersdorff*,
du 21 juin 1871). On pense à la haine de Flaubert pour la Commune, un Flaubert épouvanté par les désastres de cette révolte, et
qui va jusqu'à trouver les Prussiens... sympathiques (« Ah! Quelle
immonde bête que la foule! Qu'il est humiliant d'être homme! »,
etc.).

93. *Bonus* : bon; *duonus*, de *duo*, deux; *bellum* : guerre; *duellum* :
duel, combat singulier entre deux adversaires *(duen)*.

94. Hypothèses aussi fantaisistes que les précédentes : *gut*, bon;
Goth, venu de *Gott* (Dieu) ou *göttlich* (divin)? À l'origine,
« gothique » signifie en français... « barbare »! L'ensemble, repris
dans l'équation aristocratique des valeurs « bon = noble = beau =
heureux = aimé de Dieu » (*GM*, I, § 7), indique la suprématie d'un
premier commencement, d'une législation fondatrice, certes cruelle,
injuste, guerrière, aristocratique, mais puissante, véritable, courageuse, qui demeure souveraine jusque dans la pitié (à condition
qu'*elle* en décide, *GM*, I, § 10). L'établissement des valeurs opposées concerne alors tout ce qui n'est pas de l'ordre de cette puissance, tout ce qui est *exclu* par elle (la lâcheté, la fausseté, la récla-
mation infinie de la justice, de l'égalité, etc.), et c'est de ce dernier
ensemble que s'empare le prêtre ascétique.

95. Ce paragraphe présente : 1) un avertissement; l'esprit a une
tendance naturelle à se reconnaître lui-même tout entier (à la mode
hégélienne) dans un premier commandement portant sur les
valeurs et la distinction sociale : ce faisant il prend d'emblée les
choses de trop haut — il fait du « symbolique »; 2) une hypothèse
génétique répondant au soupçon précédent : la fonction du sacerdotal est de rendre communes les décisions prises par les puissants
et de les faire accepter comme des faits irrévocables — de là le pouvoir des prêtres (*HTH*, I, § 472; *GS*, § 351, § 353; *APZ*, II, « Des
prêtres »; III, « Des trois maux »). Or, dit Nietzsche, une aristocratie
sacerdotale s'appuie d'abord sur des actes simples, primaires,
concernant les soins et les valeurs sensibles du corps (la propreté,
par exemple). La pureté dont il est question dans le discours sacerdotal n'est donc pas celle de l'esprit détaché du corps (ce sera
l'invention *secondaire* de Platon et du christianisme), elle est celle du
corps lui-même. Mais, dans l'interprétation sacerdotale, le propre
(corporel, physiologique) se modifie en pur (spirituel). D'où le
début d'une méfiance, d'un dégoût, d'un malaise devant l'impureté
physiologique : la porte est désormais grande ouverte à la névrose,
au malaise, à la religion, à la maladie de l'esprit, à la contemplation;

le dualisme métaphysique, fabricant d'abîmes et d'oppositions d'absolus (corps-âme, sensible-intelligible), *devient possible*. Voir *HTH*, I, chap. III, « La vie religieuse ».

96. « Non symbolique », c'est-à-dire immédiatement, véridiquement, et ce malgré l'arbitraire. « Symbolique », pour Nietzsche, signifie tordu, perverti, falsifié, surinterprété par une autre puissance que la puissance initiale.

97. Silas Weir Mitchell (1829-1914), médecin américain spécialiste des maladies nerveuses, auteur de *Fat and Blood*, préconisait une suralimentation sous surveillance médicale. Nietzsche, fils de pasteur, donc héritier du régime sacerdotal, au tempérament nauséeux (céphalées, vomissements, fatigue chronique), s'intéressait de près aux régimes... alimentaires. Cf. *EH*, « Pourquoi je suis si avisé », § 1.

98. « Union mystique ».

99. Sur le bouddhisme, voir notes 30-33.

100. C'est une des implications de la définition que Nietzsche donne de l'homme comme animal dont le caractère n'est pas encore fixé (*PBM*, § 62) : devenu « animal intéressant » (cf. *Ant.*, § 14), à l'âme plus profonde et plus méchante en un sens spirituel — la spiritualisation creuse, approfondit l'âme, qui intériorise. L'origine de cette invention de l'homme, déjà pressentie dans la seconde des *Considérations inactuelles*, c'est la puissance sacerdotale, qui modifie le propre en pur et le physiologique en impur en les « spiritualisant », et qui se passionne, jusqu'à l'idée fixe et l'obsession, pour la culture des passions servant les intérêts de l'« esprit » (arrogance, vengeance, etc.). La *GM* affine ce diagnostic : cette spiritualité sera celles de la souffrance et de la maladie (*GM*, II, § 16). Sur la méchanceté de l'homme, cf. *GS*, § 33 ; *APZ*, III, « Le convalescent ».

101. Ces traits de l'aristocratie guerrière, peu à peu figés en clichés plus ou moins kitsch, au cours de la révision romantique des légendes, sont dans Homère, Hésiode, Hérodote, Virgile. En retenir seulement la version forte, barbare au sens extramoral (opposé au sens réactif), innocente de l'affirmation joyeuse et insouciante de la vie. Cette méchanceté, cette agressivité, sont filles de *poros* (abondance), celles des prêtres, plus dangereuses, plus réactives, plus spirituelles, filles de *pénia* (manque ; cf. note 20).

102. Pour un nez non averti, l'attaque contre les Juifs, destinée d'abord à *modéliser* le conflit guerriers-prêtres, sent la poudre, pour ne pas dire autre chose. Une lecture précipitée conclut vite au racisme, à l'antisémitisme. Il n'est pas question de cela ici : depuis quelques paragraphes, Nietzsche pointe l'ennemi redoutable par excellence, le prêtre. Le peuple juif, peuple persécuté et opprimé par ses puissants voisins, n'a pu réaliser sa volonté de puissance qu'en devenant peuple *de* prêtres, ou qui s'abandonne *aux mains des* prêtres. La *GM* est tout entière dirigée contre la psychologie du prêtre parce que celle-ci constitue une réponse *fausse, falsifiée*, à la psychologie du guerrier : le problème des fictions morales est d'abord un problème théologico-politique (voir *Ant.*, § 24-28, qui

renvoient aux analyses de la *GM*). En *GM*, I, § 6 à § 9, et § 16, le peuple juif est attaqué *seulement en tant que peuple sacerdotal* : on n'a pas assez remarqué qu'il n'en sera plus question ensuite, l'accent se déplaçant sur l'« héritier », le christianisme. Avec d'autres armes, Spinoza n'avait pas été, en son temps, moins féroce, dans le *Traité théologico-politique*.

103. La psychologie sacerdotale, en inventant un certain type de passions, apporte sa contribution à cette *histoire* des passions qui sert d'instrument d'optique pour mieux lire l'histoire de l'esprit humain : à la vengeance comme réponse affirmative, directe et sans détour, sans attente, sans reste, du guerrier, le prêtre substitue une vengeance subtile, imaginaire, longuement ressassée, cuite, mijotée — « un plat qui se mange froid »... —, obsessionnelle, qui va jusqu'à parasiter et envahir les autres fonctions de l'esprit. La spiritualisation de la vengeance, c'est sa tyrannie : elle rend possibles la force des faibles, la « morale des esclaves » (cf. *GM*, I, § 10-11).

104. Allusion parodique, fréquente chez Nietzsche, aux « Béatitudes » de l'Évangile (Matthieu, 5, 1-10) et à Paul, Première Épître aux Corinthiens, 1, 26-29.

105. *PBM*, § 195. Cf. aussi *PBM*, § 46.

106. Reprise allusive de la métaphore d'Ésaïe, 11, 1 et 53, 2 sq. ; ce texte est, pour les chrétiens, une annonce de la venue de Jésus-Christ, le Messie — Jean, 12, 38 et Épître aux Romains, 10, 16 ; il a donné lieu à un célèbre cantique protestant.

107. Bref, sous l'amour, la haine. C'est une des implications de la méthode généalogique : cet amour nouveau, celui du christianisme, irradiant, désintéressé, innocent, a une origine terrible. Sa pureté, sa *lettre* n'est que façade ; son *esprit* est en réalité la sublimation d'une méchanceté retournée contre elle-même, « refoulée », déniée, honteuse, modifiée en son contraire. Mensonge navrant, que le christianisme dissimule en posant l'amour christique comme remède à la haine juive, alors qu'il n'en est que le prolongement, l'héritier, *la continuation par d'autres moyens*. En posant le christianisme comme prothèse du judaïsme, comme moyen inédit pour atteindre des buts inaccessibles autrement, Nietzsche nie le postulat chrétien d'une rupture, d'une discontinuité entre les deux formes d'une même prêtrise. Et il répond aussi, par là même, aux antisémites chrétiens, dont le célèbre idéologue prussien Treitschke, qui voyait dans le christianisme une religion « aryenne » dépassant une religion sémite. Cf. le très violent § 251 de *PBM*.

108. Cf. note 104.

109. Allusion à Paul, Première Épître aux Corinthiens, 1, 17-23. Nietzsche écrit, dans *APZ*, III, « Des vieilles et des nouvelles tables », § 12, que la croix est « le pire de tous les arbres ». Sur l'invention du Dieu en croix comme ruse dangereuse et cruelle, cf. *GM*, II, § 21 ; *PBM*, § 55 ; *Ant.*, § 40, § 51 et § 58.

110. « Sous ce signe ». Modification indiquant la soumission et la mutilation volontaires — « dans » devient « sous » — d'une expression prêtée à l'empereur Constantin, au moment de l'apparition de la croix : *in hoc signo vinces*, « tu vaincras dans ce symbole ».

111. Sur ces images de l'intoxication et de l'empoisonnement, voir notes 41-45 (Avant-propos, § 6). Rappelons que ce poison, c'est l'amour (*GM*, I, § 8).

112. « On se le demande ».

113. Pourquoi des guillemets encadrant une bonne partie de ce paragraphe ? C'est la libre pensée qui parle ici : un discours fait de nostalgie (une époque est révolue) et de dialectique, avec cette « relève » (*Aufhebung*) du poison de l'Église — un mélange de Calliclès et de Hegel. Nietzsche pointe le subtil mécanisme qui rend possible la valorisation *a posteriori* du négatif : on sépare le toxique de l'institution qui l'a inventé et répandu. On tient ici une généalogie de la libre pensée telle qu'elle s'exprime au temps de Nietzsche (et sans doute encore aujourd'hui) : positiviste (« moderne », croyant au progrès possible en morale, fétichiste du fait accompli (« faitalisme », dit Nietzsche en *GM*, III, § 24), et démocratique. Bref, la libre pensée est une *héritière*... Quant à la charge contre l'Église, accusée d'esprit de lourdeur, consulter *GS*, § 280, § 350, § 358 ; *APZ*, II, « Des prêtres » et « Des grands événements » ; *PBM*, § 30. Le portrait de Luther (*GM*, III, § 2, § 9, § 19-22) enfoncera le clou sur ce point.

114. Allusion à *L'Irréligion de l'avenir* (1887), du philosophe moraliste Jean-Marie Guyau (1854-1888), que Nietzsche, selon Halévy (*Nietzsche*, partie V, chap. III), a sûrement rencontré à Nice, dans l'hiver 1886-1887. Nietzsche avait lu l'autre grand livre de Guyau, au titre si *apparemment* nietzschéen, *Esquisse d'une morale sans obligation ni sanction* (1885) ; il voit dans cette doctrine une forme de régénération cachée, honteuse d'elle-même, de la morale chrétienne, revue et corrigée par les idées modernes de Comte, de John Stuart Mill et du spiritualisme français.

115. En français dans le texte ; Nietzsche a trouvé ce terme dans la traduction française de *L'Esprit souterrain* de Dostoïevski (cf. Halévy, *Nietzsche*, partie V, chap. III). En *GS*, § 347, il avait déjà noté l'importance de cet affect dans l'économie de pensée de la morale religieuse. La *GM* en établit les conditions et conséquences pour le destin de l'humanité, empêtrée dans ces morales utilitaristes et manichéennes qui expriment la logique du ressentiment. Le ressentiment est une forme de réaction illusoire et haineuse (vengeance seconde et spirituelle) à une situation qu'on juge « humiliante » (nécessité, destin, infériorité, défaite, impuissance devant un ennemi), ce qui suppose une vanité incommensurable, une volonté de puissance aveugle et hallucinée, qui cherche alors *à tout prix*, malgré tout, la satisfaction, quitte à forger, par son imagination maladive, les fictions et les mensonges les plus aberrants pour y parvenir. C'est pourquoi le ressentiment, passion spirituelle et spiritualisante, est à l'origine des *inventions* morales. Paradoxe : l'impuissance devient féconde, rusée, astucieuse, la négation (de la vie) devient création... Le ressentiment est dirigé contre la vie elle-même, elle est ce qui rend l'homme malade (et « intéressant ») : la « morale » noble, aristocratique, primitive, celle de l'affirmation, de l'acte ne connaît pas ce genre de réaction, car quand le noble « réa-

git », sa réaction est directe et « véritable » (*Ant.*, § 24, qui cite la *GM*).

116. Successivement : « lâche » (mais aussi : timide, vil, méprisable, bas, vulgaire, honteux, malheureux), « malheureux », « misérable » (mais aussi : en mauvais état, défectueux, mauvais, méchant), « méchant » (mais aussi : infortuné, pervers). Toujours les constellations de sens...

117. Respectivement : « lamentable », « malheureux » (mais aussi : infortuné, pauvre en esprit, insensé), « infortuné », « malheur », au sens d'échouer (malheureux au jeu, en amour), « malheur » (par le hasard, la conjecture).

118. Littéralement : « bien faire », « faire » signifiant agir (et non fabriquer, même si le fabriquer est un mode du faire). L'expression signifie « être heureux », « réussir ».

119. Ce portrait décrit le caractère tourmenté, torve, contourné, alambiqué de l'homme du ressentiment comme homme des recoins (avec son cortège d'images : perversion, malpropreté, fausseté). Son Dieu sera d'ailleurs à l'unisson : cf. *GM*, I, § 14 ; II, § 22 ; *APZ*, I, « Des hallucinés de l'arrière-monde » ; II, « De l'immaculée connaissance » ; *Ant.*, § 16-19.

120. Nietzsche, comme Rousseau (« l'homme qui médite est un animal dépravé »), voit dans l'invention de l'intelligence comme arme de domination une véritable ambivalence, en raison de son caractère *second*, qui rend possible sa contribution à la pathologie réactionnelle du ressentiment. Au lieu d'être rare et singulière, l'intelligence devient peu à peu commune, générale, vulgaire, elle se démocratise. N'est-ce pas pour cette raison qu'elle se renverse alors dans sa forme jumelle, la bêtise ? M. Homais passe pour cultiver les vertus de l'intelligence... En ce sens, l'intelligence est vulnérable, défectueuse, imparfaite, et elle *dépare* dans le tableau de cette humanité *animale*, instinctive, inaugurale, qui rassemble les *primitifs* (au sens artistique), les guerriers nobles, instinctifs, courageux, tout entiers tendus vers l'affirmation première de leur puissance. Cf. *GM*, II, § 2, sur l'idiotie.

121. Honoré Gabriel Riqueti, comte de Mirabeau (1749-1791), défenseur de la monarchie constitutionnelle, pris ici comme emblème de l'ancienne noblesse française, qui sera humiliée par la Révolution française et son esprit *canaille* (voir *GM*, I, § 16 et note 157) ; Nietzsche le range parmi les hommes supérieurs (avec Zoroastre, Moïse, Mahomet, Platon, Jésus, Brutus et Spinoza) et il oppose son sens de la distance à la tentation plébéienne d'un Chamfort (*GS*, § 95). Le mépris souverain de Mirabeau — la distance signifie en réalité le respect, la reconnaissance, et c'est la seule forme d'amour « propre », supportable — fait écho à l'éloge paradoxal de l'oubli naturel et instinctif de l'animal, déjà exposé dans la deuxième *Considération inactuelle*.

122. Alors que l'homme du ressentiment est impuissant à *estimer* son adversaire, à le reconnaître comme tel — c'est là sa bassesse —, l'homme noble *s'élève* dans cette honneur. Conception aristocratique de l'ennemi : fort et véritable, il nous honore par sa valeur, en

nous éprouvant, en nous *trempant*, dans sa guerre. Cf. *HTH*, Avant-propos, § 7 ; II, § 248 ; *GS*, § 169 ; *APZ*, I, « De la guerre et des guerriers », « De l'ami » ; II, « L'enfant au miroir » ; III, « Des vieilles et des nouvelles tables », § 21 ; *CI*, « La morale comme contre-nature », § 3 ; *EH*, « Pourquoi je suis si sage », § 7.

123. « Entre égaux ».

124. Voilà encore un passage ambigu *pour nous*, lecteurs rétrospectifs (l'image — acoustique — « bête blonde »...). Apologie du « fauve », du prédateur ? Il ne faut pas s'y tromper : la barbarie est toujours *rétrograde*, retour au commencement, à l'état primaire, idiot, inculte, stupide (cf. *A*, § 429, si prémonitoire). Si l'intelligence cultivée a sa bêtise, la barbarie a sa sauvagerie. La seconde est la rançon nécessaire de la première ; comme si la vie, dans sa soif d'affirmation première, *avait besoin* de faire à nouveau l'épreuve, de temps à autre, à certaines périodes de son déploiement hors nature dans l'histoire humaine, d'une affirmation, même aveugle, gratuite, valant pour elle-même, de sa puissance. D'où : penser la concomitance des deux phénomènes, culture et barbarie, civilisation et sauvagerie ; la féodalité, par exemple, est un mélange bizarre de civilisation gréco-romaine et de barbarie normande et orientale (Goths, Francs...). Sur cette concomitance, voir le problème d'Hésiode, note 128.

125. Dite aussi le Panégyrique d'Athènes. Cf. Thucydide, *Guerre du Péloponnèse*, II, 41.

126. *Ibid.*, II, 39. *Rathumia* : humeur facile, insouciance, indolence, indifférence ; elle fait de l'audace une témérité innocente.

127. Allusion à la victoire de la Prusse sur la France en 1870, sur le Danemark en 1864, l'Autriche en 1866, et à la fondation de l'Empire en 1871. Nietzsche méprisait l'Empire et détestait Bismarck (cf. la fin du § 324 de *HTH*, II : « Bismarck a chassé le *diable faustien* qui a tant tourmenté les Allemands cultivés : mais ce démon est maintenant entré dans les pourceaux et il est pire que jamais » — trad. Albert).

128. Poète, auteur de la *Théogonie* (VIIIᵉ siècle avant J.-C.), qui porte sur la généalogie des Dieux et l'histoire mythique du monde ; c'est dans *Les Travaux et les jours* (v. 106-201) qu'Hésiode décrit le mythe des races. Nietzsche a noté (*A*, § 189) : « Hésiode [...] a peint deux fois de suite la même époque, celle des héros d'Homère, et c'est ainsi que d'*une* seule époque il en a fait deux » (trad. Albert), chacune étant jugée d'un point de vue différent. Le problème est le suivant : Hésiode attribue à chaque période (ou âge) de l'histoire des hommes une « race » marquée par un métal ; à la première race va l'or, à la deuxième l'argent, à la troisième le bronze ; à la cinquième, celle des hommes du temps d'Hésiode, va le fer. Et la quatrième, dite race des héros ? Nietzsche ne lui accordant pas de métal, Nietzsche suggère ici qu'elle n'est qu'une autre version de la précédente. La race de bronze est donc une race ambiguë : d'abord brutale, guerrière et terrifiante, ensuite plus juste, plus brave. Cf. J.-P. Vernant, *Mythe et pensée chez les Grecs*, I, « Le mythe hésiodique des races, essai d'analyse structurale », éd. Maspero, 1971, t. I.

129. Cela annonce les *GM*, II, § 1-2, § 6, § 15, *GM*, III, § 13, § 15, § 21. Nous sommes ici au cœur de la problématique de la *GM* : quel sens donner à l'acte de « civiliser » ? Que signifie « domestiquer » ? L'éducation de l'homme n'est-elle pas *dressage* ? Si la civilisation se caractérise par la plus extrême violence, la violence de l'esprit sur lui-même, rien d'étonnant à ce qu'il y ait des « retours de bâton », des retours du refoulé, des régressions barbares.

130. C'est l'homme, dans l'actualité de son devenir, qui *est* problème : s'il y a un problème *de* l'homme, c'est bien le problème que l'homme (se) pose (à) lui-même. Ce thème du « dégoût de l'homme », du « grand dégoût », dont Nietzsche dit qu'il constitue son « plus grand danger », est *le* fil rouge de son antihumanisme, de sa misanthropie. Cf. *GS*, § 49, § 364 ; *APZ*, III, « Le convalescent », et IV, « Le chant de la mélancolie » ; *PBM*, § 225 et 282 ; *EH*, « Pourquoi je suis si sage », § 8, et « Pourquoi je suis un destin », § 6.

131. Ce final sonne ironiquement aux oreilles d'aujourd'hui : on entend toujours chanter les mérites d'un homme comme but final de la création (d'une histoire de la nature, d'une histoire des espèces) ou comme but final de l'histoire humaine, et ce aussi bien du côté des savants, des historiens, des philosophes, tous démocrates, positivistes, humanistes. Nietzsche, et c'est son désaccord profond avec les Lumières (cf. *PBM*, § 44), voit dans ces fables le masque d'une vanité, d'un anthropocentrisme entêtés. Il n'y a pas de fin de la nature ni de fin de l'histoire, qu'il s'agisse du *télos* ou du terme (*HTH*, II, « Le voyageur et son ombre », § 12). Nietzsche est ici d'un spinozisme conséquent.

132. Nietzsche regrette certes les remugles de l'âme humaine, mais il reproche aux psychologues anglais de s'y complaire (*GM*, I, § 1-3) et d'ignorer la question du *télos*, du but à donner à l'invention de l'esprit et de ses passions si particulières (passion de la « vérité », du « bien », de l'« altruisme », etc.). Sur l'image de l'arc comme tension du *télos* : *PBM*, Avant-propos ; *EH*, « Pourquoi je suis un destin », § 3.

133. Cf. note 130, sur le danger du « grand dégoût de l'homme ». *PBM*, § 62 a montré la morale européenne faisant de l'homme un « avorton sublime ». Pascal, selon Nietzsche, en est un exemple tragique : il aura sacrifié son intellect — le « suicide de sa raison » — sur l'autel de sa « foi » (*PBM*, § 45-46 ; *GM*, III, § 17 ; *Ant.*, § 5). L'homme à la vertu d'hémiplégique, rapetissé et rapetissant, fatigué et fatigant est un des symptômes du nihilisme. Sur la fatigue, voir *HTH*, II, § 263 ; *APZ*, II, « Du pays de la culture » ; *CI*, « Le problème de Socrate ».

134. Cf. *APZ*, IV, « Le chant de la mélancolie ». Nietzsche défend l'idée d'un « droit naturel » entendu comme *nécessité* d'expression de la puissance requise par chaque vivant, qui se manifeste, entre autres et d'abord, par la dévoration animale. L'humanité n'aura jamais fait, dénégations comprises, que transposer cette recherche de la puissance sur le plan de l'esprit (la domination, l'empire, certes, mais aussi le « droit », la « morale » qui ne sont jamais que la continuation de la puissance avec d'autres moyens,

relatifs à la *teneur* de la volonté de puissance). Spinoza n'est pas loin (cf. Ph. Choulet, « Le festin de l'araignée ou le destin de la philosophie politique », *La Liberté de l'esprit*, n° 13, 1986, Hachette).

135. Cf. *GM*, I, § 17, « Remarque ». Sur le langage comme « vulgaire » (fabricant d'abstractions, de fictions, de « mensonges sublimes », de « mensonges extramoraux »), thèse récurrente chez Nietzsche : *Introduction théorétique sur la vérité et le mensonge extramoral* (1873) ; *PBM*, § 16-17, § 19-21, § 24, § 32, § 34, § 54, § 268 ; et *CI*, « La "raison" dans la philosophie », § 5. L'abstraction du langage, en *séparant* un processus en sujet de l'acte et effet de cet acte, invente et fixe l'image d'un substrat neutre et libre : mythologie d'un sujet-« substance » libre. Nietzsche voit dans la thèse *populaire* du libre arbitre, *même* sous sa forme philosophique (qui reconduit la *vulgarité*), la conséquence de cette naïveté. La question de la cause libre est essentielle dans la psychologie du châtiment, puisqu'elle justifie, comme le dit Nietzsche un peu plus bas, l'imputation d'une *nature*. Nietzsche, philosophe de la nécessité, refuse l'idée d'un accès à une *autre* nature par le seul fait de la cause libre : on n'a pas à *en vouloir* au rapace d'*être ce qu'il est*. Certaines conditions de la psychologie de la vengeance sont déjà réunies dans les fictions du langage ; cela signifie aussi que les mots inventés par cet esprit de la vengeance (libre arbitre, mérite, bonté, humilité, pardon, faute...) sont des pièges ourdis par les faibles pour réduire les forts à l'impuissance (cf. *GM*, II, § 16). L'inversion sera complète : la faiblesse devient, par la magie du mensonge moral, état librement voulu, l'impuissance est camouflée en libre choix, d'où le « mérite » (voir § suivant).

136. Science et philosophie ne sont pas à l'abri des ruses implicites du langage. Sur cette généalogie linguistique de la science, et de l'atomisme en particulier, voir *PBM*, § 12 ; § 14, § 17 ; *CI*, « Les quatre grandes erreurs ». Sur la chose en soi kantienne (l'*inconnaissable*, qui est ce à quoi s'adresse la pensée au-delà de l'objet de la connaissance, objet déterminé par les formes *a priori* de la sensibilité et les catégories de l'entendement) : *GM*, III, § 12 ; *HTH*, I, § 16 (elle y est dite « digne d'un rire homérique » !).

137. Sur l'âme, voir *PBM*, § 12, § 16-17, § 19 et § 54 ; *HTH*, II, § 17 ; *A*, § 501 ; *APZ*, I, « Des contempteurs du corps ». Nietzsche n'est pas hostile au terme — ni à celui d'*esprit* —, à condition d'en changer le sens : il défend, contre le dogme chrétien de son unicité et de son immortalité, une idée de l'âme comme « édifice d'âmes multiples » et mortelles (note 169).

138. Tel est le programme de la généalogie nietzschéenne quant au travail de l'intériorisation en matière de religion ; voir *HTH*, I, § 111 ; *A*, § 62 ; *GS*, § 151, § 353 ; *CI*, « Les quatre grandes erreurs ».

139. Les guillemets indiquent l'inversion morale (note 135). Nietzsche poursuit ici sa généalogie des passions, qui thématise leur *ambivalence* : la « bonté », la « pitié » et l'« obéissance » sont certes formes morales, mais cela n'exclut pas leurs formes amorales (*extramorales* : c'est ce que signifie l'usage de « grand » chez Nietzsche) : la « grande bonté », la « grande pitié », etc. Nietzsche ne jette donc

jamais le bébé avec l'eau du bain (notes 67 et 160). Sur la *nécessité* de l'obéissance, voir *PBM*, § 188, § 199 (en relation avec *GM*, II, § 11-12). Seule l'humilité ne peut vraiment être *relevée* : son *autre* amoral est peut-être, comme chez Spinoza, la modestie (*Ant.*, § 14).

140. Reprise parodique de la parole de Jésus sur la croix (Luc, 23, 34) ; la seconde partie de la phrase n'est évidemment pas dans l'Évangile !

141. Matthieu, 5, 43-45.

142. Nietzsche reprend l'idée de Machiavel : le christianisme comme religion d'esclaves marchandant leur salut dans un autre monde.

143. Épître aux Romains, 13, 1-7. Un peu plus bas, « la meilleure part » : cf. Luc.

144. Luc, 10, 42 ; voir déjà *GM*, I, Avant-propos, § 1 (note 3).

145. L'allusion à la magie noire (le prêtre est un sorcier expert en tours de passe-passe) indique le travail de dissimulation qui invente le mensonge de la belle apparence : la pureté morale cache la plus nauséabonde alchimie des instincts, leur *perversion*. Huysmans, dans *Trois primitifs* (1905), a montré ce savant travail d'artiste dans le commentaire de *La Florentine* de Francfort-sur-le-Main (« Images et idées », éd. Flammarion, 1967). Hitchcock, à la fin de *Soupçons*, met une lumière *dans* le verre de lait que Cary Grant monte à son épouse, pour faire paraître le blanc plus blanc, trop blanc pour être... honnête et lavé de tout soupçon.

146. *L'Iliade*, chant I, v. 249. Nietzsche déplace et simplifie abusivement, en attribuant cette qualification à la vengeance : c'est de la fureur, qui certes nourrira la vengeance, que Nestor parle à cet endroit, exprimant la colère d'Achille contre Agamemnon ; colère criminelle, d'ailleurs, puisque irrité par l'attitude d'Agamemnon, Achille refusera d'aller au combat, et Patrocle ira à sa place, pour se faire tuer par Hector. Achille reprend alors l'expression au chant XVIII, v. 109 : il se lamente de la puissance de ce courroux et souhaite sa disparition...

147. Paul, Première Épître aux Thessaloniciens, 3, 12.

148. Paul, Première Épître aux Corinthiens, 13, 1-13. Texte des « vertus théologales » : foi, espérance et charité. On peut comparer le raidissement nietzschéen à l'*abandon* de Brahms, dans les *Quatre Chants sérieux*, op. 121, de 1896.

149. Allusion au *Notre-Père*.

150. Dante (1265-1321), *La Divine comédie*, « Enfer », III, 5-6 : « Ouvrage suis de divine puissance, et très haute sagesse et prime amour. » (trad. A. Pézard, Pléiade).

151. Saint Thomas d'Aquin (1225-1274), *Commentaire sur le livre des sentences*, IV, L, 2, 4, 4 : « Les bienheureux au royaume céleste verront les peines des damnés pour avoir plus de béatitude encore. » L'agneau de *GM*, I, § 13 (notes 134-135) est moins innocent que prévu.

152. Tertullien (env. 150-225), *De spectaculis*, chap. 30 (Nietzsche indique faussement le chap. 29). Version hallucinée du « ils ne l'emporteront pas en paradis » (« ils » : les païens, dont les épi-

curiens, certes, mais surtout les Juifs). Le texte dit ceci (trad. É. Blondel) : « "Mais il y a en effet d'autres spectacles : ce jour dernier et ininterrompu du jugement, ce jour inattendu pour les nations, ce jour dont elles se gaussent, où seront précipitées dans un même incendie tant de vieilles choses du monde et tant de ses renaissances ! Quelle ampleur du spectacle, alors ! On ne saura plus *de quoi s'étonner ! De quoi se moquer ! Devant quoi se réjouir ! De quoi exulter,* en regardant tant de si grands *rois* dont on annonçait l'entrée au ciel gémir de concert au fond des ténèbres avec Jupiter en personne et leurs propres témoins ! Ainsi que ces gouverneurs (*les gouverneurs de la province*) qui persécutaient le nom du Seigneur, fondre dans des flammes plus cruelles que celles que leur cruauté faisait danser pour les chrétiens ! Et aussi ces illustres sages philosophes rougissant en présence de leurs disciples consumés par la même flamme, et à qui ils persuadaient que rien n'importe à Dieu, que les âmes n'existent pas, ou bien qu'elles ne retourneront pas à leur corps premier. Et même les poètes tremblant, non pas devant le tribunal de Rhadamante ou de Minos, mais devant celui d'un Christ qu'ils n'attendaient pas ! C'est alors qu'il faudra écouter les tragédiens, certainement plus en voix [...] pour dire leur propre malheur ; c'est alors qu'il faudra reconnaître les acteurs, beaucoup plus à l'aise dans le feu ; c'est alors qu'il faudra regarder l'aurige, rouge de pied en cap dans la roue des flammes, les gymnastes de portique, lançant leurs traits, non dans leurs gymnases, mais du milieu du feu ; et ce n'est même pas tant eux que je voudrais voir vivants*, je préférerais porter mes regards *insatiables* sur ceux qui se sont acharnés sur le Seigneur : 'Le voici, dirai-je, le fils de l'ouvrier charpentier et de la prostituée [...], le destructeur du sabbat, le samaritain et possédé du démon. Le voici, celui que vous avez racheté à Judas, celui qu'on a frappé de coups de roseaux et de soufflets, déshonoré par des crachats, qui a bu du fiel et du vinaigre ; le voici, celui que ses disciples ont emporté en cachette pour qu'on dise qu'il était ressuscité, ou que le jardinier a ôté de là pour que ses laitues ne souffrent pas des allées et venues.' De tels spectacles, de *telles exultations*, quel préteur, quel consul, questeur ou prêtre te les offrira dans sa libéralité ? Et pourtant, nous les avons, en quelque façon, *par la foi*, représentés par l'imagination de l'esprit. Mais de quelle nature sont les choses que l'œil n'a point vues, que l'oreille n'a pas entendues et qui ne sont pas parvenues jusqu'au cœur de l'homme ? (I, Cor., 2, 9). Ils valent bien mieux, je crois, que le cirque, le théâtre**, et n'importe quel stade." *Par la foi****, voilà ce qui est écrit.**** »

    * Erreur de lecture de Nietzsche : *vivos* (vivants) au lieu de *visos* (vus).
    ** Littéralement, « les deux scènes », c'est-à-dire comédie et tragédie.
    *** Les italiques sont de Nietzsche.
    **** Confronter le texte de Tertullien avec cet avis de Nietzsche : « c'est l'impuissance de leur charité qui retient les chrétiens d'aujourd'hui de nous brûler » (*PBM,* § 104).

153. Première opposition : *bon* contre *mauvais*, donc forts contre faibles, idéal dionysien contre idéal ascétique, sur le plan de la réalité vitale, du jugement pragmatique ; la seconde opposition, *bien* contre *mal*, est en revanche propre à l'idéal ascétique, donc imaginaire, *fantastique*, pure fiction, prothèse de l'impuissante puissance des faibles, liée à la psychologie de la vengeance. « Combat » renvoie au manichéisme latent de toute morale des valeurs absolues.

154. Tacite, *Annales*, XV, 44, trad. Bornecque, GF-Flammarion, 1965, p. 439.

155. Reprise du problème central : César (Rome, puis César Borgia et Napoléon), tenant d'une morale de la *distinction* et de l'innocence de la force, contre le prêtre (le juif, le chrétien), tenant d'une morale du ressentiment et de la culpabilité (cf. *Ant.*, § 24, § 58-60).

156. Cf. *GM*, III, § 2 et § 22 ; *Ant.*, § 58-61 ; selon Nietzsche, la Renaissance est avant tout la réévaluation, la *relève* des idéaux nobles de l'Antiquité (souci de perfection terrestre, éloge de la *virtù*, de la guerre, de la danse, des plaisirs, du luxe, des arts, de la connaissance, de l'expérimentation, de l'intérêt pour les machines, etc.), apportant la contradiction dans les idéaux chrétiens (les papes jouant, paradoxalement, les princes mécènes) ; Luther est de la même idiosyncrasie, du même bois, que Paul : un homme du ressentiment et de l'idéal ascétique ; la Réforme renie la Renaissance. Cf. *GS*, § 358 et *EH*, « Pourquoi j'écris de si bons livres » ; *CW*, § 2, où Nietzsche règle son compte à « l'idiot *in historicis* » Treitschke, qui fait de la Renaissance et de la Réforme un tout.

157. La Réforme (Luther) et la Révolution française (Rousseau, la « tarentule morale » (*A*, Préface, § 3), « premier homme moderne, idéaliste et *canaille* » (*CI*, « Flâneries d'un inactuel », § 48) — et Robespierre) sont deux rejetons « fanatiques » de l'idéal religieux du christianisme, deux formes du soulèvement des esclaves dans et par la morale, l'une sous sa forme religieuse et l'autre sous sa forme sociopolitique. Cf., *Ant.*, § 54.

158. Nietzsche partage l'admiration de Goethe, de Hegel, de Hugo... Sur Napoléon, cf. *A*, § 245 ; *GS*, § 362 ; *PBM*, § 199, § 209, § 244 ; *CI*, « Flâneries d'un inactuel », § 45, § 48-49 ; *EH*, « Pourquoi j'écris de si bons livres » ; *CW*, § 2.

159. Sur ce désir d'incendie et de réveil d'une sauvagerie prenant des formes nouvelles, correspondant à une maîtrise et un *règlement* des passions : *GS*, § 47.

160. Pas plus que la critique de la pitié ne supprime tout problème de pitié (note 139), la critique des absolus moraux ne signifie la disparition du problème de la différence *éthique* des conduites et des jugements. Pourquoi verser dans l'autre excès, jouir de l'absence de critères, du « n'importe quoi-n'importe comment », du « tout, et tout de suite », bref, du *nihil* érigé en règle et principe de la pensée ? Chez Nietzsche, l'homme n'est *toujours pas* la mesure de toutes choses... Noter la parenté avec l'argument spinoziste : ni bien, ni mal dans la Nature naturante, mais du bon et du mauvais (de l'utile et du nuisible évalué par la raison) dans la Nature natu-

rée. Il y a un rapport profond entre *Ant.*, § 2, *GS*, § 267-275 et
Éthique, IV, défin. I et II.

161. Nietzsche croit voir un empire de la morale *dans* et *sur* le
langage : la proposition, le jugement, l'acte de nomination sont des
instruments d'évaluation — cf. le jeu de sens des étymologies, *GM*,
I, § 4-5, § 10-11 — ou des symptômes moraux (cf. note 135). Mais
il ne s'agit pas de subordonner la philosophie à la linguistique ; au
contraire, cette « Remarque » fait de la philosophie le *centre* du
cercle des disciplines qui traitent de la question des mœurs (linguistique, sociologie, psychologie, politique, etc.) : le philosophe légifère, commande (*PBM*, § 23 et § 211) en matière de *grande politique*. C'est la réponse de Nietzsche au philosophe-roi de Platon.

162. L'appel à la médecine se justifie une fois la morale définie
comme poison, le prêtre comme personnalité toxique, Socrate
comme malade de la vie... L'Esculape nietzschéen (le *médecin de la
culture*) n'a pas à guérir de la vie, il doit faire *revenir à* la vie, rendre
la vie digne d'être vécue (*GS*, § 278). Mais il faut aussi élaborer un
diagnostic de la civilisation, du *malaise* dans la civilisation. On
notera l'héritage nietzschéen chez Zweig, Mann, Kafka, Musil,
Benn...

163. Reprise de la critique des psychologues-physiologues
anglais (*GM*, I, § 1-3), — et il faut compter, paradoxalement, Darwin parmi eux —, dont l'analyse est d'emblée déviée par le point de
vue *moral* démocratique : ils veulent le bien de tous, du troupeau,
de la masse. Le philosophe, selon Nietzsche, doit partir du point de
vue opposé : le bien des aristocrates doit servir de pierre de touche
pour la détermination des valeurs (*GM*, Avant-propos, § 3 et § 6).

164. Le premier traité a montré les conditions généalogiques de
l'apparition de l'esprit humain sous sa forme morale ; le second
expose les inventions psycho-*logiques* et affectives (relatives à l'élaboration d'une sentimentalité fictive) propres à la morale de la vengeance. La « faute » vient directement de la fausse logique de la causalité, intériorisée par le sujet humain, dans sa reprise de l'action
(cf. note 135). La « mauvaise conscience » est l'accusation portée
par la conscience sur elle-même, *contre* elle-même.

165. La promesse répond à l'exigence de garantie, de fiabilité, de
fidélité dans la prévision d'une conduite ; en deçà de son sens moral,
elle permet une certaine rigueur dans le lien entretenu avec autrui
(ou soi-même). Elle est vecteur d'avenir, préorganisation de la tem-
poralité. Or, on ne peut promettre que des actions, non des sentiments : ceux-ci sont *involontaires* (*HTH*, I, § 58). Ce qui implique :
1) l'invention d'une psychologie de la volonté, celle de la fiction de
la volonté comme faculté (et, si l'on veut *responsabiliser*, puis *culpa-
biliser* l'agent, de la volonté comme cause libre) ; 2) l'invention
d'une mémoire (*HTH*, I, § 59), pour *tenir sa* promesse... Ce qui est
montré en *GM*, II, § 1-3.

166. Cf. note 131. Question fondamentale d'une philosophie de
la nature : l'homme *est* problème *en et pour lui-même*, parce qu'il est
l'animal dont la nature (l'essence) n'est pas encore fixée, l'animal
indéterminé, in-*sensé* ; la tâche est donc de lui *donner* un sens, une

détermination, un but, ce qui ne peut se faire que *violemment*, par injection, contrainte, commandement, législation. Nietzsche ne rejette donc ni le dressage (qui rend l'homme prévisible), ni la promesse (avec sa puissance d'avenir et d'engendrement de l'homme souverain : *GM*, II, § 2), c'est leur orientation morale, ascétique, nihiliste, qu'il remet en cause.

167. « Force d'inertie ». Allusion à l'argument des psychologues anglais, « esprits superficiels », qui invoquaient l'inertie de l'habitude pour expliquer l'amnésie naturelle à propos de l'origine des jugements moraux (*GM*, I, § 1-3). Nietzsche pense l'oubli comme force, pouvoir actif, travail véritable de sélection opéré par l'esprit, même de manière involontaire (*inconsciente*; cf. *A*, § 167) : tamis nécessaire à la santé de l'esprit, bassin de décantation salutaire, acte bienfaisant de la fonction d'assimilation. L'esprit humain est donc pris entre deux excès, deux *limites* : d'une part la conscience animale, vivant dans le seul présent (*Cons. In.*, II, début), d'autre part l'esprit qui totalise tout, savoir absolu, entendement divin ou idéal de l'obsessionnel (cf. Borges, *Fictions*, « Funes ou la mémoire »). À l'horizon, une mémoire pathologique, celle de la faute. Cf. Ph. Choulet, *La Mémoire*, éd. Quintette, 1991 ; É. Blondel, *Nietzsche, le corps, la culture*, IX, « Le corps et ses métaphores », PUF, 1986.

168. « Table rase ».

169. Pour Nietzsche, l'organisation psychique est faite d'une pluralité d'instincts, d'affects, qui luttent entre eux dans la recherche de leur satisfaction, selon le degré de puissance dont ils sont peu à peu pourvus, au fil de l'histoire de l'esprit, et ce jusqu'à instaurer une *hiérarchie*, plus ou moins stable, dans l'ordre du commandement ; d'où une conception *plurielle* de l'âme (cf. note 137). On retrouve cette lutte dans la tyrannie de l'instinct cruel de la conscience de la faute (cf. *GM*, II, § 3, note 174) : « Notre instinct le plus puissant, qui règne sur nous en tyran, n'assujettit pas seulement notre raison, mais aussi notre conscience » (*PBM*, § 158, trad. Albert).

170. L'oubli a une fonction physiologique de digestion, l'esprit est un processus nécessaire au bon fonctionnement du corps : il faut s'alléger de ce qui est inutile, de ce qui risque d'encombrer la vie de l'esprit, jusqu'à la constipation, jusqu'à son engorgement (idée fixe, obsession, récurrence du souvenir). L'esprit moral, justement, ne parvient à en finir avec rien, et ce jusqu'à la maladie. On pense, bien sûr, à Freud : « l'hystérique souffre de réminiscences ». L'assimilation psychique — *Einverseelung*, analogue à l'assimilation physiologique, *Einverleibung* — qui permet, quand elle s'effectue sans rétention excessive, d'*en finir* avec quelque événement de l'existence, suppose digestion et évacuation ; on comprend alors pourquoi la rumination lente du savoir est souhaitable (*GM*, Avant-propos, § 8).

171. Ce beau portrait de l'homme souverain, du « grand individu » reprend l'idée d'une antériorité du *soi* par rapport à autrui (cf. note 73), et affirme une conception grecque et spinoziste (perfection = réalité = puissance = *virtù*) de la *perfection* de l'existence :

la perfection *peut être de ce monde*. Cette conception suppose un dépassement du point de vue moral, et une *relève* extramorale des puissances *acquises* de l'esprit (oubli, promesse, responsabilité, conscience). Nietzsche ne fait donc table rase de rien, sauf, ici, de la culpabilité. L'enjeu de la maîtrise souveraine, c'est la « grande responsabilité », responsabilité *sans* culpabilité, qui n'est plus celle de l'usage indéfini de sa liberté, mais bien *sens du destin*.

172. Cette reprise de la métaphore de l'arbre, à partir de la double question de la généalogie et de la lente histoire du genre humain, est un plaidoyer pour la patience : la volonté de puissance est principe des formes (*PBM*, § 23), et la conscience humaine en est une ; s'il faut juger un arbre à ses fruits, il est des arbres qui mettent longtemps à produire les fruits attendus. L'homme est de ceux-là.

173. La mémoire, chez l'animal (*bête* ou *homme*), n'est pas faculté naturelle (*Cons. In.*, II). Nietzsche ne pense pas, ici, aux *trucs* mnémotechniques inventés, de manière empirique, par l'aède grec pour retenir *et* inventer en même temps, peu à peu, les poèmes et leurs variantes (cf. F. Yates, *L'Art de la mémoire*, Gallimard, 1975 ; I. Kadaré, *Le Dossier H.*, Fayard, 1989). La mémoire dont il est question ici est celle qui fait de l'homme un animal *prometteur*, et il est nécessaire de la lui fabriquer, de la lui faire *entrer dans le corps*, par des intériorisations violentes (de la loi, du sentiment de la faute, etc.), donc par des artifices, des interventions... chirurgicales. Tout oubli se paie, par la souffrance : ainsi commence l'histoire du lien social entre le créancier et son débiteur. On pensera, en lisant les pages cruelles qui suivent, à Kafka (*La Colonie pénitentiaire*), aux analyses de Musil sur la culture comme vivisection, à P. Clastres (*La Société contre l'État*, éd. de Minuit, 1974).

174. Donc, dans la production de la conscience morale par la mnémotechnique se retrouve le principe de la lutte des instincts et des affects posé en *GM*, II, § 1 (cf. note 169).

175. Allusion au supplice de Regulus par les Carthaginois et, plus haut, à celui de Damien (transcrit par M. Foucault, au début de *Surveiller et punir*, Gallimard, 1976). Précisons que *Le Jardin des supplices*, d'Octave Mirbeau, est de 1898.

176. Exclamation typique du mouvement de déréalisation, de démystification de la généalogie : le travail du philosophe démonte peu à peu les couches successives par lesquelles certains procédés cruels et violents furent recouverts, dissimulés, mis sous le manteau de la belle apparence, du bel épiderme des choses — le droit, la morale, la religion, et même la « grâce » (*GM*, II, § 10, note 207). Voir *A*, § 112-113, *PBM*, III et V ; *CI*, « La "raison" dans la philosophie » ; *EH*, « Pourquoi je suis un destin », § 8.

177. Cf. *GM*, I, § 2, note 71. Nietzsche est pour une histoire comparative de la morale (*PBM*, § 186).

178. Nietzsche joue sur le double sens de *Schuld* : « dette » et « faute » (il n'y a pas d'équivalent en français) — cf. *GM*, II, § 20-21. En tout état de cause, le lecteur doit garder en tête cette double signification, et cela vaut pour les termes voisins : *schuldig*,

c'est « fautif » et « redevable ». Dans le même ordre d'idées, Nietzsche exploite également la parenté entre *Gläubiger*, « créancier » et/ou « crédule », et *Glaube*, « foi », « croyance », parenté qui existait dans le terme « créance », au sens, inusité depuis l'âge classique, de « croyance ». Le lien créancier-débiteur est contemporain des premières formes réglées du commerce, donc du droit; l'objet de la généalogie n'est plus seulement la morale et la religion, mais aussi les formes du droit concrétisant les *a priori* moraux et religieux, comme en témoignent les travaux, aujourd'hui, de P. Legendre.

179. Autrement dit : on n'a pas attendu le développement de théories sur la liberté ou la non-liberté de l'esprit, pour *répondre* à une agression, à un délit, à un infraction. Il existe des *représailles* (*Vergeltung*) dans l'humanité archaïque, barbare, sauvage, bien avant les inventions psychologiques et morales du prêtre (dont la volonté comme cause libre). Justement, c'est de cela que le prêtre va s'emparer. Mais l'illusion rétrospective tend à gommer la longueur et la lenteur de l'histoire des conceptions du châtiment et à se méprendre sur les *raisons* du châtiment : ce qu'on estime « naturel », « évident » aujourd'hui est le résultat d'une pénible et secrète élaboration du jugement et des notions. Nietzsche pense que la colère de la souffrance était une des motivations du châtiment (cf. le lien colère-vengeance chez Achille, note 146).

180. Allusions au rite funéraire égyptien qui protège la momie de la convoitise des vivants, et à une coutume qui consistait à mettre la momie du père en gage contre un prêt d'argent (Hérodote, *Histoires*, II, 136, 2).

181. Allusion au *Marchand de Venise* de Shakespeare, où le créancier Shylock entend se faire payer sa créance par « une livre de chair » (cela s'appelle : « se payer sur la bête »).

182. « S'ils ont prélevé plus ou moins, il n'y a pas fraude » (Table III, § 6). Les Douze Tables (451-449 av. J.-C.) sont le fondement du droit romain. Nietzsche enregistre comme un « progrès » la façon qu'a le Sénat romain d'imposer ses vues à la plèbe tout en l'éduquant (en réduisant les risques de procédure pathologique dans le calcul des compensations). C'est justement la réponse de Portia à Shylock, à la fin du *Marchand de Venise*.

183. Mérimée, *Lettre à une inconnue* (1874), I, 8. Cf. *HTH*, I, § 50. Passage important : ce plaisir nouveau du créancier plébéien est augmenté par la compensation des humiliations subies et par la nouvelle disposition au mépris. Le plaisir de la vengeance est donc un plaisir de basse extraction.

184. Le créancier plébéien avait l'illusion de disposer d'un droit supérieur, celui des nobles, bref, de grimper dans l'échelle des êtres. Nietzsche voit une forme de compromis et de ruse là où un certain historien classique (Fustel de Coulanges, *La Cité antique*, V, 8) voit une véritable révolution démocratique.

185. « Sainteté du devoir », *Heiligkeit der Pflicht*, vient de Kant : le devoir, sublime moral par excellence, a une origine suprasensible et divine. Précisons que, selon Kant, c'est seulement pour la volonté d'un être absolument parfait que la loi morale est une loi de « sain-

teté »; pour les hommes, la nécessité morale est seulement contrainte, détermination, sous l'espèce de l'obligation (*Critique de la raison pratique*, I, « Analytique », chap. III, « Des mobiles de la raison pure pratique »). Schopenhauer voyait dans la morale kantienne une reconduction pure et simple, sous l'oripeau philosophique, de la théologie, de la loi mosaïque (idée reprise par Nietzsche, *Ant.*, § 10 : « Le succès de Kant n'est qu'un succès de théologien »). Sur la cruauté kantienne, cruauté *chinoise* : *A*, § 339; *CI*, « La "raison" dans la philosophie », § 6 (« chrétien perfide »); *Ant.*, § 10-12; *PBM*, § 210. Quant au *vieux* Kant (cf. *GS*, § 335) : celui-ci, né en 1724, a plus de 60 ans au moment de ses grands textes de morale (*Fondements de la métaphysique des mœurs* (1785), *Critique de la raison pratique* (1788), *La Religion dans les limites de la simple raison* (1793).

186. « Sympathie malveillante », malintentionnée, de volonté mauvaise, gratuite, inspirée par le plaisir *innocent* de pouvoir *se soulager* en toute bonne conscience puisqu'on n'est pas soumis au devoir de compassion; soit le contraire de la bienveillance. Nous n'avons pas trouvé l'expression chez Spinoza; mais Nietzsche fait sans doute allusion à cette sorte de « joie mauvaise », *joie festive*, prise au spectacle d'un combat mortel (Spinoza devant un combat d'araignées? Cf. Pascal, *Pensées*, Laf. 773-Br.135) ou du mal d'autrui.

187. Cf. *PBM*, § 188 et suiv. (surtout § 199-203); *A*, § 18, § 77, § 113-114.

188. *Don Quichotte*, de Cervantès, II, chap. 30 et suiv. Le duc et la duchesse, ayant lu le premier livre de Don Quichotte, reçoivent celui-ci avec moquerie et dérision (ou sympathie malveillante...); Don Quichotte, évidemment, ne voit pas le manège, et il se réjouit qu'on reconnaisse en lui un des derniers chevaliers. Nietzsche n'apprécie guère l'ironie rabaissante, humiliante et cruelle de Cervantès (qu'il appelle, ailleurs, « une calamité nationale » — n'est-ce pas la plèbe qui parle?) : il prend le parti de Don Quichotte, grand naïf, chevalier *fêlé*, certes, mais chevalier tout de même. Ce faisant, il pointe le sort cruel fait à toute caste de guerriers nobles voués à la disparition (les *samouraïs*, par exemple).

189. Sur cette question de la cruauté, entre le singe et l'homme, continuité ou rupture? Ce § penche pour la continuité (au conditionnel); mais d'autres textes indiquent un avis contraire : « Les singes sont trop débonnaires pour que l'homme puisse en descendre » (*KGW*, VII, 2, 25 (235)). Et Nietzsche marque, dans la *GM*, la singularité du développement historique de l'homme comme animal *à part* : l'esprit humain est essentiellement cruel.

190. Nietzsche contre Schopenhauer (*GM*, III, § 5-8) : loin d'avoir honte de cette cruauté, il s'agit bien de la *relever*, d'en être fier, afin d'éviter les triomphes des affects de l'humilité et de la haine pour l'existence. Que la vie humaine soit cruelle n'est pas un argument contre elle : ce n'est pas la *cruauté* qui fait problème, c'est son sens, et en particulier le sens que lui donnera le prêtre.

191. L'image du marécage n'est pas là par hasard : les psychologues anglais (*GM*, I, § 1-3) avaient déjà été critiqués pour leur

complaisance de crapauds à disséquer la mécanique humaine des instincts ; que le ventre humain soit souvent un bourbier, soit, dit Nietzsche (*PBM*, § 141) ; mais il l'est davantage dans la plèbe que chez les puissants, qui, eux, cherchent à y mettre bon ordre, en vertu du principe aristocratique de la hiérarchie des instincts (cf. note 169). Et il n'y a nulle raison d'en faire une théorie générale de la nature humaine, comme le croit le christianisme (*PBM*, § 168). Faire honte à l'homme, l'humilier, c'est faire de ces instincts une *tourbe*... On reconnaît dans ce passage une allusion paradoxale à Pascal, reprise en *GM* ; III, § 2 : « L'homme n'est ni ange ni bête, et le malheur veut que qui veut faire l'ange fait la bête », *Pensées*, Laf. 678, Br. 358.

192. Pape de 1198 à 1216.

193. La question du *sens de la souffrance* apparaît ici pour la première fois dans la *GM*, elle va irriguer désormais l'explication du travail de *justification* destiné à faire admettre la souffrance à l'organisme et à l'esprit assailli par elle. Lorsqu'il stigmatise la faiblesse et l'impuissance des hommes de la morale, Nietzsche met souvent en avant la façon dont ils manifestent, pour eux-mêmes, leur incapacité à *supporter* et à *accepter* ce qui est *nécessaire* (l'ensemble des conditions *sine qua non* de la vie), en premier lieu l'*utile*, en second lieu l'expérience *négative* de la finitude, de la limite. Ainsi, pour les pessimistes (Schopenhauer, le bouddhisme), le malheur, la souffrance, sont des arguments *contre* l'existence : mieux aurait valu, à ce prix, ne pas vivre... Un diagnostic très *actuel* également : la baisse du taux d'acceptation de la souffrance chez l'homme moderne (la « femmelette hystérique ») et l'indifférence vis-à-vis de celle des animaux de laboratoire (Léautaud, dans ses *Entretiens avec Robert Mallet*, s'en était pris sur ce point à l'idéologie scientiste et sadique de Virchow — visé en *GM*, I, § 5).

194. Allusion à Aristote, qui définit le ressort de la tragédie par la terreur et la pitié (*Poétique*, XIII-XIV). Cf. *GS*, § 80 et *Ant.*, § 7.

195. Allusion au sentiment religieux de Renan, tel qu'il est présenté par Paul Bourget (*Essais de psychologie contemporaine*, 1883, que Nietzsche a lu à l'époque de son *Zarathoustra* ; réédités, Gallimard, coll. « Tel », 1993, II, § III, p. 44 sq.). Sur Renan : *GM*, III, § 26, note 488.

196. Cette position nietzschéenne est à la fois critique de l'interprétation ascétique (contre les « doctrinaires du but de la vie », *GS*, § 1) et diagnostic de la modernité nihiliste (*GS*, Avant-propos, et § 324 ; *PBM*, Préface ; *NcW*, Épilogue, § 1-2).

197. Comme Paul, Calvin et Luther s'efforcent de *justifier* la souffrance du chrétien par le regard de Dieu, témoin direct, attentif à la posture de contrition. Cf. *A*, § 207 ; *GM*, III, § 22. Nietzsche répond à l'obscénité du regard omniscient d'un Dieu voyeur par le trait d'esprit de la petite fille disant à sa mère : « Est-il vrai que le bon Dieu voit tout ? [...], ah ! mais je trouve cela indécent » (*NcW*, Épilogue, § 2, trad. É. Blondel, GF-Flammarion, p. 205).

198. Nietzsche exagère encore. Homère, dans une vision esthétique du tragique humain (*L'Odyssée*, VIII) fait seulement dire par

Alcinoos, devant les larmes d'Ulysse, que les dieux ont filé « la ruine [des] hommes pour qu'on les chante encore à l'avenir » (v. 579-580, trad. Jacottet). Cela dit, Nietzsche pense sûrement aux « festivités » de Bayreuth et à la comparaison entre l'Hercule grec du devoir et l'idiot Parsifal (*GM*, III, § 2-5)...

199. « Absolue spontanéité » : Kant, *Critique de la raison pratique*, I, « Analytique », chap. I. « De la déduction des principes de la raison pure pratique ».

200. Retour au jeu hypothétique des origines de la pensée comme *pesée* (au sens de « soupeser », avec le geste de la main à la clé : la métaphore engendre le concept), estimation, évaluation, égalisation, échange. Premiers actes de la pensée symbolique (leur caractéristique *linguistique* principale est d'*abréger*, d'*abstraire*), dont l'homme tire vanité.

201. Mot sanskrit signifiant « conscience »; racine présumée, en indo-européen, du mot *Mensch* (homme), rapporté à *messen*, mesurer. Cf. *APZ*, I, « Mille et un buts ».

202. La morale, dans ses formes sublimes, chez les stoïciens (Sénèque, dans la *lettre 71*, sépare *pretium* et *dignitas*), chez Kant (*Fondements de la métaphysique des mœurs*, II), s'efforce de montrer que la valeur morale « dignité » ne supporte aucun équivalent (marchand ou non), étant au-delà du prix, hors (de) prix. Nietzsche pense qu'une de ses origines secrètes est justement cette réduction au « tout a un prix », sous-entendu : la morale y compris. D'où les guillemets : les grands mots moraux sont « des manières de parler »...

203. Cf. *HTH*, II, *Le Voyageur et son ombre*, § 22.

204. « Malheur aux vaincus ! »... Tite-Live (*Histoire romaine*, V, 48) fait dire cela à Brennus, le chef gaulois qui avait vaincu Rome en 390 avant J.-C. Là encore, Nietzsche exagère : à en croire Tite-Live, Brennus ne fait pas allusion à un châtiment cruel, mais seulement à un droit infini du vainqueur à réclamer une rançon.

205. Ce paragraphe est essentiel pour comprendre la *socialisation* forte des hommes autour du criminel : la communauté se sert de lui (de sa *figure* de coupable, *Verbrecher* : le banni, l'exilé, c'est le destructeur, *Brecher*) pour refaire constamment ses liens, pour renforcer sa cohérence *contre* celui qui a rompu le contrat tacite; le châtiment vise, dans le criminel, non pas l'acte lui-même (cf. déjà *HTH*, I, § 105), mais le *dommage* causé à la communauté et sa *réparation*.

206. « Conciliation ».

207. En montrant comment le surcroît de puissance d'une communauté n'oublie jamais ni son *intérêt*, même dans la décision la plus paradoxale — la *grâce* —, ni son *plaisir* — dans l'ivresse de la toute-puissance de sa *pensée-pesée*, l'iconoclasme nietzschéen frappe de plein fouet ce que l'on croyait désintéressé, *gratuit* (fait « à titre gracieux »). Cf. *GM*, II, § 3, note 176 : « combien de sang et d'horreurs n'y a-t-il pas au fond de toutes les "bonnes choses"! ».

208. Sur le ressentiment des antisémites : *PBM*, § 251; *GM*, III, § 26; *Ant.*, § 55. Quant à l'*odeur* de cette haine, voir *GM*, I, § 14; III, § 14.

209. *GM*, I, § 14; II, § 3.

210. Eugen Dühring (1833-1921), positiviste en philosophie et optimiste en économie, se voyait comme le fondateur de l'anti-sémitisme moderne. Nietzsche cite *Sache, Leben und Feinde* (*Ma cause, ma vie et mes ennemis*, 1882). Cet individu louche et pervers s'est même dit marxiste (vers 1874), ce qui lui vaudra un moment de célébrité comme tête de Turc d'Engels : *Anti-Dühring*, sous-titré : *M. E. Dühring bouleverse la science* (1878).

211. La conception de Dühring est idéaliste, morale, vindica-tive : l'essence de la justice serait une forme déguisée de la ven-geance. Mais si l'on pense la justice de manière généalogique, on constate que cette forme sublimée et à peine reconnaissable de la vengeance ne concerne que les *dernières formes historiques et cultu-relles* de la justice. Dühring confond tout et partie, essence et forme historique. Nietzsche a exposé et critiqué ailleurs cette conception : *HTH*, I, § 451-452 ; *APZ*, II, « Des tarentules » ; *Ant.*, § 57. Il lui oppose une doctrine de la justice comme *affaire de goût* (*GS*, § 184), antichrétienne et antirousseauiste, qui *assume* l'inégalité entre les hommes, inégalité entre les affirmatifs (les souverains, les puissants, les violents *actifs*, ceux, à l'ample vouloir spontané, qui commandent) d'une part, et les négatifs (les faibles, les violents *réactifs*) d'autre part : cf. *HTH*, I, § 92-93 ; *APZ*, I, « La morsure de la vipère » ; II, « Des savants » ; *PBM*, § 213 ; *CI*, « Flâneries d'un inactuel », § 48.

212. Renversement des rapports justice-loi : ce n'est pas la loi qui s'aligne sur une idée de la justice, qui la manifeste, la *réalise* dans le monde sensible ; cette représentation est en réalité un pieux men-songe (*A*, § 184). C'est la justice qui est définie comme *effet de la* loi, elle-même forme d'ordre instauré par *une* vie en tant que forme de la puissance (*HTH*, I, § 261 ; *A*, § 57), justice active lorsque la loi est le résultat de la volonté des puissants, justice réactive dans le cas contraire. Nietzsche n'est pas anarchiste : la loi et sa contrainte est nécessité issue de certaines formes de domination de la volonté (*PBM*, § 188).

213. Nietzsche est doublement *scandaleux* au sens moral : 1) il affirme la violence foncière de *toute* conception de la justice (mais les formes de violence n'ont pas toutes même origine, même *télos* et même valeur) ; et 2) il invalide toute conception *abstraite*, univer-selle, valant en soi de la justice (conçue comme essence ou *eidos*). La critique du socialisme, du positivisme, de l'humanisme moral, est liée à celles du christianisme et du platonisme associés. Sur la vie comme « injustice » et violence foncières, cf. *PBM*, § 259 : « Vivre, c'est *essentiellement* dépouiller, blesser, subjuguer l'étranger et le faible, l'opprimer, lui imposer durement nos propres formes, l'incorporer »...

214. Dühring, donc, et aussi Schopenhauer (*Le Monde comme volonté et comme représentation*, IV, chap. 64) pour la vengeance ; Rée pour la dissuasion (*Origine des sentiments moraux*, chap. 4).

215. « Cause productrice », « efficiente ». Nietzsche critique le *finalisme* implicite de ces théories, qui rabattent un présupposé but

sur la question de l'origine : lisant le but dès l'origine, il n'est pas étonnant qu'ils retrouvent l'origine dans le... but! Cercle vicieux parfait. Les § 12-13 sont consacrés à la remise en cause de l'illusion rétrospective de la finalité en matière de « justice » ou de « droit ». Voir *A*, § 130; *GS*, § 360; *CI*, « Les quatre grandes erreurs », § 8. La question de la finalité est cependant celle qui *ouvre* la question du *sens*; il s'agit pour Nietzsche moins d'y renoncer que de la reprendre, de la réévaluer, pour montrer que la fin d'une chose est *assignée* (arbitrairement, violemment) par une forme de la volonté de puissance, et que c'est cette assignation qui donne le sens à la chose; d'où un double délaissement, celui de la sphère « utile-nuisible » chère aux psychologues anglais et à Rée (*GM*, § 1-3), et celui de l'ordre naturel lu à travers les lunettes de la technique (conception aristotélicienne des causes finales et de l'entéléchie).

216. Allusion probable à *Der Zweck im Recht, (Le But dans le droit)*, du juriste allemand Jhering. Un peu plus bas, la *KSA* semble avoir fait une coquille en écrivant *Ansichten* (conceptions) au lieu de *Absichten* (intentions), comme toutes les autres éditions. Nous avons rectifié, le mot *Absicht* se retrouvant au § 13.

217. Aux dogmes de la nécessité de nature, de la logique des processus et de l'unicité du but des finalistes, Nietzsche oppose ici, comme en *GS*, § 109, l'idée d'une forte contingence, d'une imprévisibilité, d'un *illogisme* et d'une pluralité des buts apparaissant au cours de l'histoire des formes de la volonté dans la « culture » humaine : tout dépend des rencontres, des conflits, des rapports de puissance, des formes d'assimilation et des inventions spirituelles qui en résultèrent. Nietzsche parle de « synthèses de sens au pluriel ». Pas de faits, ni de « choses » unifiées, substantielles; il n'y a que des interprétations et des perspectives, des déformations, des élaborations secondaires faites après coup (cf. § suivant). *Mutatis mutandis*, il y a un rapport euristique intéressant à faire entre la théorie du rêve chez Freud et celle des conditions de la culture chez Nietzsche.

218. Phrase problématique, aisément récupérable par les extrémistes que l'on sait. Nous comprenons cela ainsi : la volonté de puissance est travail d'assimilation, de domination, de hiérarchie, d'inégalité; et si l'idéologie égalitariste des masses va à l'encontre de l'affirmation puissante de cette volonté, il est nécessaire et conséquent d'en prendre le contre-pied, en indiquant la direction de la *grande politique* : les masses n'ont aucune valeur, hormis celle de rendre possible, comme condition, l'apparition, par une sélection, d'hommes puissants, d'aristocrates de l'esprit. Cf. *PBM*, parties VIII et IX. Même problème en *GM*, III, § 14 (cf. note 376).

219. Nietzsche expose une double méprise à propos de la vie : celle des utilitaristes moraux (démocrates, égalisateurs), et celle du nihilisme mécaniste (le monde est une machine, la vie une absurdité, etc.). Chaque fois, c'est la doctrine de la volonté comme commandement et assignation du *sens* qui « passe à l'as ». Dans ces idéaux sédatifs, émondeurs et passifs, la volonté se hait elle-même, le vivant hait son principe en renonçant à l'exercer pleinement,

l'homme politique hait le pouvoir (la haine de soi se manifeste par son *tabou du pouvoir*, un *tabou de la détermination*). Ce *misarchisme* est confronté à la figure de Napoléon en *PBM*, § 188, § 199. Le néologisme « misarchisme » est le pendant nihiliste de ce que Pascal appelle la *libido dominandi*, que Nietzsche considère comme essence de la vie elle-même (à condition de garder la lettre du texte : amour, appétit de la domination, et non amour du pouvoir seulement — cf. *APZ*, III, « Des trois maux »).

220. Critique du monde administratif comme mise en ordre qui *se dit* « rationnelle », une gestion qui *se veut* « régulatrice » et « rentable », cela ne signifie pas seulement une conservation en l'état, aux yeux de Nietzsche. Si l'idéologie gestionnaire est l'excroissance moderne de celle de la conservation et de l'*adaptation* (forme de vie faible et peureuse, que Nietzsche croit lire chez Darwin et Spinoza), son misarchisme est le signe d'une décadence profonde, d'une *volonté de destruction*, d'un nihilisme pernicieux et honteux d'eux-mêmes. Le « Huxley » en question est ici Thomas Henry Huxley (1825-1895), biologiste darwinien.

221. Remarquable trait de méthode chez un philosophe de l'histoire : la définition d'un concept porte sur un « être de raison », qui, comme tel, est « abstrait », *un* (au sens de l'unicité), intangible, formel, nécessaire et éternel ; or un processus de formation est fait d'énergie, il est multiple, dispersé, mobile, fluide, corporel (physiologique), contingent, hasardeux (parce que hasardé, aventuré), et historique.

222. Cette liste remplit l'intuition du § 12 (la forme fluide et imprévisible du sens donné à un acte culturel), et répond à la question de la « synthèse de sens au pluriel ». L'arborescence de fins, de fonctions, d'usages et de valeurs, c'est le polymorphisme de la volonté de puissance (*PBM*, § 23, § 36).

223. Moment essentiel : il y a une multiplicité de sens assignables au châtiment ; dans une période de crise du sens (nihilisme), une forme de volonté de puissance cherche à imposer une interprétation par laquelle elle dominera et subjuguera les esprits. Et si aujourd'hui la justification du châtiment par la mauvaise conscience et le remords tient la corde, il faut en dénoncer l'amnésie et l'« abstraction » : elle n'est qu'une signification parmi d'autres et tardive de surcroît. D'où la critique acerbe du remords, ici, qui fait pendant à celle de la pitié (*GM*, Avant-propos, § 5-6).

224. Sur le remords, *HTH*, II, « Le Voyageur et son ombre », § 38, § 323 (bêtise et redoublement de la bêtise !) ; *GS*, § 41, § 117 ; *CI*, « Maximes et pointes », § 10.

225. Allusion à Dostoïevski, dont Nietzsche loue les vertus de psychologue (cf. note 18). Nietzsche venait de lire *L'Esprit souterrain* et *Souvenirs de la maison des morts* ; rappelons que Dostoïevski sait de quoi il parle, après quatre ans de bagne en Sibérie. Ici, Nietzsche règle des comptes avec Schopenhauer qui croyait au salut des criminels par le repentir (*Le Monde comme volonté et comme représentation*, IV, chap. 65-66). L'optimisme moral est corrélatif du pessimisme existentiel : le châtiment métamorphoserait l'agressivité en

amour. Pour Nietzsche, il ne fait que creuser la haine envers celui qui entend l'amender, le corriger, le « redresser ». Conséquence paradoxale : le châtiment rend imperméable au sentiment de culpabilité !

226. Raisonnement décisif : si on cherche l'origine de la « mauvaise conscience », inutile de croire la trouver comme conséquence et raison d'être du châtiment. C'est un sentiment appartenant à la psychologie de la faute, qui présuppose la croyance à la liberté (le libre arbitre). Or, cette croyance est absente chez le criminel aussi bien par rapport à son acte que par rapport à la puissance qui le châtie : dans le crime, comme dans la punition du crime, règne le sentiment de nécessité intérieure, l'idée qu'on ne pouvait faire autrement (par passion, plaisir, exigence, besoin ou représailles, qu'importe), un « c'est comme ça », *so ist es*.

227. Voir note 35. Cf. *Spinoza's Leben, Werke und Lehre* , III, chap. 7.

228. « Remords », ou, littéralement, « morsure de la conscience » (*Gewissensbiss* ou « je m'en mords les doigts »). Cf. *Éthique*, III, propos. XVIII, scolie 2 et défin. XVII des affections (*Appuhn* traduit par « déception »). Spinoza définit cette morsure de la conscience comme une tristesse, un mécontentement, opposés au contentement *(gaudium)*, qui est une forme de soulagement : joie née de l'image d'une chose passée dont l'issue nous a paru douteuse. Le vrai remords, le repentir, chez Spinoza, c'est *Paenitentia*. Cf. *Éthique*, III, propos. XXX, scolie; propos. LI, scolie; défin. XXVII des affections; IV, propos. LIV : pas une vertu, mais un redoublement du malheur et d'une impuissance, ce que Nietzsche appelait bêtise (cf. note 224). Spinoza précise : c'est un sentiment violent *parce que* les hommes se croient libres d'user d'un libre décret de l'esprit (illusion du libre arbitre), et la référence de Nietzsche à Spinoza porte précisément sur ce point. Dans *CI*, « Les quatre grandes erreurs », § 7, Nietzsche dit que le libre arbitre, fragment de la métaphysique du bourreau, est inventé pour rendre l'humanité dépendante des théologiens.

229. Sur le bien et le mal comme formes (« êtres », dit Spinoza) de l'imagination humaine, cf. *Éthique*, I, Appendice. *Sub ratione boni* signifie « selon la raison, le point de vue du bien ». À rapporter à *Éthique*, I, propos. XXXIII, scolie II (dernières lignes) : le Dieu spinoziste (la nature naturante) *est* par la pure nécessité de sa nature, donc *par-delà bien et mal*. Ou, dit Nietzsche, le monde rendu à son innocence.

230. *Gaudium*, c'est la joie, mais au sens de « contentement », et non de joie véritable (sentiment d'éternité issu de la connaissance : *laetitia*).

231. Sur le fatalisme russe, cf. *EH*, « Pourquoi je suis si sage », § 6.

232. Le dicton populaire dit littéralement : « souffrir rend intelligent ». Là encore, démystification des pseudo-effets moraux de l'entreprise morale : dresser l'homme pour en faire un animal prometteur, régulier, prévisible (*GM*, II, § 1-3), ce n'est pas l'améliorer,

mais le faire obéir, le contraindre, le discipliner, l'obliger à être inventif (donc méchant : il n'y a d'intelligence que méchante), et l'abêtir (ce qui n'est pas incompatible avec l'intelligence). D'où l'ambivalence de l'histoire de l'« éducation » humaine. Cf. *CI*, « La morale comme contre-nature » (§ 6 surtout) et « Ceux qui veulent rendre l'humanité "meilleure" ».

233. Voici nommée la maladie dont souffre l'homme et qui fait de lui l'animal malade par excellence, parce que *malade de lui-même*, en même temps que l'animal rendu « intéressant ». Cf. *GM*, II, § 19.

234. Le but de cette métaphore est de présenter l'opposition (issue de Schopenhauer) entre la sûreté quasi infaillible (la perfection) de l'instinct et le caractère superficiel, trompeur et éminemment faillible du conscient (de la raison) — cf. *GS*, § 224; « conscience » désigne ici la représentation consciente (*das Bewusstsein*) et non la conscience morale (*das Gewissen*).

235. *Das schlechte Gewissen*; Nietzsche dit comment et à quel prix a dû se former l'*âme* : par le combat contre soi-même, jusqu'à la division (*GM*, II, § 18), par le sacrifice des exigences de certains instincts (refoulement, castration psychique), par la constitution d'un *monde intérieur* et médiat, secondaire (réflexion, jugement, mémoire, méditation, examen critique de soi), survalorisé par rapport au monde pulsionnel, jusqu'à avoir honte de celui-ci. *Catastrophe* qui fait de l'homme un animal ambigu, incertain et décadent : l'esprit, la profondeur, la subtilité de l'intelligence et de la conscience naissent de la mauvaise conscience comme intériorisation. Thomas Mann a repris ce thème de la perte de l'innocence de la vie dans *Tonio Kröger*, *La Montagne magique*, *Le Chemin du cimetière*, etc.

236. Reprise de *GM*, I, § 7, à propos des dieux spectateurs des supplices. Mais on a troqué le supplice physique pour le supplice moral. Ironie cruelle : ce serait dommage qu'un Dieu manque cela... Sur l'hypothèse d'une solitude cosmique de l'homme : *Introduction théorétique sur la vérité et le mensonge au sens extramoral* (in *Le Livre du philosophe*, GF-Flammarion); *HTH*, II, « Le voyageur et son ombre », § 14; *A*, § 130.

237. Allusion au fragment 52 d'Héraclite (éd. Diels-Kranz) : « Le temps est un enfant qui joue en déplaçant les pions : la royauté d'un enfant » (Conche); « Le temps est un enfant qui s'amuse, joue au trictrac. Royauté d'un enfant » (Munier). But : ruiner les idées de finalisme et de fin de l'histoire, annoncer le début de l'innocence (cf. *GM*, I, § 11, fin; *GM*, II, § 12).

238. Sur l'homme comme animal transitoire, pont (passerelle) et non-but, transition et déclin : *GS*, § 356; *APZ*, I, « Prologue »; III, « Des vieilles et des nouvelles tables »; IV, « De l'homme supérieur »; *PBM*, § 203; *CI*, « Les quatre grandes erreurs », § 8. L'idée de « grande promesse » répond à la question de *GM*, II, § 1-3.

239. Nietzsche distingue deux moments de la vie de l'État : l'État primitif (*HTH*, I, § 99) et l'État comme invention tardive, après coup, des faibles (*APZ*, I, « De la nouvelle idole »). Rien de surprenant à voir Nietzsche, comme le romantisme allemand contre-

révolutionnaire, refuser à l'État une origine contractuelle (le contrat serait plutôt une ruse, un rideau de fumée) : une institution politique est le bras articulé et armé de la domination, qui suppose certes parfois des compromis. Tout État a pour origine et carburant la violence.

240. Noter le travail de la métaphore de l'existence comme œuvre d'art, comme sculpture en particulier : vivre, c'est *imposer et défendre une forme*; la différence avec l'art est que la vie, comme grande artiste, travaille cruellement (cf. § suivant) sur les corps et les esprits, et ce sans détour réflexif, sans « modèle » : elle est parfaite d'emblée dans l'instinct (cf. note 234). L'image du marteau fournit le schème de la destruction des formes anciennes, celui du test musical de la teneur des idoles (*CI*, Avant-propos), et celui de la formation des hommes et des œuvres par injection violente des formes, c'est-à-dire la *législation* (*APZ*, II, « Dans les îles bienheureuses », « Des sages illustres »; *PBM*, § 62, § 203, § 211; *CI*, « Flâneries d'un inactuel », § 7-11).

241. Comparer cette analyse généalogique de la mauvaise conscience, qui fait grand cas de l'imaginaire — *Aurore*, § 215 — avec celle du surmoi chez Freud (retournement de l'agressivité et des pulsions de destruction contre soi sous forme de culpabilité ou d'angoisse).

242. *An den Mond*, « À la lune »; Schubert en a fait un *lied* célèbre. Allusion ici aux deux dernières strophes : « Bienheureux celui qui se retire du monde sans haine, qui tient un ami sur son cœur, qui se réjouit de ce que les hommes ignorent ou dédaignent, et qui traverse dans la nuit le labyrinthe du cœur » (trad. personnelle).

243. Définition paradoxale de la volonté de puissance : « instinct » souligne le caractère premier, non réfléchi, non médité, de la puissance qui se manifeste dans les formes vivantes, « liberté » maintient envers et contre tout (malgré les critiques de la liberté comme libre arbitre, de la liberté intelligible, ou des libertés formelles des humanistes) l'idéal aristocratique de la souveraineté : n'est vraiment libre que l'individu souverain. Cf. *HTH*, II, « Le voyageur et son ombre », § 14, § 350; *GS*, § 107, § 275, § 347; *CI* , « Flâneries d'un inactuel », § 38, § 41; *Ant.*, § 54.

244. Comparer avec Freud et sa problématique du surmoi, de l'idéal du moi et des mécanismes de défense comme auxiliaires du principe de plaisir contre l'angoisse du retour du refoulé. Nietzsche indique ici une origine possible du plaisir de la cruauté : la jouissance qu'il y a à se déchirer soi-même, tissu dont on fait les ascètes.

245. Rappel de la question de l'origine du « moral » comme « non égoïste », qui ouvre la *GM*, avec la critique de l'équation proposée par les psychologues anglais (*GM*, Avant-propos, § 5; I, § 1-2). On mesure maintenant le chemin parcouru.

246. Allusion au Socrate accoucheur des esprits, fils de la sage-femme *Phénarête* (« simulacre de vertu », « petite vertu »); mais, bien sûr, l'accouchement dont il est question ici est d'un tout autre ordre : quel rejeton la mauvaise conscience va-t-elle engendrer au

sein de l'homme ? Un digne héritier ? Un bâtard ? Un monstre ? Un animal d'une autre espèce ? Un mutant ? Toujours une histoire de promesse (*GM*, II, § 24) : donner la vie, est-ce maladie ? Nietzsche ajoute, en *GM*, III, § 4, ce trait cruel : « Il faut oublier pour se réjouir de l'enfant. » En toute rigueur médicale, au demeurant, la grossesse n'est *pas* une maladie.

247. Cf. *GM*, II, § 4 et suiv., pour le *duo* créancier-débiteur ; plutôt que de prendre le problème de manière structurelle (coupe transversale en un moment précis de la réalité), il s'agit de poser le problème symbolique (au sens psychanalytique) de la question de la dette *infinie* envers « ceux qui vinrent avant nous », l'humanité précédente. La figure *inventée* — il y a là toute une *poétique* du *symbolique* — des ancêtres comme puissance magique tient lieu d'instance divine, motivant le sentiment religieux primordial : la *peur*, comme l'avait déjà montré Lucrèce, *De la nature des choses*, I, v. 62-135. Le terrain est alors prêt pour la sophistication des croyances religieuses, sinon même pour la métaphysique ; voir Freud encore — le surmoi comme intériorisation de l'autorité du père : *L'Avenir d'une illusion, Totem et tabou*. La question de l'orientation (but et sens) du sacrifice est donc primordiale pour la détermination de l'existence noble, comme le signale la fin du § (cf. *GS*, § 55).

248. « Imitation », en particulier pour les animaux (mimétisme).

249. Résumé du passage du polythéisme au monothéisme, par sublimation et superpositions violentes, avec indication de ses conséquences *éthiques* et *politiques*. Il y a du Tocqueville dans *ce* Nietzsche : l'asservissement de la noblesse correspond à l'affermissement du monothéisme (y compris le monothéisme d'État).

250. « Cause première » (*Dieu* chez Aristote et Thomas d'Aquin).

251. Trait annonçant *GM*, III, § 24, § 27. L'athéisme est chez Nietzsche une notion ambivalente : il n'en apprécie guère les formes modernes (paresse de la croyance, sédatif du scepticisme, anarchisme comme idolâtrie de l'individu ou socialisme comme idolâtrie de l'État — *GS*, § 357) ; mais il lui reconnaît une saveur *cathartique* particulière, dans la mesure où supprimant le créancier suprême, il supprime du même coup le *lieu*, la *position* du débiteur. Reste à savoir s'il supprime la croyance en la dette : les habitudes sont acquises, et en particulier la *moralisation* (voir § suivant). Le problème est donc celui de la *suppression de la dualité* (l'athéisme faible, par exemple, volontariste, anarchiste, existentialiste, a encore besoin de Dieu comme adversaire) ; on retrouve cette structure problématique avec la suppression des arrière-mondes : gommer l'intelligible, dit Nietzsche, n'est-ce pas gommer aussi le *sensible* en tant que tel (*CI*, « Comment le "monde vrai" devint enfin une fable ») ? Bref, l'athéisme pose la question de l'*innocence* la plus délicate à trouver, celle qui vient *après*... le dualisme, et ce dans un monde immanent ; ou, comme le demande le § 24 de *GM*, II, que faut-il *sauver* ? (cf. *A*, § 321 ; *GS*, Avant-propos, § 4 et livre V, rédigé un peu avant la *GM*). La véritable innocence est celle du devenir : *CI*, « Les quatre grandes erreurs », § 8.

252. Nietzsche prévoit un plus ample développement : *GM*, III, § 27, début.

253. Cf. note 247 ; voilà l'invention morale pernicieuse : ce n'est pas tant celle du Dieu moral que la notion de dette infinie (Freud l'avait noté dans les *Cinq psychanalyses*, à propos de « L'homme aux rats » et de « L'homme aux loups »...). L'homme moral n'en a jamais fini avec rien...

254. Allusion à la problématique luthérienne du « serf arbitre » : le « péché » désigne en effet l'incapacité de la liberté humaine à choisir le bien, sa propension nécessaire (« serve ») à se tourner vers le mal. Cf. Luther, *Du serf arbitre*, 1525 (traité dirigé contre Érasme et sa *Diatribe sur le libre arbitre*).

255. La « folie de la croix » (cf. *GM*, I, § 8, note 109) ; au lieu, comme Shylock, de vouloir se payer sur le débiteur, Dieu se paie sur la chair de *sa* chair ! sur son fils ! Renversement génial de situation, tout y est : châtiment, sacrifice, souffrance, extase et jouissance du règlement de la dette infinie, rédemption sempiternelle. Nietzsche fait allusion à Paul, Épître aux Colossiens, 2, 13-14 : « Vous qui étiez morts par vos offenses et par l'incirconcision de votre chair, il vous a rendu à la vie avec lui, en nous faisant grâce pour toutes nos offenses ; il a effacé l'acte dont les ordonnances nous condamnaient et qui subsistaient contre nous, et il l'a détruit en le clouant à la croix » (trad. Segond). Cf. *Ant.*, § 29, § 33-35, § 39-42, § 51-53.

256. L'invention chrétienne n'a évidemment rien arrangé ; qu'un Dieu s'immole pour nous ne nous rend pas plus innocent, au contraire : la dette est augmentée d'autant, si l'on peut dire, s'agissant de l'*infini* , de l'*incommensurable*, de l'*inexpiable* ! Le sentiment de culpabilité se renforce. Et l'homme de « faire la bête » — il se *bestialise* —, à vouloir trop faire l'ange : Nietzsche expose ici les effets nocifs de la moralisation à outrance de la dette.

257. C'est-à-dire l'envers chrétien de l'intuition du jeune Nietzsche (*GM*, Avant-propos, § 3 : Dieu comme père du mal).

258. *Henkerthum*, « l'œuvre du bourreau ». Un bourreau humain en resterait aux basses !

259. Cf. *Ant.*, § 22, § 37, § 51 ; *CI*, « Ceux qui veulent rendre l'humanité "meilleure" », § 2 ; « Flâneries d'un inactuel », § 37.

260. Nietzsche distingue religions nobles et religions qui le sont moins : *HTH*, I, § 110-114, § 117 ; *PBM*, § 61-62 ; *Ant.*, § 16-23, § 31-35, § 37-41. Il pense comme Machiavel : peu importe Dieu, la religion est une arme entre les mains des puissants et des législateurs (*PBM*, § 62). L'éloge des Grecs ici renvoie à *GM*, II, § 7 et à *PBM*, § 49.

261. Égisthe, amant de Clytemnestre, l'épouse infidèle d'Agamemnon : il assassinera ensuite ce dernier à coups de hache. C'est le sujet de la trilogie d'Eschyle sur la légende des Atrides, dont Nietzsche était féru. La citation vient de *L'Odyssée*, chant I, v. 32-34. Nietzsche pose la distinction classique : les Grecs (les tragiques aussi bien que Socrate, Platon ou Aristote) tenaient la déraison pour la *raison* du mal, et ce de l'ignorance au délire (dont les

dieux ne sont pas tout à fait innocents) — Sophocle présente Ajax aveuglé par Athéna lorsqu'il se venge sur les bêtes d'Ulysse —, à l'inverse des chrétiens, qui inventent le *péché*.

262. Reprise de *GM*, II, § 3, fin : derrière la beauté et la paix sublimes de chaque idéal, de la destruction, de la violence, du « prix à payer ». Nietzsche nous met devant les yeux la guerre sanglante que se livrent les idéaux, mais cette fois en s'interrogeant sur l'avenir : que faire de l'homme tel qu'il est devenu ? Qu'espérer ?

263. Formule du conformisme en morale. À l'opposé, il faut une doctrine de la *volonté*, et une volonté de *législation* : la description de l'homme noble reprend l'éloge de Napoléon de *GM*, I, § 17 (« synthèse de l'inhumain et du surhumain »).

264. Cf. *PBM*, § 42-44, § 203, § 210, § 213.

265. Allusion au détour idéaliste du philosophe chez Platon (*République*, VII), sauf que la « caverne » de ce *sauveur* est son statut d'exception, sa solitude, et que l'objet du salut est le monde réel (et pas seulement le monde sensible : cf. note 251). Il ne s'agit pas de *sauver les apparences*, de *sauver les phénomènes*, mais de concevoir une réalité véritable, synthétique, immanente, digne d'être *vénérée*, *aimée* au sens strict : ne rien maudire par l'invocation d'un idéal moral. Ce texte magnifique, qui prépare l'en-tête de *GM*, III, est le condensé ou l'annonce de nombreux autres :

— pour ce dépassement *rédempteur*, cf. *APZ*, II, « De la rédemption » ; *Ant.*, § 33 ;

— sur le *grand mépris* (distinct du mépris ordinaire de *GM*, I, § 10) : *GS*, § 346, § 379 ; *APZ*, I, « Prologue » ; IV, « Le plus laid des hommes » ; « De l'homme supérieur » ; *PBM*, § 269 ;

— sur la *grande santé* (celle qui se fortifie de tout ce qui ne la tue pas) : *GS*, Avant-propos, et § 382 ; *HTH*, I, Avant-propos, § 4 ; II, Avant-propos, § 6 ; *CI*, « Maximes et pointes », § 8 ; *EH*, « Pourquoi j'écris de si bons livres », *APZ*, § 2 ; *NcW*, Épilogue ;

— sur la *solitude* aristocratique : *HTH*, I, Avant-propos ; *A*, § 177, § 443 ; *GS*, § 285, § 309, § 365 ; *APZ*, II, « Le chant de la nuit » ; *PBM*, § 44, § 284.

266. Après le platonisme, au tour du christianisme d'être dépassé, comme relais dominant du nihilisme : l'espoir pour le *surhomme* est celui du *grand midi* ; cf. *GM*, Avant-propos, § 1, note 5 ; *APZ*, III, « Des trois maux ».

267. Sur Zarathoustra comme *autorité* : *Ant.*, § 54 ; sur le sens de l'« athéisme » de Zarathoustra : *GS*, § 342 ; *APZ*, I, « Prologue » ; II, « De la rédemption » ; IV, « Le mendiant volontaire » ; *EH*, « Pourquoi je suis un destin », § 2-5.

268. Cf. *PBM*, § 47 ; *GS*, § 358 ; et *EH*, « Pourquoi j'écris de si bons livres » : la *GM*.

269. Sur la division du travail sexuel entre femmes (la sagesse, la vérité, la vie, la musique), et hommes — ces *Don Juan !* — que sont le guerrier et le philosophe : *GS*, 339 ; *PBM*, Préface ; *GS*, Avant-propos ; *NcW*, « Une musique sans avenir ». Machiavel avait déjà scandalisé les beaux esprits par l'*unpolitically correct* (« Je crois aussi qu'il vaut mieux être hardi que prudent, car la Fortune est femme,

et il est nécessaire, pour la tenir soumise, de la battre et de la maltraiter », *Le Prince*, XXV).

270. Cet aphorisme vient de *APZ*, I, « Lire et écrire ». Nietzsche
est belliciste en général (admiration pour Napoléon), mais c'est surtout le belliciste de l'esprit qui nous intéresse ici (cf. le sous-titre de
la *GM*). Sur la déclaration de guerre aux idéaux, cf. *GS*, § 32, § 92
(« La guerre est mère de toutes les bonnes choses »), § 283 ; *CI*,
Avant-propos ; et « La morale comme contre-nature », § 3. Sur les
guerriers de la connaissance : *APZ*, I, « De la guerre et des guerriers » ; *CI*, « Flâneries d'un inactuel », § 38.

271. Le grand écart, pour l'artiste, il peut n'y rien saisir (dans sa
souveraine naïveté) ou au contraire y exagérer, comme Wagner :
cela annonce les § 2-5. L'énumération qui suit indique le plan du
Troisième Traité : les § 2 6 portent sur l'idéal ascétique en art ; les
§ 6 à 10 sur l'idéal ascétique chez les philosophes ; les § 11 à § 22 sur
le rôle du prêtre ascétique ; les § 23-26 sur l'idéal ascétique dans la
science ; les § 27-28 sur l'évaluation de la volonté *de* sens.

272. Morosité, dolence, mélancolie.

273. À lier au constat : l'homme est l'animal malade de lui-
même.

274. La *GM* dit ici sa découverte : le prêtre *est* l'ennemi principal, parce qu'il est devenu le « maître » de l'idéal. Le problème de la
morale est d'abord un problème théologico-politique.

275. « Leur ultime désir de gloire ». À côté du prêtre, le saint est
un idiot naïf.

276. « Horreur du vide ».

277. Nietzsche a relevé le problème de la fin et du *but* (*GM*, I,
§ 17 ; II, § 12-13). Pour résoudre l'énigme des inventions humaines
de l'idéal ascétique, il faut donc revenir à la puissance qui les a
engendrées, et montrer quel besoin a présidé à l'exigence de leur
fabrication : cette puissance, c'est la volonté (comme *forme* de la
puissance), et ce besoin, c'est celui du but, qui *remplit* le sens.
Toute volonté a un objet, a besoin d'au moins un objet, n'importe
lequel : même le néant convient. Cf. *GM*, III, § 28, fin.

278. Cf. *NcW*, « Wagner, apôtre de la chasteté » (texte parallèle à
ce §). Nietzsche distingue une forme de chasteté volontaire, forte,
affirmative, puissante, condition de la sensualité, et l'autre qui est
son contraire haineux et vengeur (cf. *APZ*, I, « De la chasteté » ; *EH*,
« Pourquoi j'écris de si bons livres », § 4).

279. Les guillemets signalent la double signification du mot
« sens » (*Sinn*) : « signification » et « facultés sensibles » (sensualité).
Allusion aux choix de séduction faits par Wagner, vieux minotaure
attirant et croquant la jeunesse (cf. *CW*, *NcW*). Si l'art est l'antidote
à l'idéal ascétique, un Wagner chaste est un monstre, car il trahit sa
vocation d'artiste dans un sensualisme honteux.

280. L'opéra *Luthers Hochzeit* fut dans les projets de Wagner,
juste après *Les Maîtres Chanteurs de Nuremberg*, en 1868, qui
comporte des références à la Réforme. La figure ambivalente de
Luther (moine terrible et bon vivant) permet à Nietzsche d'insister
sur celle de Wagner (parallèle récurrent dans ce Troisième Traité).

281. Cf. *HTH*, I, § 406, § 424, § 427; *A*, § 27; *APZ*, I, « De l'enfant et du mariage ». La question est reprise, en négatif, au § 7 de ce Traité.

282. Le courage de cette sensualité, c'est celui, scandaleux pour l'Église de Rome, d'autoriser le mariage du pasteur des âmes. Cf. Luther, *De la vie conjugale*, 1522. Dans *A*, § 88, Nietzsche nomme Luther « le grand bienfaiteur », pour avoir douté de la « vie contemplative ».

283. Cf. Pascal, *Pensées*, Laf. 678, Br. 358.

284. Hâfiz ou Hâfis (qui signifie : « celui qui sait par cœur le Coran »), ou Mohammed Shams-al-Din (Schamsoddin), vers 1325-1389, théologien et poète persan. Goethe, en 1819, lui a dédié le livre II du *Divan occidental-oriental* (le *divan* est un « recueil »). Nietzsche le dit « divinement moqueur » (*GS*, § 370), spirituel dans l'art de lâcher la bride (*PBM*, § 198).

285. Le nom de Parsifal viendrait de l'arabe *Parsi/Parseh Fal*, le « pur innocent », le « chaste imbécile »; en *nietzschéen* : *der reine Tor*, le « pur crétin », le « parfait idiot ». La figure de Parsifal rejoint celle de Jésus selon Dostoïevski (dans *L'Idiot*, la crétinerie en moins) et Nietzsche lui-même (*Ant.*, § 31). L'opéra (1882) est tiré du roman de chevalerie *Parzival* de Wolfram von Eschenbach (1210 env.), et Wagner lui inflige un traitement mi-schopenhauérien mi-chrétien (pitié et charité), ce qui n'est pas fait pour plaire à Nietzsche, déjà scandalisé par le mépris de Cervantès pour le *chevalier* Don Quichotte (*GM*, II, § 7). L'idéal ascétique est expert en récupération : si Eschenbach fait du Graal une pierre miraculeuse, Wagner le transforme en vase ayant recueilli le sang du Christ.

286. Allusion au caractère dionysiaque de tout artiste véritable ; cf. *GM*, Avant-propos, § 7. La *généalogie* de Wagner demande : pourquoi Wagner a-t-il « trahi » ?

287. Ludwig Feuerbach (1804-1872), philosophe matérialiste allemand, athée, « hégélien de gauche ». Wagner en retient l'apologie de la foi comme projection sublimée, transcendante, de l'orgueil humain. L'expression citée, *gesunde Sinnlichkeit*, est dans le Principe 36 des *Principes de la philosophie de l'avenir* (1843).

288. Allusion au mouvement *Junges Deutschland*, « Jeune Allemagne », qui désigne les écrivains libéraux, pendant la révolution de Juillet en France (1830) : Heine et Börne militaient pour la liberté de la presse et de l'opinion, pour l'émancipation de la femme, du Juif et du citoyen.

289. Nietzsche énumère, dans ce début de *GM*, III, les propositions de « rédemption » de l'idéal ascétique, après qu'il eut lui-même fourni sa réponse au problème (*GM*, II, § 24). Confirmant l'intuition mise en scène dans *Parsifal*, dans ses derniers écrits (*Religion und Kunst*, *Religion et Art*, 1880 ; *Heldenthum und Christenthum*, *Héroïsme et christianisme*, 1881), Wagner se donne pour tâche d'être le « poète du tragique du monde », de purifier le monde du sang qui inonde ce monde depuis sa création ; le « Rédempteur sur la croix » est bien « la dernière issue sublime ». Pour Nietzsche, la boucle est bouclée : laver les péchés du monde avec le sang du Christ.

290. Reprise du principe généalogique : l'idiosyncrasie de l'artiste est la condition de l'œuvre, c'est elle qui en fixe la teneur, la valeur pour la vie (*GS*, § 370). En effet, vu la contingence, la violence, la cruauté de la généalogie de l'esprit artistique, la « légèreté », la « naïveté » de l'artiste est une nécessité fonctionnelle ; le plaisir pris à l'œuvre (à sa genèse *comme* à sa contemplation) doit négliger son origine secrète : dans tout plaisir gît l'oubli. La création et la contemplation esthétique ne sont pas des actes simples : elles sont les façades des problèmes, des conflits correspondant à l'expérience du sacrifice. Nietzsche reprend ce problème en *GM*, III, § 6.

291. Reprise de l'image du début de *GM*, II, § 19 (cf. note 246). L'apologie de l'oubli nous ramène à *GM*, II, § 1-2.

292. Critique de l'illusion récurrente de la conscience artiste (« velléité typique »), qui croit spontanément à son *évidence*, à sa *naturalité*, à son être de *pur miroir*. Nietzsche insiste sur le travail d'une altérité fondamentale, d'une contradiction, au cœur même de l'esprit de l'artiste, obstacles qui doivent être « oubliés » (refoulés ?) pour que l'œuvre apparaisse. Ce principe vaut pour lui aussi : *EH*, « Pourquoi j'écris de si bons livres », et § 1, « Je suis une chose, mes écrits en sont une autre ».

293. Reprise du début de *GM*, III, § 1. D'un souverain dédain, Nietzsche *absoudrait* presque Wagner. Wagner n'est pas une cause, ni une origine, c'est un *symptôme*. La figure de l'artiste ne sort pas indemne de cette entreprise : l'artiste sait-il vraiment ce qu'il fait ? On peut penser à la personnalité « lâche » d'un Goya.

294. Expression de l'Évangile de Jean, 2, 5 ; 7, 6 ; 7, 30 ; 8, 20.

295. Schopenhauer, né en 1788, publia *Le Monde comme volonté et comme représentation* en 1818 ; longtemps, à sa grande frustration, éclipsé par Hegel, il devint célèbre vers 1850... dix ans de ravissement (il meurt en 1860)... Sa véritable influence fut cependant posthume, dès les années 1870, dans toute l'Europe. Wagner a lu Schopenhauer à partir de 1854. Sur le rapport à Schopenhauer, cf. *GM*, Avant-propos, § 5-6.

296. L'allemand dit : *die Milch frommer, reichsfrommer Denkungsart...* Selon Henri Albert, allusion intraduisible au trope du monologue de *Guillaume Tell* de Schiller : *Die Milch der frommen* (N. ajoute *reichsfrommen*) *Denkungsart*.

297. Allusion à la gravure de Dürer, *Le Chevalier, la Mort et le Diable*. Ernst Bertram consacre un chapitre à ce thème dans son *Nietzsche, Essai de mythologie*, 1918, éd. du Félin (rééd. 1990).

298. Le conseil de Herwegh (1817-1875), ami de Wagner depuis 1851, date de 1854, au moment où ils étaient en exil à Zurich.

299. « Pour la plus grande gloire de la musique », expression calquée sur *ad majorem Dei gloriam*, « pour la plus grande gloire de Dieu ». La parodie est d'autant plus piquante que Nietzsche reproche à Wagner d'avoir tourné dévot !

300. Nietzsche, ici défenseur de la « musique pure », reproche à Wagner d'avoir subordonné la musique à l'effet et de l'avoir asservie aux autres arts, le drame, le théâtre, le spectacle (mais il a lui-

même commencé par des positions schopenhauériennes sur ce problème — cf. *NT*, 1872). Il interprète la *volte-face* wagnérienne, qui consiste à *isoler* la musique comme art suprême, parce qu'elle représente non plus les phénomènes, mais la volonté elle-même (le noumène). Les textes de Schopenhauer qui ont marqué Wagner sont les chapitres 51 et 52 du livre III du *Monde comme volonté et comme représentation* et le chapitre xxxix du *Supplément* au livre III, intitulé « De la métaphysique de la musique ». C'est dans la continuité *ontologique* entre musique et noumène que Nietzsche voit une ruse de l'idéal ascétique.

301. Schopenhauer commente l'œuvre kantienne au livre III du *Monde...* et notamment aux chap. 31-39, et dans l'Appendice, « Critique de la philosophie kantienne ».

302. Lecture cavalière : à la lettre, Kant dit le contraire (les jugements de goût sont « sans concept », et leur universalité n'est que *postulée*). Cf. *Critique de la faculté de juger*, livre I, « Analytique du beau », § 2, § 6, § 8-9, § 16, § 19, § 22. « Qui veut tuer son chien... » etc. D'ailleurs, la remarque de la fin de ce paragraphe où Nietzsche dit que Schopenhauer ne comprend pas Kant de manière kantienne s'applique *a fortiori* à lui-même : c'est l'hôpital qui se moque de la charité ! Mais rappelons le fond de l'argument : Nietzsche s'irrite de voir bafoués, dans l'idéal de la contemplation esthétique, les instincts et leur arbitraire, l'affirmation de la vie elle-même.

303. Allusion à un passage de l'Appendice du *Monde...* (PUF, trad. Burdeau-Roos, p. 662) : « Une chose surprenante, c'est que Kant, à qui l'art est resté fort étranger, qui selon toute apparence, était peu fait pour sentir le beau, qui sans doute, n'a même jamais eu l'occasion de voir une œuvre d'art digne de ce nom, qui enfin paraît n'avoir jamais connu Goethe, le seul homme de son siècle et de son pays qui puisse aller de pair avec lui — c'est, dis-je, une chose surprenante que Kant, malgré tout, ait pu rendre un si grand et durable service à la philosophie de l'art. »

304. « La beauté n'est jamais, ce me semble, qu'une promesse de bonheur » (*Rome, Naples et Florence*, 1826, in *Voyages en Italie*, éd. de la Pléiade, 1973, p. 311. Stendhal avait déjà donné cette définition dans *De l'amour*, au chap. XVII.). Stendhal est un antidote à la moraline : cf. *PBM*, § 39, § 254. Notons qu'à y regarder de près la définition kantienne du beau comme « ce qui plaît sans concept » peut rejoindre la formule de Stendhal, *via* l'idée de *dignité*.

305. La notion de désintéressement est une notion *morale* (morale de la suspension des intérêts, de l'égoïsme, de la puissance ; en fait morale de leur *déni*). Nietzsche défend une conception de l'art comme stimulant de la vie : toute conception de l'art comme *désintéressement*, comme *apathie*, comme *abstraction* de la vie est surdéterminée moralement, *réactive*, faible, et fondamentalement, malgré des dehors placides et séduisants, *nihiliste*. Cf. *PBM*, § 33 ; *GM*, II, § 18.

306. Nietzsche pense-t-il à l'anecdote de Diogène le Cynique qui expliquait en ces termes pourquoi il se jetait en plein hiver sur les statues féminines : « je m'entraîne à la déception » ?

307. Pygmalion, amoureux de la statue qu'il vient d'achever, demande à Aphrodite (Vénus) de lui accorder une femme ressemblant à celle-ci. La déesse y consentit (Ovide, *Métamorphoses*, X, v. 243-276).

308. Allusion à l'*Anthropologie du point de vue pragmatique* (1798), § 7-11, qui, effectivement, après l'idéalisme cartésien et wolffien, livre un empirisme bien tempéré, de bon aloi, *bonhomme*. Voir *A*, § 481.

309. La lupuline est un alcaloïde extrait du lupulin (1845) — poussière résineuse jaunâtre produite par les cônes du houblon, employée dans la fabrication de la bière —, qui rend la bière amère et assure sa conservation. La bière a un pouvoir « dormitif », d'assoupissement et ne favorise guère l'excitation sexuelle. Le camphre est employé comme antispasmodique, calmant et analgésique.

310. *Le Monde comme volonté et comme représentation* (PUF, *op. cit.*), II, chap. 38, p. 253. Pour plus de clarté, donnons un passage qui précède de peu celui-ci : « Ainsi, le sujet du vouloir ressemble à Ixion attaché sur une roue qui ne cesse de tourner, aux Danaïdes qui puisent toujours pour emplir leur tonneau, à Tantale éternellement altéré. » Sur l'ataraxie (tranquillité, absence de trouble) chez Épicure, cf. *Lettre à Ménécée*.

311. Kant sépare la « faculté de désirer » du « sentiment de plaisir et de peine » (*Critique de la raison pratique*, Préface ; *Critique de la faculté de juger*, Introduction ; *Anthropologie du point de vue pragmatique*, § 73).

312. Nietzsche prend la référence schopenhauérienne aux Danaïdes, à Ixion et à Tantale comme un *aveu*, l'expression intellectuelle irrépressible d'une angoisse désespérante devant ce qui apparaît comme une *malédiction*, la vie elle-même — qu'il retrouvera chez le Socrate du *Phédon* (cf. *CI*, « Le problème de Socrate »). La philosophie n'est donc pas à l'abri de l'expression pathologique de cet animal malade de lui-même qui s'appelle « homme ».

313. « Instrument du diable ». Cf. *Parerga et Paralipomena*, II, chap. 27, « Sur les femmes ».

314. En ce sens, Schopenhauer est le type même de l'homme réactif : il a besoin d'un objet, d'une volonté résistante, sur qui passer sa *rage* de destruction, d'annihilation, et la satisfaction de cette rage constitue son bonheur. Mais comme tout vivant, ce qu'il cherche, c'est la puissance, à travers le masque de l'idéal ascétique, et c'est pour cette raison que la philosophie *déborde* cet idéal ascétique, elle le féconde par son *indépendance* même : la *bête philosophe* n'est pas, aux yeux de Nietzsche, si facilement domptable. D'où la fin paradoxale de ce paragraphe.

315. Le premier « pôle », l'Inde, représente évidemment le *summum*... Nietzsche, qui ignore quasi totalement la philosophie anglaise (sauf Herbert Spencer et John Stuart Mill...), est d'une anglophobie d'autant plus grotesque que Hobbes et Hume, par exemple, ont dit, bien avant lui, des choses qu'il croit avoir découvertes.

316. Noter l'ambiguïté du mot *Sinnlichkeit*, « sensibilité » et « sensualité ».

317. Expression de Paul, Épître aux Philippiens, 4, 7.

318. Cf. note 281 sur le mariage ; Nietzsche avait eu des intuitions semblables dans *HTH*, I, § 433 (sur Xanthippe et Socrate), § 436 (« pour ce qui touche aux spéculations philosophiques, tous les gens mariés sont suspects »). On peut compléter la revue des effectifs, en remarquant que Aristote, Hegel et Marx étaient mariés ; or, ils sont tous, en effet, même si c'est à des degrés divers, des philosophes de la dialectique : serait-ce que celle-ci représente la synthèse ou la solution qui peut mettre fin à la contradiction et à l'antithèse qu'est la scène de ménage ? Nietzsche, dans *HTH*, I, § 406, considère le mariage comme une « longue conversation »... Évidemment, la dialectique du mariage est une entrave à la guerre de la connaissance, à la séduction de la sagesse-femme (cf. Épigraphe du Troisième Traité, note 269)

319. *Râhula* signifie « entrave ». C'est un « effet de signifiant », tout comme Désiré, René, Aimé... Sur le bouddhisme comme religion positive (par-delà bien et mal et hygiène de vie), voir *Ant.*, § 20-24.

320. « Que périsse le monde, qu'adviennent la philosophie, le philosophe, et *moi* ! »

321. Reprise de *PBM*, § 39, citation de Stendhal : « Pour être bon philosophe, il faut être sec, clair, sans illusion. Un banquier qui a fait fortune a une partie du caractère requis pour faire des découvertes en philosophie, c'est-à-dire pour voir clair dans ce qui est. » Cf. *EH*, « Pourquoi je suis si avisé », § 2-3.

322. Allusion à ces marécages de l'âme humaine dans lesquels les « psychologues » se complaisent, mais aussi à ces constipés moraux qui ne parviennent à en finir avec rien.

323. Il y a donc une relève possible des passions mauvaises (même l'humilité !?), dans le mouvement spirituel qui consiste à leur rendre leur légèreté, leur innocence, leur « surface » (suppression des lourdes intentions morales). On s'oriente ici vers le « grand » (grande chasteté, grand mépris, grande solitude, etc.). Mais il faut soigner son ordre de vie : porter attention à l'hygiène, la nourriture, le climat, la compagnie... D'où le petit carnet de voyage que nous offre Nietzsche dans les lignes qui suivent, où on peut le suivre à la trace : Nice, Sils-Maria, Venise, Gênes, etc.

324. Le chameau est l'animal du fardeau, économe et résistant. C'est l'équivalent moderne et moral de l'*Hercule du devoir* des Grecs (*GM*, II, § 7). Cf. *APZ*, I, « Des trois métamorphoses ».

325. Héraclite d'Éphèse (544-483 av. J.-C., donc contemporain de Darius et de Xerxès) ; on l'appelait l'*Obscur* à cause du caractère énigmatique de ses paroles. On trouve d'ailleurs chez lui une critique de la conduite ordinaire des hommes, sourds, aveugles, illusionnés, bruyants, divertis. Nietzsche s'identifie ici à Héraclite, assimilant ses contemporains aux anciens Grecs bavards.

326. C'est le thème de l'intempestif ou de l'inactuel. Derrière cette idée, une critique de l'agitation verbeuse (presse, culture, féti-

chisme du nouveau et du fait : « faitalisme »), mais aussi l'affirmation du « grand mépris » : les idées les plus fortes ne se laissent pas entendre aisément (*PBM*, § 285), et cette « entente » suppose le silence de la rumination (*GM*, Avant-propos, § 8).

327. Invitation à méditer les questions du rythme de la pensée et de la langue. Cf. *PBM*, § 28, § 246-247.

328. Critique, récurrente chez Nietzsche (et qu'on trouve chez Valéry), du *creux*, de la fausse profondeur, dont les mots de l'*idéal* (bien, mal, Dieu, nature, être, vrai...) sont attifés : les mots idoles consolident la croyance et tranquillisent. Nietzsche se souvient ici d'un bel aphorisme de Lichtenberg sur les têtes creuses. Voir la critique des mots de la langue et de la grammaire : *PBM*, Avant-propos et § 1-2, § 9, § 16 ; *CI*, Avant-propos, et « La "raison" dans la philosophie », § 5.

329. Cf. *APZ*, I, « De la chasteté ». En filigrane, le doute sur le *principe d'individuation* et sur la conscience du caractère singulier et exceptionnel de l'« âme », comme le prouve l'allusion au Vedânta.

330. Cette expression défend, contre l'esthétique de la contemplation déjà critiquée en *GM*, III, § 6, une esthétique du corps, des instincts, des affects, évalués à l'aune de la puissance, de l'abondance, de la plénitude (*GS*, § 370 et *CW*). Si le christianisme nie à la fois Apollon et Dionysos, c'est parce qu'il nie le corps (*EH*, « Pourquoi j'écris de si bons livres » ; *NT*, § 2).

331. Reprise des images du début de *GM*, II, § 16.

332. Et pour cause, vu le principe généalogique (*GM*, II, § 3, fin) : combien de sang et d'horreur au fond de toutes les « bonnes choses »...

333. Éphectique (« hésitant ») ; *ephexis* : suspension du jugement ; chez les sceptiques grecs, synonyme d'*épochè*. Cf. *Ant.*, § 12, § 54 ; *PBM*, § 208. Nietzsche cite l'ouvrage de Victor Brochard, *Les Sceptiques grecs*, 1884, dans *EH*, « Pourquoi je suis si avisé », § 3.

334. « Sans colère ni zèle ». Citation du corpus hippocratique ?

335. Deux origines possibles de la citation : « La raison est la putain du diable et ne peut qu'outrager Dieu et blasphémer contre tout ce qu'il dit et fait » (*Contre les prophètes célestes*, 1525) et « La raison : la plus grande putain dont dispose le diable » (*Prédications de l'année 1546*, 17 janvier).

336. « Nous désirons ce qui est interdit ». Ovide, *Amours*, III, 4, 17. Déjà cité dans *PBM*, § 227.

337. Une des rares remarques de Nietzsche sur la question de la technique : il étend le schème de la violence comme transgression (*hubris* est excès, abus, transgression) des règles de la mesure naturelle au mode spécifiquement humain de travail, d'extraction des ressources, d'*assimilation*. *Réalisme* de Nietzsche : rien n'y échappe, ni Dieu, ni la femme ; et les représentations sublimes que l'on s'en fait (les « bonnes choses ») cachent la cruelle vérité de leur genèse et de leurs conséquences.

338. L'image du système des fins comme toile d'araignée signifie qu'une théorie, même abstraite, illusoire, superstitieuse, projetant l'esprit de vengeance (*APZ*, II, « Des tarentules ») exprime toujours

une forme de la volonté de puissance assimilatrice des hommes ; Nietzsche s'amuse de l'effet de signifiant *ironique* dans le nom de l'adversaire le plus résolu du finalisme, Spinoza, avec la racine *spinn* (*spinnen*, c'est tisser une toile ; *die Spinne*, l'araignée)... Cf. PBM, § 5 ; *CI*, « Flâneries d'un inactuel », § 23.

339. Écho du § 1 de l'Avant-propos.

340. Littéralement : « droit de la première nuit », appelé « droit de cuissage », qui est un privilège (cf. *Le Mariage de Figaro*, de Beaumarchais ; *Les Noces de Figaro* de Da Ponte et Mozart).

341. Cf. *PBM*, § 260, sur la distinction entre morale des maîtres et morale des esclaves.

342. « Interdit ». Voir note 336.

343. *A*, § 18, « La morale de la souffrance volontaire ».

344. *A*, § 42, « Origine de la *vita contemplativa* ».

345. Nietzsche s'inspire de l'antithèse goethéenne de la vie et de l'esprit (le vert et le gris, cf. note 53). L'esprit naît de la violence retournée contre soi, c'est la vie qui tranche elle-même dans son vif, qui s'incise elle-même (*APZ*, II, « Des sages illustres » ; IV, « La sangsue »). L'esprit est le fruit d'une *Selbstüberwindung*, d'une *Selbstaufhebung* (*GM*, III, § 27, notes 502-503), d'un dépassement/surpassement de soi, d'une épreuve sur soi (une intériorisation, une mémorisation, au sens d'une fabrication de la faculté de mémoire). Sans doute peut-on trouver à cela des réminiscences ou des accents hégéliens ; mais Nietzsche tient le processus pour contingent, hasardeux (aventurier), imprévisible, multiple (dispersé, fluide) et nullement harmonieux ou finalisé (pas de *ratio* immanente) : au contraire, il parle de « contradiction en soi », donc d'aporie ultime et mortelle (§ suivant). Il n'était nullement nécessaire que la vie procédât ainsi, cela s'est fait, certes, mais c'est à la vie elle-même, désormais, sous sa forme humaine de la volonté de puissance, d'injecter un sens valide à ce luxe extraordinaire de souffrance, à cette dépense somptuaire de cruauté et de jouissance.

346. Reprise de l'apologue de Dieu et du diable (*GM*, Avant-propos, § 3 ; I, § 15 ; *PBM*, § 129 : « Le diable a sur Dieu les plus vastes perspectives... »). Cf. *A*, § 113.

347. En particulier chez Schopenhauer inoculant le poison moral à Wagner (*GM*, III, § 5), ou exprimant sa rancune contre la sensualité (§ 6), s'inventant alors torture et supplice. Les § 7-10 ont présenté les formes sous lesquelles le philosophe, par sa puissance propre, peut encore, dans une relative mesure, échapper à la stérilisation forcée de l'idéal ascétique.

348. Le sérieux est chez Nietzsche cette concentration infantile et naïve de l'esprit persuadant lui-même de sa propre importance, vaniteux, chimérique ; le modèle du sérieux, c'est le savant « positiviste » (cf. *GM*, III, § 25). « Machine pesante », lourdeur d'esprit, tabou de l'humour et des choses joyeuses, il est l'ennemi mortel du gai savoir (*GS*, § 327). Mais le sérieux est *relevé* sous la forme du « *grand* sérieux », qui est le dépassement des petites affaires humaines dans le tragique dionysiaque et qui prend pour objet l'invention de la vie forte, même dans des affaires négligées

jusqu'ici : le corps, le climat, l'hygiène, etc. (*HTH*, I, § 686 ; *GS*, § 383). Le grand sérieux est ce qui permet de *légiférer* enfin sur l'humanité afin qu'elle s'abandonne elle-même à la vie.

349. Rappel, qui vaut pour toute la fin de la *GM*, du principe de *GM*, III, § 8, fin (note 330) et de la « Remarque » de *GM*, I, § 17. La philosophie devient question de *goût*, et le goût est ce par quoi l'esprit est chevillé au corps : c'est la glande pinéale nietzschéenne.

350. Rappel du principe du « droit naturel » (Nietzsche est proche de Hobbes et de Spinoza ici) : chacun a autant de droit qu'il a de force, de puissance, y compris dans les inventions qu'il se donne pour accroître celles-ci, et même si elles sont acquises à son détriment (dans la puissance de son impuissance, comme c'est le cas chez le prêtre ascétique).

351. Souvenir de Platon, *République*, II.

352. Cf. *GM*, II, § 22, fin (cf. note 259)

353. Voilà bien la plante du marécage spirituel humain, plante carnivore, vampire, dans laquelle la vie se dévore elle-même (*GM*, I, § 1 ; III, § 14). Le prêtre développe un mode de vie fascinant, une culture spécifique, avec une teneur spéciale aussi bien pour son plaisir (sa jouissance, son triomphe) que pour son salut.

354. « Croix, noix, lumière ». Facétie de Nietzsche entre *nox* (nuit) et *nux* (noix), par clin d'œil avec les « casse-noix de l'âme » (*GM*, III, § 9). Dans un posthume de 1881 (12 (231)), à l'époque du *Gai Savoir*, Nietzsche écrit : « Friedrich Nietzsche à la fin de son second séjour à Gênes. *Lux mea crux/crux mea lux* (Lumière, ma croix/croix ma lumière). La plaisanterie vise le mystique halluciné, et Nietzsche préfère la lumière d'une certaine ville à celle d'une chimère sanglante (la « folie de la croix »).

355. Paradoxe et renversement (mais rien d'étonnant : le prêtre ascétique est la contradiction *en soi*) : alors que son *discours* est obnubilé par la « vérité », son *existence* tout entière s'engouffre dans l'erreur et la chimère. Ainsi s'expliquent les soupçons de Nietzsche sur la « volonté de vérité » (*GS*, Avant-propos ; *PBM*, Préface et § 1-2).

356. Cette expression ne se trouve pas chez Kant : « caractère intelligible » désigne l'inconnaissable liberté du sujet (raison pratique), non les choses en soi. Ici, Nietzsche fait allusion à maints passages de la Préface de la première édition de la *Critique de la raison pure* : la raison, dit Kant est « accablée » (!) par des questions auxquelles elle ne peut légitimement répondre, parce qu'elles dépassent son pouvoir.

357. L'invocation du *pur*, de l'*en-soi*, de l'*intelligible*, signifie le renversement dans le contraire : c'est la meilleure façon de ne rien obtenir. Bref, éloge hypocrite, apologie de la déraison sous couvert d'exigences de la raison. Nietzsche rejoint ici Hegel, qui avait déjà reproché à Kant de *renoncer*, sans le dire, à la question de la rationalité, de prôner un irrationalisme secret, de *fuir* la responsabilité de la *ratio*. À lier au § 1 de l'Avant-propos, sur la connaissance de soi.

358. D'où mort de tout point de vue absolu (dieu, idée, âme, sujet-substance, sujet transcendantal, savoir absolu, volonté, etc.) et

reprise nécessaire du problème du statut de l'individualité (contre Schopenhauer qui *liquide* l'individu dans le néant). Cf. *PBM*, Préface et § 10 ; *GS*, § 354, § 374 (sur perspectivisme et infini des interprétations).

359. La vie se retourne contre elle-même : l'intellect, lui-même fragment d'affect, est sacrifié sur l'autel de l'absolu. Cf. *CI*, « La morale comme contre-nature ». Schopenhauer avait déjà vu le danger (*Le Monde comme volonté et comme représentation*, III, § 34, et IV, chap. 68).

360. « Conservation » seulement, et non accroissement, augmentation, prolifération : c'est la fatigue, l'épuisement qui règne (*GM*, I, § 12, fin) ; la vie est réduite à sa seule protection : la *peau de chagrin*, qui diminue mais qui lutte pour seulement durer. Nietzsche critique Darwin et Spinoza de n'avoir *pu* comprendre la nature fondamentale de la vie comme dépassement de soi de la volonté de puissance, et de n'avoir seulement *pu* la penser *que* comme lutte pour la conservation (symptôme de rancune envers la vie). Cf. Sur Spinoza et Darwin : *GS*, § 349. Sur Spinoza : *GS*, § 333, § 372 ; *PBM*, § 13, § 25. Sur Darwin : *CI*, « Flâneries d'un inactuel », § 14 ; *EH*, « Pourquoi j'écris de si bons livres », § 1.

361. *Ambivalence* du prêtre ascétique, qui fait sa puissance : niant absolument la vie, même sous sa forme éthérée philosophique (*PBM*, § 6), il est par là même une des conditions (mais pas la seule, en quoi Nietzsche n'est pas un logicien hégélien !), un des *expédients* par lesquels la vie *se dépasse* elle-même. Le sens de l'idéal ascétique est donc le *nihilisme* comme épreuve que la vie s'inflige à elle-même (*GS*, § 346-347).

362. Cf. *GM*, II, § 16 ; et *APZ*, II, « De grands événements » (« La terre a une peau, et cette peau a des maladies. L'une de ces maladies s'appelle "homme" ») ; III, « Le convalescent » ; *Ant.*, § 14.

363. Selon Nietzsche, la vie, ce grand enfant du devenir qui joue au trictrac (Héraclite : *GM*, II, § 16), fait des expériences sur elle-même, chaque type d'existence (générale ou singulière) est un essai, une tentative, donc soit une réussite, soit un échec. Et l'homme est, de ce fait, non pas son but final (*GM*, § 6), mais une forme transitoire, un passage incertain : l'animal le plus courageux, celui qui pousse les expériences, les épreuves, le plus loin, jusqu'au plus grand danger, jusqu'au péril de sa vie, jusqu'à la maladie. Cf. *GS*, § 115, § 224, § 354 ; *APZ*, I, « Des femmes vieilles et jeunes » ; *PBM*, § 62, § 225 ; *Ant.*, § 14.

364. Paradoxe fréquent chez Nietzsche, qui éclaire son opposition à Darwin (*CI*, « Flâneries d'un inactuel », § 14) : on a toujours à défendre les forts contre les faibles, car les faibles ont inventé l'esprit. La volonté de puissance n'est donc pas le légitime exercice d'une volonté de domination des forts sur les faibles.

365. Telles sont les réponses nobles au dégoût moral, à la pitié morale (*GM*, Avant-propos, § 5-6 ; I, § 12 ; II, § 7). Nietzsche insiste ensuite sur le pouvoir *aliénant* de la haine de soi : modification profonde de l'identité apparente (conscience comme façade), de l'adéquation de soi à soi — envie d'être *un autre*...

366. Complément de *GM*, I, § 11, § 13.

367. Cf. *PBM*, § 173, § 185, § 263.

368. Cf. *APZ*, II, « Des vertueux » : « Quand ils disent : "Je suis juste (*gerecht*)", on entend "je suis vengé (*gerächt*)". » Nietzsche attaque ici les « belles âmes » morales. Hegel n'était pas plus tendre !

369. Ce passage, qui renvoie aux portraits dostoïevskiens des fonctionnaires minables, a sûrement inspiré la nouvelle de Thomas Mann, *Le Chemin du cimetière*, où un raté plein de rancune (Lobgott Piepsam — *sic!*) crache son ressentiment à la tête d'un jeune et beau cycliste nommé « la Vie » (re-*sic!*).

370. Littéralement : « ceux qui se satisfont tout seuls ». Songer à la conception freudienne de la névrose comme réalisation du principe de plaisir sous la forme du retour du refoulé. Nietzsche vise-t-il Rousseau, l'onaniste moral ?

371. Nietzsche parle en *connaisseur*. Ne songe-t-il pas aux persécutions de sa sœur, dont on peut se faire une idée dans *Nietzsche, Rée, Salomé, Correspondance*, trad. O. Hansen-Løve et J. Lacoste, PUF, 1979. Cf. *EH*, I, § 3, nouvelle version *KGW*.

372. Cf. *GS*, § 13.

373. Les Bogos sont une tribu du nord de l'Éthiopie.

374. Éreinté dans *GM*, II, § 11 ; Nietzsche en remettra une louche en *GM*, III, § 26.

375. Sur cette image du son comme symptôme de la *teneur*, cf. *CI*, Avant-propos.

376. Cf. *GM*, II, § 12, note 218 ; et notes 73, 377, 385 ; *CI*, « Flâneries d'un inactuel », § 36 ; *APZ*, I, « De la mort volontaire » ; *Ant.*, § 2 (version *humour noir*) : « Que les faibles et les ratés périssent : premier principe de *notre* amour des hommes. Et qu'on les aide même à disparaître ! »

377. Cf. note 376.

378. Cf. *GS*, § 359 ; *APZ*, I, Prologue et « Des contempteurs du corps ».

379. Ce bestiaire, ni allégorique, ni totémique, n'est pas celui d'*APZ* : il s'agit de bêtes de proie, de fauves indomptables (*GM*, I, § 11, § 13), aux instincts parfaits et aux perfections *premières*. L'éloge de la puissance de métamorphose du renard fait penser à Machiavel, non sans raison et paradoxe : la pensée politique du Florentin, qui tient le christianisme pour une religion d'esclaves, est ennemie de toute prêtrise, de toute domination de la religion et de la morale sur le politique. L'acquisition de la *virtù* du renard par le prêtre prouve la plasticité de son esprit dans l'adaptation : il a compris que pour être pasteur des âmes, médecin et sauveur, il fallait être déjà l'*empoisonneur*. En ce sens, le prêtre ascétique est un *remède* (*pharmakon*, poison *et* vaccin, maladie *et* soin) *à lui tout seul*.

380. Cette action du prêtre ascétique accentue l'intériorisation et en modifie la direction, le « sens », toujours par le travail d'une causalité imaginaire : auparavant dirigé vers l'autre (« C'est bien la faute de quelqu'un si je me sens mal »), le ressentiment est retourné *contre* le sujet moral lui-même, qui *se croit* la *cause* de son propre

supplice, de sa propre torture (naissance de la mauvaise conscience).

381. Allusion à une expérience bien connue, destinée à prouver l'existence de l'« arc réflexe » (système orthosympathique commandé par la moelle épinière). Mais surtout second coup de pied de l'âne aux psychologues anglais, mécanistes et simplistes, de *GM*, I, § 1.

382. En somme, c'est de l'homéopathie.

383. Nietzsche entend par là ce que nous appelons « le sympathique » ou « grand sympathique », système nerveux périphérique qui commande la vie organique et végétative.

384. Réduction *« médecynique »* du psychique ou du moral au physiologique ; cf. *Remarque* finale de *GM*, I, *EH*, III, § 5, et *GM*, III, § 8, fin.

385. Voir note 376.

386. Luc, 10, 42 ; cf. *GS*, § 290 ; *Ant.*, § 43 ; *GM*, I, § 14. Ici, la chose nécessaire, pour le prêtre ascétique, c'est de taire le côté *prometteur* de cette intériorisation des affects de l'esprit (cf. *GM*, II, § 12).

387. À lier à l'affirmation « Le christianisme est un platonisme pour le "peuple" » (*PBM*, Avant-propos). L'Église est donc une *collectivisation* de la maladie ; l'État prendra le relais (*GM*, III, § 26-27).

388. Bref le péché est fiction, chimère, et ce n'est pas parce qu'on *se croit* pécheur qu'on l'*est* : « Il n'y a pas de phénomènes moraux, seulement une interprétation morale des phénomènes » (*PBM*, § 108) ; *CI*, « Ceux qui veulent rendre l'humanité "meilleure" », § 1.

389. Reprise de la question physiologique et du problème de la constipation morale : voir *GM*, III, § 15. Cette physiologie généalogique s'inscrit dans un système de métaphores, bien plus que dans une conception proprement médicale et donc matérialiste ; Nietzsche refuse également l'hypothèse d'une *unicité* du principe d'explication du monde (la *substance* ou « matière »). Il est *spiritualiste*, au sens où, à l'inverse de Darwin ou de Spencer, par exemple, il *sait* que l'esprit, qui n'est pas un épiphénomène du corps, a une puissance réelle, autonome, spécifique — même si ce n'est que *relativement* (*CI*, « Flâneries d'un inactuel », § 14 ; *GS*, § 373 ; *APZ*, I, « Des contempteurs du corps » ; II, « Des poètes » ; *PBM*, § 12).

390. Le prêtre ascétique est le symbole et le principe actif d'une morale (ou idéal) ascétique, essentiellement marquée par une conception réactive de la rédemption. Cela ne concerne pas que le christianisme, mais aussi le platonisme, les savants positivistes, les socialistes, etc., qui infectent, chacun selon ses moyens, l'animal humain selon les mêmes procédés : fuir *cette* existence, se consoler, désespérer de la puissance, massifier.

391. Sur la religion comme « affaire de la populace » : *HTH*, I, § 472 ; *PBM*, § 61-62 ; *EH*, « Pourquoi je suis un destin », § 1. Comme système d'inhibition : *HTH*, I, § 110 ; *A*, § 91 ; *GS*, § 353 ; *PBM*, § 59. Comme forme d'ignorance physiologique : *HTH*, I, § 111, § 141-142 ; *GS*, § 151.

392. Il s'agit de sir Andrew Aguecheek, personnage de *La Nuit des rois* (I, 3, 78), qui se dit grand mangeur de viande de bœuf alors qu'elle lui alourdit l'esprit — présupposé tiré de Galien (le bœuf épaissit le sang et rend mélancolique).

393. Dévastatrice pour l'Allemagne, la guerre de Trente Ans (entre les princes allemands protestants et l'autorité impériale catholique) couvre les années 1618-1648.

394. Pascal, demandant au libertin le sacrifice d'une raison artificielle, faite de préjugés, écrit ceci : « Travaillez donc, non pas à vous convaincre par l'argumentation des preuves de Dieu, mais par la diminution de vos passions. Vous voulez aller à la foi, et vous n'en savez pas le chemin ; [...] apprenez de ceux qui ont été liés comme vous, et qui parient maintenant tout leur bien : ce sont des gens qui savent ce chemin que vous voudriez suivre [...] Suivez la manière par où ils ont commencé : c'est en faisant tout comme s'ils croyaient en prenant de l'eau bénite, en faisant dire des messes, etc. Naturellement même cela vous fera croire et vous abêtira » (*Pensées*, Laf. 418-Br. 233). Aux yeux de Nietzsche, Pascal est le type même du « sacrifice de l'intellect » (*PBM*, § 46 ; *Ant.*, § 5 ; *EH*, « Pourquoi je suis si malin », § 3).

395. L'image, qui court encore au § suivant, est ironique, pour nous davantage encore aujourd'hui où le sport joue pleinement son rôle d'opium. Rappelons que le saint ascète est expert en *exercices* (« ascèse » en grec). Sur le *training* chrétien : *Ant.*, § 51 ; *GM*, III, § 21.

396. Moines orthodoxes mystiques.

397. Sainte Thérèse d'Avila, mystique espagnole (1515-1582).

398. Ami de Nietzsche, auteur d'un *Système du Vedânta*, 1883, dont ces citations sont extraites. Cf. *GM*, III, § 7, § 10.

399. Allusion à l'*ataraxie* comme paix de l'âme, état sans trouble, retrait passif chez Épicure (342-270 av. J.-C.). Nietzsche n'y voit que faiblesse, décadence, repli frileux : *Ant.*, § 30 ; *GS*, § 370 ; *NcW*, « Nous autres antipodes » ; *CI*, « La morale comme contre-nature », § 3.

400. Cf. *GM*, II, § 24, fin. L'équation Dieu = néant = idole est une des plus radicales de la pensée de Nietzsche (*CI*, Avant-propos).

401. Commence ici l'attaque contre la coalition christianisme-socialisme, avec l'interprétation de l'idéologie du travail comme résurgence moderne du stoïcisme. Cette condensation s'explique : Nietzsche voit dans le stoïcisme une pensée d'esclave ; cf. *GS*, § 306, § 326, § 359 ; sur le travail comme valeur suprême : *A*, § 173 ; *GS*, § 329, § 359 ; *PBM*, § 58.

402. « Absence de soin de soi » (négation parodique de l'idée stoïcienne de « souci de soi »).

403. Voir la note 75 pour la dénomination comme instrument de la volonté de puissance ; son usage (euphémisation) est ici ambivalent et pervers.

404. Voir les inquiétudes des observateurs lucides de l'après-Révolution française et des premières décennies de la révolution

industrielle — Tocqueville, Constant, Balzac : les nations démocratiques risquent de rapetisser l'homme, dans ses plaisirs (dont celui de la *pitié*), dans sa représentation grégaire du monde et de l'existence comme « bonheur ». Voir note 76. Cf. *PBM*, § 62.

405. « Mépris de soi », « ravalement de soi »; Nietzsche a lu Arnold Geulincx, philosophe néerlandais cartésien (1624-1699), dans l'histoire de la philosophie de Kuno Fischer.

406. Rappel du « sens de la distance » (cf. note 73). Souvenir de la parabole des porcs-épics (Schopenhauer, *Aphorismes sur la sagesse de la vie*, II, 31, § 400) ? Le froid les pousse à se rapprocher les uns des autres, leurs piquants les font s'écarter... Insociable sociabilité.

407. *République*, VIII, 551 d-e, par exemple.

408. Cf. *GM*, III, § 15.

409. Ce sont les généalogistes, « moralistes » des Lumières (Chamfort, La Rochefoucauld) ou, comme Nietzsche, tenants d'une théorie de la psychologie comme « morphologie et théorie génétique de la volonté de puissance » (*PBM*, § 23).

410. Cf. *A*, § 516; *APZ*, I, « Du pâle criminel »; IV, « De l'homme supérieur », § 9 (« L'impuissance à mentir est encore bien loin de l'amour de la vérité »); *PBM*, § 260. Critique classique de la bonté morale : hémiplégique, elle fait les hommes bons par impuissance d'être autre chose. Aucun mérite *moral*, donc. Sur la « bonté » et sa pratique du mensonge, *EH*, « Pourquoi je suis un destin », § 4 : « volonté de ne pas voir, à tout prix, comment en somme la réalité est faite ».

411. Platon défend, dans un but théologico-politique de maintien des croyances, l'idée du « pieux mensonge » (ou *pia fraus*); cf. *République*, III, 382 c, 389 b, 414 bc, 459 cd.

412. Byron, poète romantique anglais (1788-1824); Moore, poète irlandais (1779-1852).

413. W. Gwinner, *Arthur Schopenhauer aus persönlichem Umgange dargestellt*, Leipzig, 1862.

414. « Envers soi », expression fréquente chez Schopenhauer.

415. A. W. Thayer, *Ludwig van Beethoven's Leben*, Berlin, 1866.

416. Il s'agit de *Mein Leben* (*Ma vie*), publiée en plusieurs volumes à partir de 1870.

417. Johannes Janssen, *Geschichte des deutschen Volkes seit dem Mittelalter*, Fribourg, 1877.

418. Hippolyte Taine (1828-1893) entend expliquer l'histoire intellectuelle, morale, poltique, artistique et religieuse à partir de la notion de « milieu ». Sur ce « portrait » de Luther, voir *GS*, § 358, « Une jacquerie de l'esprit ».

419. Leopold von Ranke (1795-1886), historien nationaliste allemand, fondateur de l'« historicisme » (courant qui veut faire de l'histoire une science véritable : méthode « positive »), qui a consacré plusieurs volumes à l'histoire de la papauté et de la Réforme; typique du « fatalisme » (*GM*, III, § 24).

420. Talleyrand, représentant la France au congrès de Vienne en 1815 : « Méfiez-vous du premier mouvement; il est toujours généreux » (cité en *KGW*, VIII, 10 (78)).

421. Cynisme du prêtre : grand « psychologue », il sait le pouvoir des passions extrêmes ; l'essentiel est pour lui de les mettre au service de l'idéal religieux, d'asservir leur violence à un but, d'abrutir l'esprit par leur excès même, et d'enfoncer le clou en culpabilisant le pécheur. Il *est* poison *et* remède.

422. Cf. *GM*, II, § 1-3 et § 14-16. Là encore, effet de démystification : on réduit ce qui paraissait disposer d'une réalité *sui generis* (la logique de l'âme humaine) à ce qui est considéré comme sa première condition, l'animalité. Pas de différence de nature, rien qu'une différence de degré. Mais l'invention de l'esprit sous sa forme ascétique cache la filiation animal-homme.

423. Cf. *GM*, III, § 16 ; *Ant.*, § 48-49.

424. Discipline : fouet pour l'autoflagellation ; haire : chemise grossière en crin, portée à même la peau par pénitence et mortification. Cf. Molière, *Tartuffe* (III, 2) : « Laurent, serrez ma haire avec ma discipline, Et priez que toujours le Ciel vous illumine. »

425. La religion ascétique par excellence, le christianisme, est (un) *toxique* (*GM*, III, § 26) ; l'opium (du peuple, du troupeau) est *poison* introduisant la dépendance et *remède* abaissant le taux de souffrance en stupéfiant, en abrutissant. Et tout cela sous couvert de *salut*.

426. Réponse de Jésus à Pilate, Jean, 18, 36. Cf. *GS*, § 346.

427. *Conversations avec Eckermann*, 14 février 1830 ; Goethe dit : « Gozzi — écrivain vénitien du XVIIIᵉ siècle — prétendait qu'il n'y a que trente-six situations tragiques. » Le Goethe de Nietzsche professe un fatalisme joyeux et confiant, sans révolte ni accablement, à partir de l'idée d'une harmonie secrète entre la partie (l'individu) et le tout. Un mixte de spinozisme et de romantisme ; cf. *CI*, « Flâneries d'un inactuel », § 49-51.

428. Cf. *CI*, « Ceux qui veulent rendre l'humanité "meilleure" ». L'idée d'une « amélioration » (les guillemets indiquent le soupçon) est abordée en *GM*, I, § 14 et II, § 15, à propos du châtiment, qui apprivoise, mais n'améliore pas. La question de l'utilité renvoie à la critique de la conception naïve, débonnaire des psychologues utilitaristes anglais (*GM*, Avant-propos, § 7 ; I, § 1-2). Ils ne s'inquiètent pas de ce que recouvre et justifie la notion d'« utile ». Pour Nietzsche, on ne peut être clair sur la question qu'en posant celle, généalogique, de la valeur de la valeur.

429. Cf. *GM*, III, § 17.

430. La chorée de Sydenham, qui se caractérise par des convulsions. Nietzsche avait lié ces maladies au culte de Dionysos (*NT*, I). Au Moyen Âge, on plaçait les malades sous la protection d'un saint.

431. Chez Goethe, on retrouve celui-ci dans *Faust*, la « nuit de Walpurgis ».

432. « Vive la mort ! » C'est aussi le cri de l'anarchiste, pour lequel Nietzsche a la sympathie qu'on sait...

433. Ancien nom de l'épilepsie (ou « mal sacré »).

434. « On se le demande ».

435. Allusion au monopole des Prussiens sur le marché européen de l'alcool à l'époque ; la question agitait beaucoup les milieux

politiques et financiers, en raison de la concurrence russe montante. L'image est claire : l'alcool est la prolongation du politique par d'autres moyens. Sur l'alcool comme *poison européen* : *GS*, § 42, § 147 (« L'alcool et le christianisme, les narcotiques de l'Europe ») ; sur l'alcoolisme prussien : *CI*, « Ce qui manque aux Allemands », § 2.

436. « À un grand intervalle, mais proche ». Nietzsche veut dire par là que pour être nommée en dernier, la syphilis n'en est pas moins cause à part entière.

437. « Dans les arts et lettres ».

438. « Bible » signifie « les livres » (*ta biblia*).

439. Nietzsche admire Shakespeare, *grand barbare* qui eut « le courage de confesser l'assombrissement dû au christianisme » (*A*, § 76) ; cf. *HTH*, I, § 221 ; II, § 162 ; *GS*, § 98.

440. Cf. déjà *PBM*, § 52 ; voir aussi *Ant.*, § 44-49 ; *CW*, § 9 ; *CI*, « La morale comme contre-nature », § 1.

441. Parole de Luther à la Diète de l'empire de Worms (18 avril 1521), où, sommé de se rétracter, en présence de Charles Quint, il persista. Le texte entier est : « Ici je me tiens, je ne puis faire autrement. Que Dieu me vienne en aide. *Amen !* » Nietzsche le cite à des fins parodiques (*GS*, § 146 et *EH*, III, § 2) ; dans notre contexte, il signifie : telle est ma nature, je n'y peux rien, on ne demande pas au rapace ou au fauve les raisons de sa nature... (cf. *GM*, I, § 13 ; III, § 14) et prétendre me changer témoignerait d'une volonté de l'idéal ascétique.

442. Cf. *GS*, § 77 (« Le mauvais goût a son droit »). Julien Sorel dit, dans *Le Rouge et le Noir* : « Il n'a pas peur d'être de mauvais goût, lui » (recopié par Nietzsche dans le § posthume 25 (169) de 1884).

443. Voir note 440. Et *PBM*, § 263.

444. Sur la psychologie insalubre des recoins, cf. *GM*, I, § 10 ; II, § 22.

445. Commence ici une généalogie du chrétien comme comédien pathétique, rhétoricien de théâtre (*Tartuffe*), déjà pointée chez Tertullien (*GM*, I, § 15) : l'humilité feinte cache une vanité obscène (celle de se croire dans le voisinage de Dieu).

446. L'expression exacte (« aucun coq ne chante » : personne ne s'en soucie) est d'origine biblique ; dans ce contexte, elle a un effet rhétorique piquant, par allusion au coq qui chanta, comme annoncé (Jean, 13, 38), après le reniement de Pierre (Jean, 18, 15-27). Cf. Matthieu, 26, 65-75.

447. Première Épître aux Corinthiens, 9, 25 ; Apocalypse, 2, 10, « couronne incorruptible ».

448. Cf. *A*, § 96.

449. Description de l'esprit de la canaille, aux antipodes du « sens de la distance », cf. note 73 ; voir *APZ*, II, « De la canaille ». L'implication des Juifs ici s'explique par le fait que Nietzsche établit, *contre* les antisémites (Schopenhauer, Wagner, son beau-frère Förster et Treitschke — *PBM*, § 251), une continuité forte entre le juif et le chrétien, ce dernier étant un juif idiot, décadent et malade (*Ant.*, § 24, 44).

450. Bref, Luther est pour la suppression des intermédiaires, des « grandeurs d'établissement » (Pascal) qui *font* le lien entre Dieu et la créature. Ce qui, aux yeux de Nietzsche, est plus obscène encore, puisque, en opérant de la sorte, Luther sape le sens politique de l'obéissance à l'institution. Cf. *Ant.*, § 53; *GS*, § 358.

451. Parodie de *nec plus ultra* (« rien au-dessus dans l'excellence »), qui veut dire : n'allons pas plus loin, la mesure est comble, on ne peut faire *pire*.

452. Ce passage explicite l'idée de la terre comme astre ascétique (*GM*, III, § 11) : domination hégémonique, sans partage ni réciprocité, de la religion, y compris en philosophie, en art, en science. Ce qui confirme le manque d'estime et de respect du prêtre pour ses ennemis (cf. note 122). Rappelons que c'est bien l'objet de ce traité (cf. note 271).

453. Le perspectivisme nietzschéen combat l'hypothèse d'une unique interprétation « vraie », d'une unicité du but de l'existence ou de l'« être ». Cf. *GS*, § 374, « Notre nouvel "infini" ».

454. Après l'art (Wagner), la philosophie de l'art (Schopenhauer et Kant), la religion (le christianisme), voici maintenant la science sur le banc des suspects (accusée de colporter, sous le manteau, l'idéal ascétique, donc la narcose morale), en particulier sous sa version positiviste, héritière de la philosophie des Lumières. Seule l'intervention du prêtre ascétique peut expliquer le paradoxe d'une science auparavant diabolisée (*Ant.*, § 48-49) devenant *ensuite* complice de l'idéal ascétique.

455. Nietzsche exhibe le déni de la conscience scientifique quant à ses origines, ses motifs et ses fins véritables (la croyance, la domination, sous couvert de critique des convictions et d'objectivité ou d'universalité). Cf. *GS*, § 344 (« En quoi, nous aussi, nous sommes encore pieux ») et 358; *CI*, « Comment le monde "vrai" devint enfin une fable », § 4.

456. Cf. *PBM*, § 44, § 188, § 206-207, § 211.

457. « Mépris de soi »; cf. note 405. « Science », aujourd'hui signifie *humilité*.

458. Allusion à deux désaccords : avec son ami Franz Overbeck sur la critique des *Lumières*; avec son ami Erwin Rohde, à propos de la « nullité de Taine » (*dixit* Rohde).

459. Redoutable mise en question des « libres penseurs », des « braves défenseurs des idées modernes », militants positivistes éclairés de la vérité objective et du progrès historique; cf. note 454 et *PBM*, § 44.

460. Cf. *Ant.*, § 49-55; surtout § 53, sur la psychologie du martyr. Rappelons la mise en garde nietzschéenne : « Les convictions sont des ennemis de la vérité plus dangereux que les mensonges » (*HTH*, I, § 483; et *A*, § 424).

461. *Éphectique*, qui pratique la suspension du jugement (*GM*, III, § 9, note 333). *Hectique* vient pour le plaisir du jeu de mots, il signifie « fébrile » (la fièvre hectique, ou *étisie*, étant une sorte de consomption ou de syndrome fébrile en dents de scie).

462. Membres d'une secte secrète islamique, fondée par Hasan

ibn al-Sabbâh (v. 1050-1124), le « Vieux de la Montagne », le maître de la forteresse d'Alamût, qui promettait le paradis à ceux qui lui obéissaient : ces buveurs de haschisch (d'où leur nom, Assassins) rançonnaient les voyageurs.

463. Formule extrême du nihilisme : relativisme, subjectivisme, contingence absolus ; une des conséquences de la mort de Dieu, et, en même temps, une des craintes fondamentales de Dostoïevski.

464. Le Minotaure ici renvoie à la question de l'épreuve de la connaissance de soi dans le « labyrinthe du cœur » (*GM*, Avant-propos, § 1 et II, § 18).

465. Ce positivisme est doublement critiquable, aux yeux de Nietzsche : 1) il divinise, fétichise le fait, en fait une autorité, sous prétexte d'y trouver l'objectivité, et il occulte alors la question de l'interprétation ; or, il n'y a pas de fait *donné*, il n'y a que des interprétations, des donations/injections de sens. Se croyant incondi-tionné, il court-circuite donc l'interrogation sur les conditions de son exercice, qui sont *métaphysiques* (pour reprendre la terminolo-gie classique) ou de l'ordre d'une croyance fondamentale (position de Nietzsche) ; et, ce faisant, il *fait* de la métaphysique, il est *idéaliste* (cf. *GM*, III, § 25, début). Même reproche fait au *naturalisme* en art, comme branche de l'idéologie scientiste (*CI*, « Flâneries d'un inactuel », § 7) ; 2) se contentant d'être une caisse enregistreuse du donné « objectif », il ne peut exercer de jugement décisif ou de tra-vail de la négation : corollaire du *misarchisme moderne*, du tabou de la détermination (*GM*, II, § 12). On en a un bon exemple dans *Hard Times* (*Temps difficiles*) de Dickens.

466. Nietzsche pense à Tocqueville et à Taine.

467. Rappel de *GM*, Avant-propos, § 8 ; sur cette violence inter-prétative : *PBM*, § 268.

468. Plaisanterie de collégien : l'expression allemande signifiant « renverser » est « mettre sur la tête ». On peut toujours y voir des profondeurs métaphysiques, mais l'image est banale.

469. *GS*, § 344, « En quoi, nous aussi, nous sommes encore pieux ».

470. Rappelons que le livre V du *GS* et que l'Avant-propos de *A* furent écrits peu avant la *GM*.

471. On reconnaît l'idéal ascétique à l'interdit de penser (*Denk-verbot*) savamment intériorisé, jusqu'à devenir invisible et insensible au croyant, au *tabou* de la vérité, au dogme de la vérité intouchable. La morale est toujours *comme ça*.

472. Voir *CI*, « Flâneries d'un inactuel », § 7-11 ; *CW* et *NcW* ; ainsi que l'ouvrage projeté (*GM*, III, § 27, début). Sur cette idée de l'art comme sanctification du mensonge (extramoral) : *GS*, § 57-59.

473. Cf. *République*, II, 377 d ; III, 395 d-400 d, et X, début ; chez Nietzsche, cf. *HTH*, I, § 212 ; sur l'idéalisme de Platon en général : *GS*, § 372 ; *PBM*, § 14, § 28 ; *CI*, « Le problème de Socrate ». Le reproche de Platon aux poètes (mensonge, immora-lité, etc.) est d'autant plus paradoxal qu'il fonde le mensonge en droit sur le plan de l'anthropologie politique ; cf. *GM*, III, § 19, note 411.

474. Allusion au mythe des races d'Hésiode, repris par Platon en *République*, III, 414 c-417 b et IV, 423 c-d. Voir note 127 de *GM*, I, § 11.

475. Allusion au problème de Wagner, corrompu par Schopenhauer (*GM*, III, § 1-5).

476. Cf. *CI*, « Le problème de Socrate ».

477. Pour cette critique du sérieux, voir *GM*, III, § 11, note 348. Cf. *GM*, III, § 23-24 (sur l'idéal ascétique dans la science) ; *APZ*, IV, « De la science ». Nietzsche lui oppose le *grand* sérieux, celui du tragique dionysiaque.

478. Passage *actuel* s'il en est !

479. Matthieu, 5,3

480. « Fébriles ». Voir note 461.

481. Redoutable passage, à propos de la *continuité secrète* entre l'idéal ascétique religieux (« l'astronomie théologique » est la conception ordonnée que la théologie se fait du *cosmos*, donc du monde sensible *et* du monde intelligible, par exemple, celle des Pères de l'Église, de Dante) et la science, *même* sous sa forme *critique*, copernicienne, galiléenne : l'idéal ascétique est un chat, il retombe toujours sur ses pieds, il *récupère*. C'est fort de cette idée que Nietzsche interprète le trajet kantien, qui va de la révolution copernicienne (*Critique de la raison pure*, Préface de la 2ᵉ édition) à la théorie morale (à la réalisation de la métaphysique comme morale (*Critique de la raison pratique*) : Kant, s'appuyant sur l'idée d'une *limite* de l'usage des concepts de l'entendement (concepts de la connaissance) et cherchant à légitimer l'usage des *idées* (Dieu, liberté, âme, immortalité), *sauve* en réalité ces concepts *théologiques* ; les « vérités scientifiques » n'y font rien, au contraire ; elles sont théorisées de telle manière qu'elles ne peuvent plus invalider l'idéalisme. À tout prendre, Pascal est plus *honnête*... Cf. *A*, Avant-propos, § 3 ; *Ant.*, § 10-11.

Sur cette interprétation du *véritable* mouvement de la révolution copernicienne, Nietzsche va bien plus loin que Freud, qui pensait que l'humiliation du narcissisme humain par la science (Copernic et le *décentrement* cosmique, Darwin et la *bestialisation* de l'homme, Freud et *la relativisation* de la conscience) serait décisive — cf. *Essais de psychanalyse appliquée*, « Une difficulté de la psychanalyse » (1917) ; ce qui lui *permet* d'écrire *L'Avenir d'une illusion*. Pour Nietzsche, au contraire, il n'y a pas rupture, l'idéal ascétique travaille toujours en sous-main (N.B. *CI*, « Flâneries d'un inactuel », § 14, « Anti-Darwin »). Nietzsche trouverait d'ailleurs dans son *scientisme* l'idéal ascétique au cœur de l'œuvre de Freud (qui ne va cependant pas jusqu'à l'optimisme théorique, cf. *Malaise dans la civilisation*).

482. Allusion à la conclusion de la *Critique de la raison pratique* (1788). Kant écrit ceci : « Le [...] spectacle d'une multitude innombrable de mondes anéantit pour ainsi dire mon importance, en tant que *créature* animale qui doit rendre à la planète (un simple point dans l'univers) la matière dont elle est formée... »

483. Xavier Doudan, écrivain français (1800-1882). La formule

suppose une critique de l'*admiration*, passion trouble en ce qu'elle *pose* son objet comme véritable à force de s'exercer sur lui (par habitude) : passion affirmative, elle n'a aucun sens critique. C'est la version distinguée de l'« Abêtissez-vous » de Pascal ! Cf. note 394.

484. Reprochant à Schopenhauer de ne pas lire Kant de manière kantienne (cf. note 302), Nietzsche répète l'histoire : Kant ne dit pas qu'*il n'y a pas* de connaissance, au contraire... Et il ne dit pas *non plus* qu'*il y a* un Dieu, il dit qu'*on ne peut plus* désormais *qu'en postuler* l'existence.

485. Cette critique de l'obsession des historiens modernes pour l'« objectivité » et du désintéressement vis-à-vis des fins de l'existence, en particulier dans la culture et le politique, est déjà dans la seconde des *Cons. In.*, « De l'utilité et de l'inconvénient de l'histoire pour la vie » (1874). Nietzsche y oppose le « sens », ou l'« esprit historique » (*GM*, I, § 2).

486. Pour Nietzsche, la pensée de Tolstoï est un mélange scabreux de politique, de morale chrétienne et de métaphysique : marque de la décadence, masque du nihilisme (Sur ce passage, cf. *Ant.* § 4-7).

487. « L'espèce anarchiste ». Sur Dühring : *GM*, II, § 11 ; III, § 14 ; contre les anarchistes : *CI*, « Flâneries d'un inactuel », § 34 ; *Ant.*, § 58.

488. La Parque en question est Atropos, qui coupe le fil de la vie, filé auparavant par Clotho et mesuré par Lachésis. Le mépris de Nietzsche pour Renan rappelle celui de Léon Bloy (cf. *Belluaires et porchers*, VIII, « Sépulcres blanchis »), avec des arguments analogues (doutes sur la *virilité*). Cf. *PBM*, § 48 ; *CI*, « Flâneries d'un inactuel », § 2.

489. Anacréon, poète lyrique grec d'Ionie (vi^e siècle av. J.-C.), qui a chanté les plaisirs.

490. « Le gouffre des dents », la « gueule béante ». On est ici aux antipodes des dramatisations moralisatrices et édifiantes platoniciennes (mythe de Protagoras, *Protagoras*, 320 d-322 d) et kantiennes sur le dénuement corporel de l'homme (*Idée d'une histoire universelle*, propos. 3).

491. Matthieu, 23, 27.

492. Contre les antisémites, voir : *PBM*, § 251 ; *GM*, II, § 11 ; *Ant.*, § 55 ; *EH*, « Pourquoi j'écris de si bons livres » ; *HTH*, § 2.

493. *Deutschland, Deutschland über Alles!* est tiré d'un poème de Hoffmann von Fallersleben (1841). À l'époque de Nietzsche, ce n'est pas encore l'hymne national allemand (1922), écrit sur une musique de Haydn (quatuor L'Empereur, op. 76, n° 3).

494. Diagnostic *actuel*, y compris pour l'*humanitaire-etc*. Le rapport au toxique (à l'alcool) est déjà dans *A*, § 207 et *GM*, III, § 20.

495. Luc, 10, 42. Déjà souvent utilisé, par exemple au § 8 de l'Avant-propos.

496. Allusion à la fois à la pulsion d'*emprise* de l'idéal ascétique et, plus obscène, à la notion d'onaniste moral (cf. note 370 de *GM*, III, § 14).

497. L'œuvre, écrite d'automne 1887 à avril 1888, faite de très

nombreux fragments épars et des esquisses de plans, est inachevée ;
Nietzsche en publie, de son vivant, quelques extraits (*Ant.*, *CI*).
Une compilation posthume, douteuse et trafiquée, œuvre de Gast et
de la sœur de Nietzsche, Elisabeth, parut en 1901.

498. Nietzsche nous apprend ici à repérer une forme d'athéisme,
dont *le sien* est l'ennemi radical. Cet athéisme « populaire », grégaire,
absolu, entend se passer de tout idéal : *c'est lui* qui liquide le bébé
avec l'eau du bain ! Le vivant a toujours besoin de *valeurs*, et la pré-
tention à *vouloir* se débarrasser de toute valeur, *à vouloir vivre sans
besoin de valeurs* est mortelle. La critique, même la plus aiguë, la
plus acerbe, des valeurs, n'autorise pas la volonté à s'en passer.
C'est bien ce que signifient les dernières phrases de *GM*, I, § 17.
L'athéisme de Nietzsche n'est pas absolu : il espère une forme de
polythéisme, dont Dionysos est le nom.

499. La seule chose à laquelle l'esprit grégaire ne renonce pas,
c'est la volonté de vérité. Telle est la résistance ultime au *perspectivisme*. Cf. *PBM*, Avant-propos.

500. Croyant se dispenser de tout idéal, cet athéisme absolu
démocratique est gagné par la paresse de la croyance, donc par
l'indifférence devant le problème de la valeur : tout est relatif, tout
est égal, tout se vaut. Nietzsche anticipe ici certaines dérives du
XXe siècle.

501. *GS*, § 357.

502. *Selbstüberwindung*. Cf. note 345.

503. *Selbstaufhebung*. Cf. note 345.

504. « Subis la loi que tu as toi-même édictée ».

505. Réponse à Tertullien sur les spectacles (*GM*, I, § 15), mais
aussi diagnostic sombre et terrible pour les temps à venir (*PBM*,
§ 55).

506. Sur le « sens » de la souffrance : *GM*, III, § 6-7 ; III, § 15-16,
§ 26 et surtout § 20.

507. Allusion à l'*horror vacui* de la volonté humaine ; *GM*, III,
§ 1, note 277.

BIBLIOGRAPHIE

N.B. *Cette bibliographie n'est évidemment qu'un îlot dans l'océan des références.*

En ce qui concerne la biographie, l'ouvrage de Curt Paul Janz, *Nietzsche,* biographie en 3 volumes, 1978 (Gallimard, 1984), fait désormais autorité.

I. Éditions des œuvres de Nietzsche en langue allemande

— *Nietzsches Werke, Grossoktavausgabe* (grande édition in-8°), Alfred Kröner Verlag, 19 tomes, publiée à Leipzig, 1899-1922. *Zur Genealogie der Moral* se trouve au tome VII.
— Friedrich Nietzsche, *Sämtliche Werke,* Taschenausgabe, Kröner Verlag, édition « de poche ».
— Nietzsche, *Werke, Kritische Gesamtausgabe* (couramment désignée *KGW,* ou édition Colli-Montinari), herausgegeben von G. Colli u. M. Montinari, Berlin-New York, 1967 sq. Édition critique complète de l'œuvre publiée et des fragments posthumes, précieuse lorsqu'il s'agit d'observer la formation de la pensée nietzschéenne, et pour distinguer celle-ci des récupérations dont elle fut l'objet.
— Friedrich Nietzsche, *Sämtliche Werke, Kritische Studienausgabe in 15 Einzelbänden* (Œuvres complètes, édition critique de travail en 15 volumes séparés; appelée *KSA,* et publiée chez Walter de Gruyter, Munich, 1re édition 1980). Cette édition est la version « poche » de la *KGW.* Les tomes 14-15 contiennent une introduction, des notes et variantes, une concordance, un index et une chronique de la vie intellectuelle de Nietzsche. La *Généalogie de la morale* se trouve au tome 5, couplée avec *Par-delà bien et mal.*

II. TRADUCTIONS ET ÉDITIONS FRANÇAISES DE LA
   GÉNÉALOGIE DE LA MORALE

— *La Généalogie de la morale*, trad. Henri Albert, Mercure de France, 1900 (rééditée plus tard en Idées-Gallimard, 1964).

— *La Généalogie de la morale*, trad. H. Albert, revue et corrigée par J. Deschamps, avec un Avant-propos d'Henri Birault, Nathan, « Les intégrales de philo », 1981.

— *La Généalogie de la morale*, trad. H. Albert, revue et corrigée par Marc Sautet, Livre de Poche, « Classiques de la philosophie », 1990.

— *La Généalogie de la morale*, trad. H. Albert, revue et corrigée par Jacques Le Rider, avec une introduction de Peter Pütz, Robert Laffont, coll. « Bouquins », t. II des *Œuvres*, 1993. Cette édition (en deux volumes) comporte un index sans doute incomplet, mais très précieux.

— *La Généalogie de la morale*, trad. H. Hildenbrand et J. Gratien, Gallimard, t. VII des *Œuvres philosophiques complètes*, 1971.

— *La Généalogie de la morale*, trad. A. Kremer-Marietti, UGE, « 10-18 », 1975.

III. OUVRAGES SUR LA PENSÉE DE NIETZSCHE

A. Ouvrages généraux portant davantage sur les problèmes traités dans la *Généalogie de la morale* (nous donnons cette liste par ordre de difficulté) :

— Eugen Fink, *La Philosophie de Nietzsche*, trad. H. Hildenbrand et A. Lindenberg, éd. de Minuit, 1965.

— Karl Jaspers, *Nietzsche et le christianisme* (écrit en 1938, paru en 1947), trad. J. Hersch, éd. de Minuit, 1949; *Nietzsche*, 1936, trad. H. Niel, 1950, Gallimard, rééd. « Tel ».

— Jean Granier, *Le Problème de la vérité dans la philosophie de Nietzsche*, éd. du Seuil, 1966.

— Olivier Reboul, *Nietzsche critique de Kant*, PUF, « Le Philosophe », 1974.

— Paul Valadier, *Nietzsche et la critique du christianisme*, éd. du Cerf, 1974; *Nietzsche, l'athée de rigueur*, Desclée de Brouwer, nouv. éd. 1989.

— Georges Goedert, *Nietzsche critique des valeurs chrétiennes. Souffrance et compassion*, Beauchesne, 1977.

— Alexandre Nehamas, *Nietzsche, la vie comme littérature* (1985), trad. V. Béghain, PUF, 1994.

— Sarah Kofman, *Le Mépris des Juifs. Nietzsche, les Juifs, l'antisémitisme*, éd. Galilée, « La philosophie en effet », 1994.

— Karl Löwith, *De Hegel à Nietzsche*, 1941, Gallimard, 1969, disponible en « Tel ».

— Patrick Wotling, *Nietzsche et le problème de la civilisation*, PUF, 1995.

— W. Kaufmann, *Nietzsche, Philosopher, Psychologist, Antichrist*, Princeton, New Jersey, 1950. L'ouvrage n'est toujours pas traduit en français.

— Éric Blondel, *Nietzsche, le corps et la culture*, PUF, 1986. É. Blondel a signé de précieuses éditions d'*Ecce Homo* (couplé avec *Nietzsche contre Wagner* (GF-Flammarion, 1992) et de l'*Antéchrist* (GF-Flammarion, 1994).

— Michel Henry, *Généalogie de la psychanalyse*, PUF, 1985.

— Gilles Deleuze, *Nietzsche et la philosophie*, PUF, 1962.

B. Ouvrages portant sur la pensée de Nietzsche en général

— Jean Granier, *Nietzsche*, PUF, « Que sais-je ? », 1982.

— Daniel Halévy, *Nietzsche*, Grasset, 1944 ; rééd. Livre de Poche, « Pluriel », 1977.

— Ernst Bertram, *Nietzsche. Essai de mythologie*, trad. R. Pitrou, éd. Rieder (1932) ; rééd. éd. du Félin, 1990.

— Gilles Deleuze, *Nietzsche*, PUF, « Philosophes », 1971.

— Michel Haar, *Nietzsche et la métaphysique*, Gallimard, « Tel », 1993.

— Wolfgang Müller-Lauter, *Nietzsche. Seine Philosophie der Gegensätze und die Gegensätze seiner Philosophie (Nietzsche. Sa philosophie des contradictions et les contradictions de sa philosophie)*, De Gruyter, 1971 (non traduit).

— Martin Heidegger, « Qui est le Zarathoustra de Nietzsche ? », *Essais et conférences* (1954), Gallimard, 1958 (disponible en coll. « Tel ») ; « Le mot de Nietzsche : Dieu est mort », *Chemins qui ne mènent nulle part*, Gallimard, 1962, disponible en « Tel » ; *Nietzsche* (1961), 2 vol., Gallimard 1971.

IV. Autour de la Généalogie de la morale

— Henri Birault, *Heidegger et la pensée*, Gallimard, 1978 (le chapitre III en particulier) ; « En quoi, nous aussi, nous sommes encore pieux », *Revue de métaphysique et de morale*, 1962, n° 1.

— Michel Foucault, « Nietzsche, la généalogie, l'histoire », *Hommage à Jean Hyppolite*, PUF, 1971.

— Max Scheler, *L'Homme du ressentiment*, 1912, Gallimard, coll. « Idées », 1970.

— Bernhard Bueb, *Nietzsches Kritik der praktischen Vernunft*, Klett, 1970.

— Paul Valadier, *Éloge de la conscience*, éd. du Seuil, coll. « Esprit », 1994.

— Werner Stegmaier, *Nietzsches « Genealogie der Moral »*, Wissenschaftliche Buchgesellschaft, Darmstadt, 1994.

— Arthur C. Danto, « *Some Remarks on "The Genealogy of Morals"* », in *Reading Nietzsche*, ed. by R. Solomon and K. Higgins, Oxford University Press, 1988.

— Paul Ricœur, *Le Conflit des interprétations*, éd. du Seuil, 1969; *De l'interprétation. Essai sur Freud*, éd. du Seuil, 1965.

Quant à la postérité littéraire, philosophique, culturelle, de Nietzsche ou sa « coïncidence » avec ses contemporains, sur les thèmes mêmes de la *Généalogie de la morale* :

Dostoïevski : *L'Idiot*; *Les Possédés*; *Souvenirs de la maison des morts*; *Le Sous-Sol* (également traduit *Le Souterrain*). Tolstoï : *La Sonate à Kreutzer*. Strindberg : *Théâtre complet* (en particulier *Le Songe*). Robert Musil : *L'Homme sans qualités*; *Les Désarrois de l'élève Törless*. Franz Kafka : *La Colonie pénitentiaire*. Octave Mirbeau : *Le Jardin des supplices*; *Les Vingt et Un Jours d'un neurasthénique*; *L'Abbé Jules*. Thomas Mann : *La Montagne magique*; *La Mort à Venise*; *Tonio Kröger*; *Docteur Faustus, Le Chemin du cimetière*, etc. G. Benn : *Un poète et le monde*. Et aussi les écrits de G. Trakl, E. Jünger, S. Zweig, H. Broch, E. Canetti, Th. Bernhard, H. Hesse, E. Wiechert, W. Benjamin, H. Marcuse, A. Camus, M. Carrouges, Pierre Legendre, Pierre Clastres, M. Blanchot, G. Bataille...

CHRONOLOGIE

1844 (le 15 octobre) : Naissance à Röcken, entre Leipzig et Weimar. Son père est pasteur (Nietzsche cite souvent la phrase de Luc : « Une seule chose est nécessaire », qui était gravée sur la chaise du père).

1849 : Mort du père de Nietzsche (tumeur au cerveau ou rupture d'anévrisme). Nietzsche vivra désormais enfance et adolescence entouré de sa sœur et de sa mère, en qui il verra les deux principales objections *contre* l'hypothèse de l'éternel retour...

1850 : La famille déménage pour Naumburg, non loin de Weimar. Nietzsche y reviendra, gardé par sa mère, quelque temps après son effondrement en 1889, jusqu'en 1897.

1858 : Entrée au collège de Pforta, près de Naumburg. Solides études classiques. Il en sort en 1864.

1864 : Nietzsche commence des études de théologie, pour s'orienter finalement vers la philologie classique (pour nous, lettres classiques).

1865 : À Leipzig, lecture du *Monde comme volonté et comme représentation* de Schopenhauer : révélation d'une vocation philosophique à méditer sur le sens de l'art, de la culture, de l'existence.

1868 : Première rencontre avec Wagner.

1869 : Nietzsche est nommé professeur extraordinaire (non encore « docteur ») de philologie classique à l'université de Bâle ; conférence inaugurale sur *Homère et la philologie classique*. Liens avec Jacob

Burckhardt et Franz Overbeck. Il renonce à sa citoyenneté prussienne, demeurant apatride. Première visite à Wagner à Tribschen (près de Lucerne).

1869-1871 : *La Naissance de la tragédie*, parue en 1871.

1870 : Professeur ordinaire (titulaire). Infirmier militaire (août-septembre 1870) dans la campagne prussienne contre la France.

1872 : Conférences sur *L'avenir de nos établissements d'enseignement*. Cérémonie de la première pierre du Festspielhaus de Bayreuth. Désillusion de Nietzsche à propos de Wagner.

1873 : *Première Considération intempestive* (*inactuelle*), sur D. F. Strauss. *Seconde Considération intempestive* : *De l'utilité et des inconvénients de l'histoire pour la vie.*

1874 : *Troisième Considération intempestive* : *Schopenhauer éducateur.*

1875-1876 : *Quatrième Considération intempestive* : *Richard Wagner à Bayreuth*. Premiers signes de la maladie de Nietzsche (on aura diagnostiqué une infection vénérienne, la syphilis). Rencontre avec Peter Köselitz, *alias* Peter Gast, musicien (il sera un peu le secrétaire de Nietzsche et participera même à la « remise en ordre » — *sic* — de ses papiers après son effondrement en 1889).

1876 : Premier festival de Bayreuth : débuts de la wagnérophobie. Rencontre Paul Rée, avec qui il passe l'hiver 1876-1877, en compagnie de Malwida von Meysenbug, à Sorrente. Il cesse l'enseignement, obtient un congé de longue maladie : l'université de Bâle lui attribuera une bourse dont il vivra (chichement).

1876-1878 : Composition de la première partie d'*Humain, trop humain* (début de sa période *Aufklärung*).

1879 : Première visite à Sils-Maria, en haute Engadine, à « 6 000 pieds d'altitude ». Suite de *Humain, trop humain* : *Opinions et sentences mêlées.*

1880 : *Le Voyageur et son ombre* (dernière partie

d'*Humain, trop humain*). Puis *Aurore*. Début de la vie de voyage, d'errance à travers l'Allemagne, la Suisse, l'Italie — Venise, Gênes, pour commencer — et le sud de la France.

1881 : Sils-Maria, puis Gênes. Première audition de *Carmen* de Bizet. Début du *Gai Savoir* (l'Avant-propos et le livre V seront de 1887).

1882 : Amitié avec Lou Andreas-Salomé. Curieux ménage platonique entre lui, Lou et Rée, en Italie. Là-dessus : H. F. Peters, *Ma sœur, mon épouse* et *Nietzsche et sa sœur Elisabeth*, trad. Th. Lack et M. Poublan, Gallimard, coll. « Tel » et Mercure de France ; *Nietzsche, Rée, Salomé, Correspondance*, trad. O. Hansen-Løve et J. Lacoste, PUF, 1979.

1883-1884 : *Ainsi parlait Zarathoustra*.

1884-1885 : *Par-delà bien et mal*. Rupture avec sa sœur. Rédactions des Avant-propos d'*Aurore* et du *Gai Savoir*, ainsi que du livre V du *Gai Savoir*.

1886 : Parution de *Par-delà bien et mal*. Un compte rendu de presse indique le caractère explosif de cette philosophie : de la dynamite.

1887 : *La Généalogie de la morale*, à Sils-Maria. Lecture de Dostoïevski. Aggravation de l'état de santé.

1888 : Dernière année de lucidité, accélération de l'écriture, effervescence, à Gênes, Nice, Sils-Maria, puis Turin. Dans l'ordre : *Dithyrambes de Dionysos*, *Le Cas Wagner*, *Le Crépuscule des idoles*, *L'Antéchrist*, *Ecce Homo*, *Nietzsche contre Wagner*.

1889 : Envoie des billets délirants ; s'effondre dans la démence, à l'occasion d'une crise de pitié (de grande pitié ?) envers une rossinante que son cocher battait. Lire *L'Effondrement de Nietzsche,* de Podach (1931, rééd. Gallimard, 1978). Overbeck est le premier familier sur les lieux, il ramène Nietzsche à Bâle. Malgré les soins, l'état de Nietzsche empire ; il perd peu à peu ce qui lui reste de lucidité. Sa mère le recueille à Naumburg.

1900 : Mort de Nietzsche, le 25 août, à Weimar, à cinquante-six ans.

INDEX DES MATIÈRES

Cet index ne s'adresse qu'au texte de Nietzsche lui-même. Le lecteur pourra consulter les notes correspondant aux passages indiqués. Les noms soulignés sont ceux des ouvrages de Nietzsche cités dans la Généalogie.

INDEX DES NOMS

TABLE

LA PHILOSOPHIE DANS LA GF

GF-CORPUS

GF Flammarion

05/11/118191-XI-2005 – Impr. MAURY Eurolivres, 45300 Manchecourt.
N° d'édition FG075408. – Septembre 1996. – Printed in France.